掌尚文化

Culture is Future

尚文化·掌天下

聊城大学学术出版基金资助

山东省高等学校“青创科技计划”团队项目（“互联网 +”驱动山东省产业高质量发展的路径与对策研究）的后续成果

RESEARCH ON THE PATH AND COUNTERMEASURES OF “INTERNET PLUS” DRIVING THE HIGH-QUALITY DEVELOPMENT OF CHINA’S INDUSTRY

“互联网+”驱动我国产业高质量发展的路径与对策研究

高建刚　著

经济管理出版社
ECONOMY & MANAGEMENT PUBLISHING HOUSE

图书在版编目（CIP）数据

“互联网+”驱动我国产业高质量发展的路径与对策研究 / 高建刚著. -- 北京 ：经济管理出版社，2024.
ISBN 978-7-5096-9927-0

Ⅰ. F269. 2-39

中国国家版本馆 CIP 数据核字第 2024K2V127 号

组稿编辑：张　昕
责任编辑：乔倩颖
责任印制：许　艳
责任校对：陈　颖

出版发行：经济管理出版社
（北京市海淀区北蜂窝 8 号中雅大厦 A 座 11 层　100038）
网　　址：www. E-mp. com. cn
电　　话：（010）51915602
印　　刷：唐山玺诚印务有限公司
经　　销：新华书店
开　　本：720mm×1000mm/16
印　　张：16. 75
字　　数：317 千字
版　　次：2024 年 11 月第 1 版　　2024 年 11 月第 1 次印刷
书　　号：ISBN 978-7-5096-9927-0
定　　价：98. 00 元

前　言

近年来，互联网技术迅速发展，“互联网+”的概念被广泛应用于我国各个行业，推动了产业结构优化和技术创新。随着工业 4.0 的兴起，互联网、物联网和人工智能等技术的融合为传统产业带来了巨大的转型机遇。然而，如何更好地利用“互联网+”推动传统产业的高质量发展仍是一个亟待解决的问题。本书基于“青创科技计划”项目成果，围绕“互联网+”在产业升级中的驱动机制展开深入研究，试图系统地分析互联网技术在产业高质量发展中的路径，并探讨如何通过政策支持、技术创新和企业参与实现更有效的产业转型。

本书分为绪论篇、机制篇、因素篇、路径篇和结语篇，系统探讨了“互联网+”对经济增长、产业结构优化的作用机制以及政策建议。具体来说，本书首先介绍了互联网技术的发展背景，并通过理论梳理和文献回顾，构建了“互联网+”的基本概念框架。此外，本书还通过实证研究和数据分析探讨了互联网对各行业的推动作用，特别是在工业互联网、物联网等领域对制造业的影响。

本书在研究方法上采用了多种不同的技术和手段，以便全面分析互联网技术对我国产业的深层影响和驱动机制。主要的研究方法包括以下几种：

1. 问卷调查

问卷调查法是本书应用较多的一种方法，主要用于第四、第五和第七章的研究。第四章采用问卷调查方式来收集数据，以评估互联网应用对制造业绩效的影响；第五章则以山东省高科技产业为例，通过问卷调查收集样本企业的基本信息，以研究物联网在新产品研发中的应用对绩效的影响。问卷数据不仅揭示了相关因素的分布情况，还通过描述性统计分析等方法进一步提高了结论的可靠性和数据分析的细致性。

2. 案例分析

该方法主要应用于第九章，通过选择典型的互联网龙头企业进行分析，如腾讯和阿里巴巴在深圳和杭州两地的发展状况和成功经验。通过个案分析，本书系统地分析了这些企业在发展互联网产业过程中所采用的不同策略和路径，并结合各地的经济政策和市场环境，详细探讨了如何利用互联网技术实现产业转型。运用案例分析法使研究能够更好地揭示具体企业在推动"互联网+"产业中所面对的实际挑战和机遇。

3. 结构方程模型

结构方程模型是一种用于多变量分析的统计模型，通过对变量间的因果关系进行建模和验证，能够更深入地揭示因素之间的相互作用。该方法在本书中应用于第四和第五章，用于进一步分析问卷调查收集到的数据。在第四章，结构方程模型被用于评估供应商参与、互联网应用与制造业绩效之间的关系，从而揭示出互联网在供应链管理中的重要作用。第五章则利用该模型考察了物联网应用、创意能力与新产品研发绩效之间的路径关系。结构方程模型的使用提升了数据分析的深度，使本书的研究结果在因果关系上更具逻辑性和准确性。

4. 动态数据包络分析（DEA）和脉冲效应分析

在第八章，笔者采用动态 DEA 模型和脉冲效应分析方法，评估我国互联网产业的运营效率和政策效果。动态 DEA 模型主要用于对互联网产业运营效率的动态追踪和效率变化的分析，而脉冲效应分析则被用来研究政策对产业经营效率的延迟影响。这种方法不仅有助于量化政策对互联网产业发展的实际效果，还能够揭示出政策实施后在不同时期对产业绩效的不同影响。

5. Kano 二维模式和品质机能展开（QFD）

Kano 二维模式和品质机能展开法主要用于第七章的研究。本书运用 Kano 二维模式将影响互联网平台顾客需求的要素进行属性分类，然后进行满意度和不满意度的影响分析，从而确认关键需求点。此外，品质机能展开方法通过将顾客需求转化为技术需求，并利用关系矩阵进行优先度排序，形成一种有系统的服务创新策略评估体系，确保了服务创新策略符合顾客的核心需求。

以上多种研究方法的组合应用，使本书的研究不仅具有系统性和严谨性，还能有效地提升对“互联网+”在不同行业应用中的驱动机制的理解。这些方法从定性到定量，从微观分析到宏观政策建议，揭示了互联网在驱动我国产业高质量发展中的多维度作用。

本书的创新之处在于提出了一套完整的“互联网+”驱动路径模型，涵盖了从消费、生产到服务各环节的转型路径，并为地方政府和企业如何推动互联网与产业深度融合提供了理论指导。此外，还结合工业 4.0、智能制造等概念，为传统制造业如何借助互联网技术实现智能化转型提供了实践参考。

本书的研究不仅是对当前互联网驱动经济发展的理论探索，也旨在为地方政府和企业提供实际操作的指导。通过对“互联网+”如何赋能实体经济的系统分析，本书有助于明确“互联网+”战略对各行业的影响路径，不仅丰富了产业经济学、信息经济学等领域的理论研究，还为我国在新一轮科技革命和产业变革中提升竞争力提供了决策依据和政策建议。这对我国实现高质量发展、推动产业链升级以及迈向全球价值链中高端具有积极的推动作用。

在本书的撰写过程中，笔者参考了大量的参考文献，借鉴了国内外很多相关研究成果，在此对参考文献和被引成果的作者以及无法在书中一一列出的作者表示由衷的感谢。囿于笔者水平、能力限制，书中的不足和不当之处，恳望各位同行专家和读者朋友不吝赐教，予以斧正。

目　　录

绪　论　篇

机 制 篇

因 素 篇

路　径　篇

结 语 篇

绪论篇

第一章　导言

第一节　研究背景与研究目的

一、研究背景

互联网改变了世界，更改变了我国。互联网的出现，加快了我国经济产业追赶的进程和前进的步伐，极大地缩小了我国与发达国家的差距。吴晓波认为，“如果没有互联网，美国或许还是今天的美国，但中国肯定不是今天的中国”。

1994 年是我国互联网元年，这一年，杨致远创办了“Yahoo!”并进入我国，引领了我国第一波互联网浪潮。1998 年可以说是我国互联网领域发展的里程碑。这一年，张朝阳的爱特信公司正式改名为搜狐公司，成为我国首家大型门户网站，几乎同时，王志东、丁磊分别推出了新浪和网易。也是在 1998 年，以通信软件起家的腾讯成立，同年，游戏领域的“盛大网络”“第九城市”“联众游戏”先后出现。电子商务领域的京东、阿里巴巴也于 1998 年和 1999 年相继成立，之后搜索引擎百度出现。不过，直到 2003 年之前，我国互联网产业的发展均处于平台期，增长缓慢。2003 年由于 SARS 疫情的暴发，推动了一波互联网产业的发展。

2008 年金融危机之后，开启了第二波互联网发展浪潮。百度成为国内最大的搜索引擎、淘宝成为最大的电子商务平台、腾讯 QQ 在线人数突破 1 亿人，三家公司（BAT）分别掌控了最重要的三个应用型入口，成为第二波发展浪潮的领头羊。三家公司也开始了它们的资本并购，进一步完善它们的产业布局，构筑生态系统（链）。2015年，我国首次将"互联网+"写入《政府工作报告》，积极推动"互联网+"行动计划，推动互联网、云计算、大数据、互联网与现代制造业相结合，促进电子商务、工业互联网和互联网金融健康发展，引导互联网企业拓展国际市场。这表明，我国政府已经将互联网视为带动整体产业转型的重点产业。当前，我国的互联网产业开始进入"下半场"，与过去不同，互联网将更多地与产业进行结合，进入产业互联网时代。

实际上，"互联网+"已逐渐成为一种新的资源配置和集成方式。它创造了新模式、新业态，极大促进了生产力的发展。互联网的发展和人工智能时代的到来，为传统产业的发展带来了极大的挑战和机遇。随着时代变革步伐的加快，"互联网+"传统产业也变得日趋成熟。互联网的巨大能量在引领时代的发展，使各行各业都在迫切寻求与互联网的跨界合作，出现了如"互联网+金融""互联网+农业""互联网+医疗""互联网+旅游"等新业态、新模式、新的生态系统。尤其是工业互联网的出现，它将改造和提升传统制造业，同时，大数据、云计算、人工智能的发展为互联网多元发展提供了智慧保障，"互联网+"就像一只无形的大手，"云行雨施，品物流形"，在不断为各传统行业赋能的同时，为经济增长带来了新动能，也重塑着世界经济格局的新图景。

二、研究目的

根据中国互联网络信息中心（CNNIC）发布的《第49次我国互联网络发展状况统计报告》，截至2021年12月，我国网民规模达10.32亿，互联网普及率达73.0%。城镇网民与农村网民规模分别为7.48亿与2.84亿，分别占网民整体的72.4%与27.6%。

根据《中国电子商务报告（2021）》，2021年全国电子商务交易额达42.30万亿元，同比增长19.6%，网上零售额达13.09万亿元，同比增长14.1%。2021年电子商务服务业营业收入规模达6.4万亿元，同比增长17.42%。我国海关总署数据显示，2021年我国跨境电商进出口额达1.92万亿元，同比增长18.6%。2021年互联网经济从业人员突破6700万人，同比增长11.85%。另外，根据中国工业互联网研究院发布的《中国工业互联网产业经济发展（2022）》，2022年我国工业互联网产业增加值规模估计达到4.45万亿元，占GDP的比重为3.64%，带动新增就业105.02万人。工业互联网已经成为我国加快制造业数字化转型和支撑经济高质量发展的重要力量。

当前，我国经济发展已由高速增长阶段转向高质量发展阶段，经济正面临爬坡过坎的重要挑战，实现经济发展的质量变革、效率变革、动力变革正需要新引擎和新动能。在新时代，“互联网+”在持续赋能双循环发展格局、继续助力国内统一大市场建设、不断推动“碳达峰”和“碳中和”尽早实现等方面将发挥重大作用，对推动实现上述变革发挥难以替代的重要作用。

那么，“互联网+”如何促进产业经济实现高质量发展？其背后的机制为何？影响“互联网+”发展的因素又为何？各级政府的互联网服务能力如何？如何进一步促进“互联网+”或互联网的普及和发展以更好赋能实体经济、实现高质量发展？对这些问题的回答，不但具有重要的理论和学术价值，对践行新发展理念、构建新发展格局、推动我国产业迈向全球价值链中高端、实现经济社会高质量发展方面，也必将具有极大的实践价值。基于此，本书将深入系统探讨上述问题。

第二节 基本概念界定和理论基础

一、基本概念

（一）“互联网+”的概念及特征

1. “互联网+”的基本概念

“互联网+”由产业界率先提出，其出现可以追溯到2012年。易观国际CEO于扬首次提出“互联网+”理念，他认为“互联网+”公式应该是行业的产品和服务，与（未来）多屏全网跨平台用户场景结合后产生的化学反应式。随着互联网的快速发展，“互联网+”理念受到广泛关注，产业界和学术界都给出了各自的理解。在产业层面，阿里研究院发布的《“互联网”+研究报告（2015）》指出：“互联网+”就是指以互联网为主的一整套信息技术（包括移动互联网、云计算、大数据技术等）在经济、社会生活各部门的扩散、应用过程，其本质就是传统产业实现在线化和数据化。马化腾（2015）认为，“互联网+”是以互联网平台为基础，利用信息通信技术与各行业的跨界融合，推动产业转型升级，并不断创造出新产品、新业务与新模式，构建连接一切的新生态。在学术层面，欧阳日辉（2015）认为，“互联网”是依托移动互联网、云计算、大数据、物联网等信息网络技术的渗透和扩散，以信息的互联互通和信息能源的开发利用为核心，促进信息网络技术与传统产业的深度融合，优化重组设计、生产、流通、消费全过程，创新生产方式和企业组织形式，推动传统产业转型升级和经济发展方式转变，进入互联网经济这种新型经济社会形态的历史过程。辜胜阻等（2016）认为，“互联网+”是以互联网为主的一整套信息技术和互联网思维在企业发展各环节的融合、渗透、延伸、演进。武玉青（2019）认为，“互联网+”是一个技术、经济、社会、文化的跨界耦合系统，是借助云、网、端三个方面构成的互联网技术与各行各业深度融合，推动传统经济转型升级和新型经济形态产生的新范式。其中“云”指云计算和大数据基础设施，“网”指互联网和物联网，“端”指直接服务个人的设备。

目前，“互联网+”的概念得到了普及，不但进入了近些年的政府工作报告，也在文献中被大量提及和讨论，大众也能够耳熟能详，但截至目前，“互联网+”并没有统一的定义和明确的内涵。为了方便研究，在本书中，我们认为，对“互联网+”丰富内涵要放在特定的时空下理解和讨论，概括而言有以下几点：第一，从时间轴来看，“互联网+”是新一轮产业革命的发展方向；第二，从需求端来看，“互联网+”是为了更好地满足经济发展和生活需要而产生的新兴事物；第三，从供给侧来看，“互联网+”是经济技术发展到特定阶段的产物和结果，是生产力高度发达的标志；第四，从“互联网+”出现带来的影响和变革来看，“互联网+”可对生产要素进行重新配置，并在与各个产业的整合中产生了许多新业态、新模式和新市场，为经济增长和发展赋予了新的动能，人类的生产方式和生活方式得以极大改变，生产力和生活水平得以极大提高。基于此，本书将“互联网+”界定为：依托互联网、大数据、云计算等信息网络技术的交流和扩散，通过平台、数据、芯片、算法等先进技术，促进信息网络技术与传统产业深度融合，优化重组设计、生产、流通、消费全过程，创新生产方式和企业组织形式，赋予传统产业转型升级和经济发展方式转变的新动能。大致而言，“互联网+”包括互联网经济的第二、第三阶段。

2. “互联网+”的主要特征

（1）“互联网+”的本质是信息互联和信息能源的开发。当今时代，信息和数据已经成为全社会发展的最重要的基础性生产要素和战略资源。“互联网+”打破了信息在不同企业、不同产业、不同部门、不同地区间自由流动的界限。实现了人、设备、服务、场景的连接，无缝连接、连接一切、连接未来。“互联网+”的第一层含义是在线、连接、互联，只有形成的数据连接起来，信息资源的价值才能得到有效释放。信息获取、开发和利用是“互联网+”的核心或第一特征，信息获取能力、连接能力、加工能力和利用能力将是未来综合国力的新标志。

（2）实体经济和虚拟经济的深度融合。“互联网+”之后，互联网将不再完全虚拟化，而是日益融合现实物理空间的信息物理系统（CPS），创新了经济增长点。实体经济和虚拟经济的深度融合可以从两个方面来看：一是从行业内的纵向维度来看，传统产业利用互联网技术和平台进行自我变革，互联网重塑生产、流通、消费、分配全过程。促进产业研发创新模式向高效共享和协同转变，重构生产者和消费者的供需关系，优化流程和管理，实现了智能化生产、网络化提供，满足了个性化、定制化、多样化的异质性需求，可以有效释放经济潜力，有效提高生产效率，促进产业与消费升级。二是从行业之间的横向维度来看，互联网与传统产业相结合，互联网将不同领域的信息连接起来，实现跨界融合，产生了新业态、新模式，如互联网金融和互联网医疗等。

3. “互联网+”的主要内容

对于“互联网+”的主要内容，本书以互联网产业的龙头百度、阿里巴巴、腾讯（BAT）为例来说明（见表1-1）。受限于可得性或全面性，表中细分内容仅举例说明。

表1-1 “互联网+”的主要内容

业务类型	百度（B）	阿里巴巴（A）	腾讯（T）
1. 金融			
（1）自有业务	百度钱包	支付宝、招财宝等	财富通、零钱通等
（2）投资布局		德邦基金	人人贷
2. 移动互联网			
（1）自有业务	百度搜索	阿里通信	手机QQ、微信等
（2）投资布局	猎豹移动	高德地图	立方网
3. 微信电商			
（1）自有业务		天猫、淘宝	拍拍网
（2）投资布局		美团网	京东
4. 教育			
（1）自有业务	百度文库	淘宝同学	腾讯课堂
（2）投资布局	沪江网		跨考教育

续表

业务类型	百度（B）	阿里巴巴（A）	腾讯（T）
5. 文化娱乐			
（1）自有业务	百度音乐	阿里影业	腾讯视频
（2）投资布局	爱奇艺		华谊兄弟
6. 旅游			
（1）自有业务	知心搜索	去啊	QQ 旅游
（2）投资布局	去哪儿网	酷飞在线	同程旅游
7. 本地生活			
（1）自有业务	百度微博	淘点点	微信支付
（2）投资布局	糯米网	美团网	58 同城
8. 汽车交通			
（1）自有业务	智能自行车		I 车生活平台
（2）投资布局	道道通	快的打车	滴滴打车
9. 医疗健康			
（1）自有业务	百度健康	阿里健康	微信全流程就诊
（2）投资布局		华康全景网	丁香园
10. 硬件			
（1）自有业务	智能眼镜	天猫电视盒子	全民 Wi-Fi
（2）投资布局	上海汉枫	魅族	四维图新
11. 房屋酒店			
（1）自有业务	百度二手房		房产频道
（2）投资布局	安居客	中长基石	58 同城
12. 游戏			
（1）自有业务	多酷游戏	阿里巴巴	腾讯手游平台
（2）投资布局	蓝港在线	1771 网游平台	擎天柱
13. 企业服务			
（1）自有业务	百度直达号	阿里云、钉钉	腾讯云、QQ 邮箱
（2）投资布局	知道创宇	友盟	安全管家
14. 其他			

资料来源：笔者整理。

（二）工业互联网与互联网

工业互联网是满足工业智能化发展需求，具有低延时、高可靠、广覆盖特点的关键网络基础设施，是新一代信息通信技术与先进制造业深度融合所形成的新兴业态与应用模式，更是在此基础上形成的全新工业生态体系。

工业互联网由网络、平台、安全三部分构成，网络是基础、平台是核心、安全是保障（见图 1-1）。

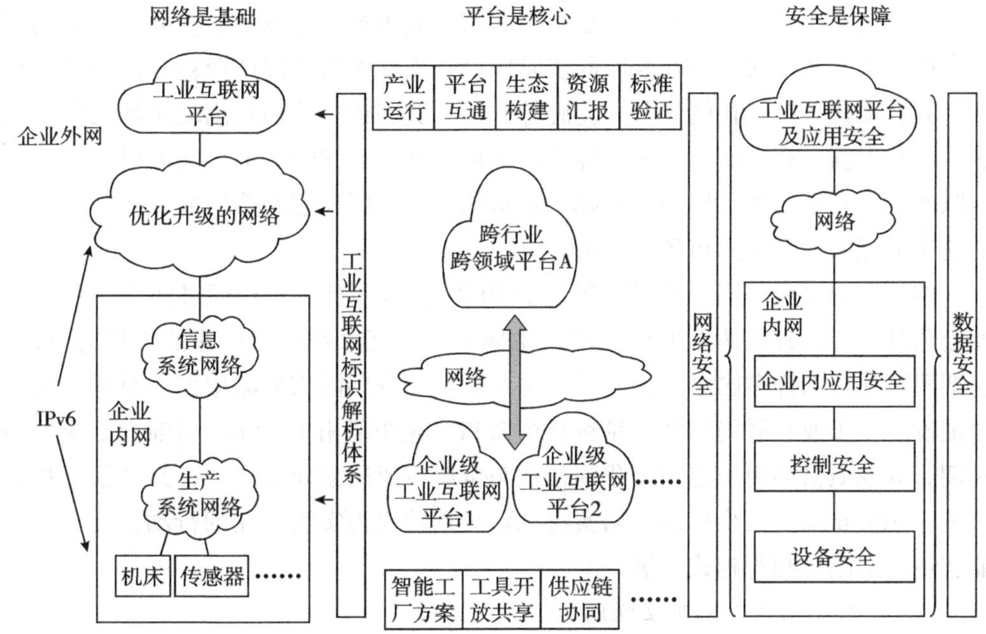

图 1-1　工业互联网的构成

工业互联网是技术、产业发展到一定阶段的必然产物，它既是互联网由消费向生产的跨越，也是智能制造由单点向全局的延伸。在兼具互联网和工业属性的同时，它也有着与互联网和智能制造不同的本质。主要有以下几点：

一是技术要求不同。互联网主要连接人，面向生活消费领域提供服务。即互联网应以面向客户为主，应用场景相对简单，应用门槛相对较低，对网络性能要求不高，突出体现尽力而为的服务，支撑技术更多以 ICT 为主，互联网企业因此也成为驱动发展的力量。而工业互联网则是人、机、物相连，面向生产领域提供服务，相对于互联网，技术难度大、应用门槛高、行业标准复杂。

二是发展模式不同。互联网发展模式普适性强，具有较强的可复制性，再加上消费群体庞大，足以支撑商业模式快速创新，在短期内实现市场的快速扩张。而工业互联网在发展方面，由于产业领域之间的差距较大，很难找到普适性的发展模式，导致连接对象多的数量优势难以转化为市场优势。此外，在获得资本支持方面，以面向商家为主的工业互联网很多都属于重资产投资，资产专用性强，投资回报期长，对资本的吸引力弱，因此在启动期难以获得社会资本的支持，主要靠企业自身的积累来推动发展，面临严峻的资金短缺问题。

三是起步环境不同。互联网是白手起家，起步初期限制少、空间大，国内市场未被外资垄断；而工业互联网起步阶段已经面临大量基础产业被外商主导的现状，如自动化系统、智能装备、传感等领域，我国市场特别是高端市场已基本被国际巨头占据，高端产品、技术标准对外依赖严重。同时，部分国外巨头的工业互联网技术和平台都已经相对成熟，正依托其在我国高端制造领域的既有优势而加速工业互联网在国内市场的渗透。

四是机遇挑战不同。互联网起步于20世纪90年代，美国通过实施"信息高速公路计划"迅速成为互联网强国，主导了全球互联网技术产业的发展与治理。包括我国在内的许多国家，当时并未将互联网上升到国家战略层面，总体上属于跟随发展。工业互联网与新一轮科技革命和产业变革相生相伴，目前尚处于发展初期，其发展格局尚未定型。我国几乎与全球主要国家同步启动，只要紧紧抓住机遇，积极布局、稳步推进，切实将战略规划转变为实实在在的行动，完全有可能实现弯道超车和跨越式发展。

（三）工业4.0与工业互联网

工业4.0由德国提出。德国以领先的制造业为基础，认为制造业本身就是创造价值，强调制造的智能化。美国则提出了"工业互联网"的概念，凭借绝对优势的互联网科学技术（如芯片、操作系统及云计算等），重视制造智能化产品，将服务产品化。德国提出的工业4.0，采用"信息物理网络"（CPS）系统实现动态灵活的智能生产，提高其制造业竞争力。我国以"互联网+"行动计划为基础，发展互联网产业，促进工业转型升级，提升制造业优势，使我国迈向中高端水平。美国和德国两国的理念相近，都是将虚拟网络与实体产业连接，是对工业未来发展方向和发展模式的探索。

1. 两者的相同之处

首先，从发起力量来看，工业4.0和工业互联网都由大企业主导。两份计划分别由两国的顶尖制造企业——美国的通用电气公司和德国的西门子公司发起。德国的工业4.0由德国工程院、西门子公司、弗劳恩霍夫协会等联合发起，并纳入德国政府发布的《德国2020高技术战略》。工业互联网则是由美国通用电气公司发起，并由美国通用电气公司、美国电话电报公司、思科公司、国际商业机器公司（IBM）、Intel 成立工业互联网联盟后推广。由于两大战略都由企业提出，因此企业具有内在动力去宣传、推广和实施。

其次，从发展目标来看，打造智能化的产业体系，实现生产效率提升是两份计划的共同核心。在两大战略里，数字化、网络化和智能化成为制造业发展的重要特征，是制造业未来发展的主要方向。工业 4.0 和工业互联网都不约而同提出，利用信息化、智能化技术改造当前的生产制造与服务模式，提高企业的生产效率，提升产品和服务的市场竞争力。其中，工业 4.0 提出，打造“智能工厂”与“智能生产”，以提高资源利用效率；工业互联网则提出，要将工业与互联网在设计、研发、制造、营销和服务等阶段进行充分融合，以提高整个系统的运行效率。

最后，从技术基础来看，工业 4.0 和工业互联网均依托互联网、物联网、大数据实现集成和互联。集成与互联是实现智能化制造的核心，工业 4.0 与工业互联网都以物联网和互联网为基础，进行实时数据的收集、传输、处理和反馈。其中，工业 4.0 提出，通过信息网络与工业生产系统的充分融合，打造数字工厂，实现价值链上企业间的横向集成，网络制造系统的纵向集成，以及端对端的工程数字化集成，改变当前的工业生产与服务模式。工业互联网则提出，要将内置传感器的机器和复杂的软件与其他机器、人连接起来，从中提取数据并深入分析，挖掘生产或服务系统在性能提高、质量提升等方面的潜力，实现系统资源效率的提升与优化。

2. 两者的不同之处

（1）在产业链环节。工业 4.0 偏重生产制造过程，立足于“智能工厂”与“智能生产”，旨在推进生产或服务模式由集中式控制向分散式控制转变，实现高度灵活的个性化和数字化生产或服务。工业互联网偏重服务的环节，旨在形成开放且全球化的工业网络，实现通信、控制和计算的集合，在智能制造产业体系中偏重于设计、服务环节，注重物联网、互联网、大数据等对生产设备管理与服务性能的改善。

（2）发展重点不同。工业 4.0 强调生产过程的智能化，倡导将产品与设备之间、工厂与工厂之间进行集成，实现生产系统的有机整合，进而实现生产过程的智能化和生产效率的提升。工业互联网强调生产设备的智能化，立足于全行业的信息资源，提高设备的安全性与可靠性，降低物耗、能耗等，同时减少人力需求，提高生产过程中的柔性与智能化水平。

（四）互联网与物联网

1. 互联网与物联网

（1）两者的差异。互联网的英文对应词是 Internet，即网际网络，是一种全球性的开放性的计算机网络，通过路由器和网络协议将全球各地的计算机联系在一起，它提供电子邮件、网络新闻和娱乐、社交媒体等服务，使信息传递更为迅速便捷。而物联网的英文是 Internet of Things（IoT），即把所有东西通过传感器、软件和网络进行连接在一起的网际网络，如将人与设备（车辆、建筑物等）、人与人、设备与设备之间互联，相互通信和数据交换。物与物可以自动搜集和分享数据，为用户提供智能化服务，如无人驾驶和智能家居。简言之，IoT 更重要的是数据的搜集与传输，也就是把人与设备的数据搜集后传递到网络上，网络起到了中介作用。

在物联网的世界就好像充满了隐形的按钮，当用户进入某一特定场景就会触发相应的按钮。小到信用卡刷卡器，大到整个房间，它们都能感知你的行为做出相应的响应。比如飞利浦的智能电灯 Hue 就能在感知到人离开房间后自动关闭。当然，这些隐形按钮的功能并不仅是开关这么简单。物联网公司将我们每次触动按钮的时间还有触动按钮之前的行为，以及其他一些相关变量联系起来分析，便能对我们的生活轨迹加以描绘。

（2）相同之处。尽管存在差异，但二者之间并非独立，而是相互促进共同发展。二者的相同相融之处就在于均有"联"、均有"网"，即将不同的东西连接在一起。随着时间推移，物联网将逐渐从人与人之间的连接扩展到人与物、物与物之间的连接，实现更加广泛和智能的数据交换。互联网将为物联网提供更加稳定高效安全的数据传输处理平台。未来，随着更多的设备和物品将被连接到网络中，二者融合将进一步加深，形成更加庞大和智能的物联网体系。在这个体系中，人们可以通过智能手机、智能手表等移动设备随时随地获取和分享信息，实现更加便捷的生活和工作方式。同时，随着人工智能和大数据技术的发展，物联网将能够提供更加个性化、智能化的服务，满足人们日益增长的需求。

基于二者的密切联系和日益融合，在本书中，我们将互联网和物联网当作同义词使用（或者将物联网看作互联网的高级发展形态）。因此，本书将"互联网+"和"物联网+"当作同义词使用。

2. 工业互联网与工业物联网

（1）工业互联网。工业互联网不是"工业的"互联网，而是"工业互联的"网。它把工业生产过程中的人与机器连接起来，使生产流程数字化、智能化和网络化，实现"数据的传递"，提升生产效率、降低生产成本。从技术架构看，工业互联网包含设备层、网络层、平台层、软件层、应用层以及整体的工业安全体系，与传统互联网相比多了设备层。

（2）工业物联网。工业物联网与工业互联网之间仅一字之差，但内容却大不相同。工业物联网是工业互联网中的“基础设施”，它连接了设备层和网络层，为平台层、软件层和应用层奠定了坚实的基础。整体上，工业物联网涵盖了云计算、网络、边缘计算和终端，自下而上打通工业互联网中的关键数据流。工业物联网从技术架构上分为感知层、通信层、平台层和应用层。

在工业互联网体系内，工业软件是灵魂，是整体控制编排的中枢；工业物联网以数据为血液，为工业互联网提供各种有用的信息和养分。整体而言，工业互联网涵盖了工业物联网。工业物联网是物联网和互联网的交叉网络系统，同时也是自动化与信息化深度融合的突破口。

二、相关理论基础

（一）共享经济理论

1. 共享经济概念与拓展

（1）共享经济的界定。共享经济（Sharing Economy，SE）是互联网时代的商业模式创新（business model innovation），是科技进步、社会变迁等因素驱动下的大势所趋，打破了原有的市场格局，是最具颠覆性、支配性的破坏式创新与崭新的获利模式，受到了近年来社会各界的极大关注与热烈研讨。“共享经济”一词经常与“用户经济”（peer economy）、“协同经济”（collaborative economy）、“按需经济”（on-demand economy）、“协同消费”等名词交互使用，虽然它们的意义其实并不相同，但经常被混为一谈，这对学界沟通与交流极为不利。那么共享经济的本质特征究竟是什么？它与其他概念的区别在哪里？这是非常值得深入研究的问题。

为简单起见，本书将聚焦在上述概念的共同观念“共享”上；换言之，本书所要探讨的是上述各个名词所涉及的范围。为避免混淆，本书使用一般化的概念即“基于共享的经济”（Sharing-Based Economy，SBE）。SBE 不仅包括狭义共享经济所指的既有闲置资源的共享，也包括既有或未持有的所有有形无形的资源的共享；并且其范围不限于供应链的消费端，也包括了产业链的供给端（如企业合资、产学合作等）。换言之，本书的 SBE 包括了 P2P、B2B、B2C、C2B、C2C 等商业模式的共享行为。

本书将对整个供应链的供需层面从策略的观点对 SBE 进行一般化的分类。所谓 SBE，即“指两个或两个以上的经济个体去共享现有或潜在的有形或无形的资源，以使供应链供需双方均能达成各自目的的管理经济”。希望借此建构一个周延（inclusive）与互斥（exclusive）的分类方法，为围绕共享经济或互联网经济的相关研究奠定一个更具包容性的概念基础。

（2）SBE 概念的三个维度。本书建构的 SBE 概念，包括共享经济的动力源、资源（标的物）、目的三个维度。

1）共享之动力驱动源：供给驱动或需求驱动。此维度对于 SBE 而言，是指共享行为的动力方向或来源，是来自供给端还是需求端。如图书馆和博物馆联合推出双品牌的产品去满足顾客的需求，即供给驱动；消费者共同集资去团购即为需求驱动，如团购买房等。

2）共享之标的物：有形或无形。此维度对于 SBE 而言，是指共享行为的标的或资源是无形的还是有形的。有形的资源是指外显感官可以感知的东西；而无形资源是指内隐的，不易或难以通过感官感知，只能通过体验或理性分析才能得知其价值。前者如合租房的"房子"等，后者如共享的"知识""信息"等。

3）共享之目的：强化或互补。此维度对 SBE 而言，是指共享行为目的是追求量的增加（规模经济）之"强化"，还是种类的增加（范围经济）之"互补"。前者如联合采购或团购，则因量大而较为便宜；后者如跨业结盟，则是强调优势互补的范围经济。

2. 分类的概念及其内涵

Hunt（1983）将分类视为理论发展的重要起步点。除了理论创新，分类有许多好处，减少不同个体在行为上或认知上的差异，以最少的认知努力提供最大的信息。类目化（categorization）具备许多信息处理功能，尤其是在新兴领域或新兴现象的分类上，类目化具有简化外部世界、根据类目符号作为标识的代表以及提供共有的名字以利沟通，还提供了将知识转移到相关领域的可能性，并且可对类型进行管理并提供可衡量的准则。换言之，若能发挥上述类目化的功能，将有利于各界对 SBE 的沟通交流。

3. SBE 分类架构的应用

本书建构的 SBE 分类架构将能达成以下信息处理功能：

（1）精简外部复杂的世界。SE 的界定至今仍莫衷一是，而且缺乏一个普遍受采用的分类架构。本书所建构的 SBE 分类概念包括了传统 SE 的概念，其传统架构将 SBE 分成 8 大类群，这不仅能够涵盖所有 SE 类型，且具有系统性和周延性。由于该架构模式主要是基于供应链的供给/需求驱动源（共享者，Who）、共享的资源或标的物（共享物，What）与共享目的（共享价值，Why）三个具体的构面去加以分类，而最终的分类是从策略的观点（共享方式，How to）加以界定。因此，该 SBE 分类架构将大大地简化复杂的 SBE 社会现象。

（2）类目的符号能作为标识的代表。SBE 分类架构包括了 8 个类目，每一个类目均有一个特有的符号名称，例如：STS 表示“从供给端的需求去分享有形的资源，以达到规模经济强化的目的”。换言之，只需字母符号，就可以清楚地识别出该类目所包含的特质。

（3）能提供共同的名称以利沟通。由 SBE 分类架构 8 大类目的各个符号之中，我们可以很清楚且容易立即辨识其异同点，此将有利于各界尤其是学界的沟通（见表 1-2）。此外，SBE 的分类架构除了能达成上述功能外，还有一个最大功能就是提供经营管理策略上的意涵。即我们从中可以了解能产生持久性的竞争优势以及哪些共享项目是聚焦在成本面的规模经济考虑等背后的意涵，以形成必要的经营策略。

表 1-2　类目分类符号说明

类型	事例	各特质之说明		
		驱动源（供/需驱动）	资源（标的物）（有形/无形）	目的（强化/互补）
STS	两家公司合租车辆送货	两家公司送货“供给”给顾客	“有形”车辆	合租共享车辆的“规模经济”
	两家私人诊所共享一台医疗设备	两家诊所“供给”设备服务病患	“有形”设备	共享“规模经济”
STC	多人分章合著一本书	多人“供给”书籍内容给读者	“有形”书籍	分享作者“规模经济”
	两家互补性产品的公司共同销售套装产品	共同“供给”互补性产品给顾客	“有形”商品	两家不同产品的“范畴经济”
SIS	双品牌行销	“供给”两家品牌给顾客	“无形”品牌	可增加销售的“规模经济”
	智慧财产权授权共享	“供给”智财权来扩大市场	“无形”智财权	共享智财权“规模经济”
SIC	航空公司与旅行社共同推出套装旅游	“供给”套装旅游	“无形”旅游	机加酒的“范畴经济”
	两位不同专长的老师合开一门课	“供给”课程给学生	“无形”课程	不同专长的“范畴经济”

续表

类型	事例	各特质之说明		
		驱动源（供/需驱动）	资源（标的物）（有形/无形）	目的（强化/互补）
DTS	消费者团购同样产品	对商品的“需求”	“有形”商品	同样商品的“规模经济”
	厂商共同采购设备	对设备的“需求”	“有形”设备	共同采购共享“规模经济”
DTC	多人集资买多张彩券	对彩券的“需求”	“有形”彩券	彩券不同号码增加中奖的“范畴经济”
	共同购买产品后，各取所需的不同品项	对不同品项的“需求”	“有形”商品	不同品项“范畴经济”
DIS	汽车的共乘	对运输的“需求”	“无形”运输	共乘的“规模经济”
	团报补习班享折扣	对补习的“需求”	“无形”补习	团报的“规模经济”
DIC	工作的分摊	对工作的“需求”	“无形”工作内容和时间	分摊工作内容和时间的“范畴经济”
	两家汽车公司合资共同生产，一方欲学习对方的生产技术，另一方则欲学习对方的行销技巧	对技术的“需求”	“无形”技术及技巧	技术及技巧的“范畴经济”

4. SBE 分类架构的主要策略性意涵

本书基于 SBE 上述三个构面的特质，提出四大策略性意涵，以作为经营管理或研究上的方向指引，同时体现本架构的使用价值。为此，本书将提出如下命题：

（1）以供给驱动为主的共享。这些类型（STS、STC、SIS 及 SIC）共享者的主要目的是希望通过资源的共享去提供顾客较有价值的产品或服务，以满足顾客的需求，因此，这些供给者应以顾客为导向去实行彼此合作或整合型的双赢经营策略。换言之，这些类型的策略可以说是一种“衍生性需求”导向的，即其对共享的需求是基于顾客的需求而言，而不是为了自己的需求。

（2）以需求驱动为主的共享。这些类型（DTS、DTC、DIS 及 DIC）的共享者主要目的在于通过资源的共享去满足自己的需求，因此根据 Porter（1998）的五力分析模型，共享者会设法去找最佳的做法或谈判策略以跟资源的供应商进行议价。据此，供应商应采取竞争导向的策略（如低价或差异化策略）去博取共享者（需求者）的青睐以获得竞争优势。

（3）无形性的资源较具持久性。无形性的资源常是属于较高层级性的资源，具有稀少与不可模仿的价值特性，因此若从供给驱动而言，其共享或合作期间将较为持久。例如，两位不同专长的老师合开一门课，其共享将持续一段时间。反之，供给驱动的有形性资源共享将不能保证会持续，有时甚至只是一次性的共享。例如，多人分章合著一本书，或两家私人诊所共享一台医疗设备，可能只进行一次合作而已。

（4）互补性的共享目的较能扩大市场范围。因为以互补性为共享目的的共享者希望借此取长补短的办法以发挥多元化的功能，其需求者的范围将较广泛，因此其市场的顾客组成也将较为多元化。例如，多人分章合著一本书，将会吸引各个合作者的不同粉丝去购买这本书。

5. SBE 分类架构的主要结论

（1）从供应商的观点而言，以“供给驱动为主的共享”及“以需求为主的共享”所采用的最优策略将有所不同：前者宜采取彼此合作或整合型的双赢经营策略，而后者宜采取竞争导向的策略或竞合策略。

（2）从供应商的观点而言，以“供给驱动为主的共享”是一种“衍生性”的需求，因此他们的共享需求宜以顾客的需求为主。

（3）以需求驱动为主的共享其共享者为了获得最大的效益，会通过集体谈判去选择最优资源的供应商，因此供应商宜利用价格优势或创造差异化获得竞争优势。

（4）以“供给驱动为主的共享”的共享者，若共享资源属于无形性的，其共享行为将具有持久性；反之，若共享的资源属于有形性的，其共享行为将较不具有持久性。

（5）从供应商的观点而言，如需求者的共享目的属于互补性的，其需求者将较为多元化与宽广，其主要竞争者将不会是提供单一产品或服务的专业厂商。

（二）商业模式理论

1. 商业模式的概念与体系

（1）商业模式的概念。商业模式的兴起得益于 20 世纪 90 年代互联网经济的蓬勃发展，它从全新的角度分析企业，是一个正在形成和发展中的理论体系。商业模式又称经营模式或营运模式，用以解释公司通过什么途径或方式来创造顾客价值并获利（Stewart & Zhao，2000；Magretta，2002；Casadesus－Masanell & Ricart，2010）。商业模式也是一种概念框架，反映企业之间或企业与顾客之间的各种交易关系及联结方式（Weill & Vitale，2001）。首先，策略学派认为商业模式是企业策略、治理架构、经济规模及营运方式，强调在特定市场创造长期竞争优势（Morris et al.，2005；Casadesus-Masanell & Ricart，2010）。因此，商业模式是商业策略的组成部分，强调竞争优势的关键来源（Stähler，2002），而治理结构则是开发潜在机会的重要因素之一（Viscio & Paternack，1996；Amit & Zott，2001）。其次，创新学派强调商业模式应是找到蓝海的价值创造，并掌握商机进而创造价值，因此，商业模式是认知与利用事业机会的价值创造机制（Afuah，2003；Zott & Amit，2008）。最后，技术创新学派强调，商业模式是将技术创新转换成市场需要的产品价值，而技术商业化为其核心（Chesbrough & Rosenbloom，2002）。组织学派提出商业模式是一个涵盖产品、服务与信息流的架构，强调商业在价值链关系与结构上的作用（Stähler，2002；Schmid，Alt & Buchet，2001）。另外，部分学者提出商业模式是一家企业如何使用其资源，以提供比竞争对手更好的价值服务给消费者，并使消费者产生付款意愿（Bouwman，2002；McGrath & MacMillan，2002），这意味着组织的资源和能力是创造价值的关键与核心要素（Brush，Greene & Hart，2001）。总之，从文献来看，目前对商业模式的定义尚未达成一致。

（2）商业模式体系。商业模式体系或架构有助于商业模式描述，可以帮助管理者表达企业的商业逻辑，并对商业模式的其他研究打下基础。Osterwalder 等（2005）认为商业模式包含以下 9 个要素：价值主张、目标客户、销售渠道、客户关系、价值结构、核心能力、伙伴网络、成本结构、收入模式。上述商业模式的构成要素众多，虽然有利于实务面的操作与观察，但对于学术理论的推导并不系统化。Shafer（2005）认为，商业模式可以简化为四个要素：价值创造、价值网络、策略选择及获得价值。此外，Johnson 等（2008）则认为，价值网络是顾客、供应商、竞争者以及互补者四个核心成分变动关系之组成，用来保证产品以最理想的途径提供给终端客户，而企业要依据自己的资源流程与流程结构特点进行策略选择，对价值网络的发展趋势做出正确判断。而价值网络又以顾客价值主张为核心，因此，商业模式也可以由顾客价值主张、关键资源、关键流程及利润模式四个相互联动的要素组成。而从投资者的观点来看，商业模式应该强调公司如何从营运中获利。实际上，商业模式构成要素中，决定目标客户层是最重要的第一步，不符合消费需求，再好的商业模式也是空转，而具有潜力的商业模式可由六个要素来检验：市场细分、顾客需求、产品或服务组合、销售渠道、价值活动以及利润模式（Sinfield et al.，2012）。简言之，即依据市场目标消费群，决定价值主张，创建通路将价值主张传递给目标客户群，并建立良好的顾客关系，进而开展市场获利。因此，要建立一个好的商业模式，应包括三个维度：一是内容（content），即企业所要投入的核心服务内容；二是结构（structure），即价值创造活动之间的相互联系方式；三是治理（goverance），即信息、资源与产品被各方控制的方式（Zott & Amit，2010）。总之，商业模式的构成要素，虽无统一定义，但主要是指企业为了满足顾客需求而提供合适的产品或服务，并将资源（信息等）投入有效转换为企业利润或其他具有附加值的产出（Johnson，2010；Magretta，2011）。

2. 互联网时代的商业模式

互联网时代，信息资源的社会关系形态和内容产生去中心化的趋势。互联网商业模式表现出与传统工业经济商业模式不同的特征和逻辑。企业的思维路径从供应端主导向需求主导转变。互联网时代，生产和服务之间、生产者和消费者之间，常常难以区分开来，其组织结构也发生了很大变化。

（1）互联网商业模式的结构性维度。

1）连接。文献对连接（links）的关注几乎与互联网发展同步。Viscio 和 Patemack（1996）就提出系统连接（linkages），但那时的 linkages 主要是指价值链供应单元之间的联系，无论是联系的范围还是程度均较低，这是由于社会关系属于隐形信息，在互联网之前数据有限，没有大数据技术，关系信息很难被挖掘出来，而经济行为和制度深受社会关系的影响与限制，所以连接通常不算（商业模式的）一个维度。互联网模式下，连接具有关系属性，既可以指人与物之间、物与物之间，也可以指人与人之间的连接（罗珉和李亮宇，2015）。

随着互联网时代的到来，数据呈现爆炸性增长，再加上数据挖掘技术的发展，事物或人之间连接的行为揭示了许多不为人知的协同效应。在这种效应的启示或指导下，连接以往并无交集的行为或商业获得价值的过程，无形中扩大了交易的规模，连接成为互联网商业模式最关键的词汇。连接改变了我们的世界。

第一，连接方式的改变。

互联网时代，大量创新创业模式不断涌现。除了传统的 B2B、B2C、C2C 电子商务模式外，现在的 O2O、C2B、BNC 等多种模式应运而生，很多传统行业在新的商业模式下重新获得新生。

互联网时代带来的是人类连接方式的改变：首先，互联网时代是自由连接时代，即从组织协作转向自由协作时代；其次，互联网时代是丰富连接的时代，是从产品商业化转向体验化商业；最后，互联网时代是聚合连接时代，是从中心化传播转向碎片化传播。正是这种连接方式的改变，使互联网时代又成为动荡剧烈的时代，诞生了内容营销、碎片化经营、自媒体经营等新商业模式。在商业模式的创新过程中，一个原则始终未变，那就是连接。连接分为主动连接和被动连接两种方式。主动连接是企业凭借自己的资源和能力优势，主动进入某个市场。如腾讯进入游戏、电商等产业，均是一种主动连接的方式。主动连接有行动迅速的优势，但选择易出现偏差。被动连接与企业实力的联系不大，它更注重消费者偏好，特别是潜在需求。例如，iPhone 除了基本功能，基本不设定任何框架，而是让消费者自行选择 App 平台上的设计商提供的产品。被动连接能保障连接方向的正确性，但时效性往往不好。

第二，连接的利他价值主张。

在传统经济学中，企业的价值主张都是利己主义，也就是将自身利益作为企业的行动准则。诚然，在传统工业经济时代也存在关系交易，但以往的关系交易主要是为了降低交易成本，而社会交换是为了满足自身的归宿需求以及避免利益冲突。它的推动力量仍然是以自我利益为核心。

而在互联网时代，利他主义成为实现连接的必要条件。也就是满足他人利益作为企业的行动准则。这甚至成为许多互联网企业存在的基础。与此同时，互联网追求的是规模上的弱联系，而非品质上的强联系。与强联系相比，弱联系中的信息重叠更少，合作性更强，竞争性更弱，使互联网连接过程中更加容易实现共享而非竞争。

2）跨界。跨界（crossover）是企业利用自身的技术或社群优势主动从一个领域或行业转至另一个领域或行业经营。跨界可以将原本不相干的元素融合在一起，形成新的亮点。对于进入者而言，跨界也可以让其获得与竞争对手媲美的知名度与市场。如在 iPhone 占据市场的时候，华为进入智能手机能够迅速获得认可。

近年来，跨界已成为继外部收购和内部研发之后，提高组织竞争优势的第三条途径。当跨界对知识的要求越广泛越丰富，知识跨度越大，催生的新生事物往往越具有竞争力。跨界创新常包含创造性破坏。企业进行跨界创新往往是发现了消费者的痛点，即潜在的未满足的需求，而由于互联网往往是赢家通吃，被进入领域的企业如果反应不及时就会被踢出行业。跨界创新的最大警示是，真正颠覆你的竞争对手可能是你看不到的跨行业的微小企业而不是原行业内的主要竞争对手。行业的竞争可以通过理性分析预测发现，但是跨行业竞争在很多时候需要凭借管理者的经验和认知才有可能发现。

跨界经营已成为互联网时代下企业经营的重要模式。跨界经营之所以获得快速发展，离不开互联网技术的发展。

第一，技术对跨界的影响。在互联网时代，工业经济时代的传统行业界限很难起到作用，“脱媒”使营销方式发生改变。移动支付的出现、二维码技术的推广、5G 通信等的出现，消费已经突破了原来时间和空间的限制，旧有的行业间的边界被打破。

第二，资本促进了跨界经营。互联网时代是赢家通吃的时代，在电子商务影响下，成功的企业往往能够吸引到大量的投资，风险投资的大量进入也加快了企业跨界的步伐。

第三，交易费用降低促进了跨界。为了降低专用性资产和机会主义带来的交易费用，促使企业进行跨界，在实际经营过程中，企业跨界经营的方法主要是跨界营销和跨界合作。

跨界经营的好处还在于传统的资源配置活动通过跨界实现了突破。一方面，跨界的需求往往来自发现了资源的新维度，重新定义了关键资源，开发出了资源价值的新维度。另一方面，跨界往往能够激发企业对闲置资源的使用，改变了资源规模。所以互联网即使是相同的资源组合也会在跨界过程中做出不同的资源配置。

不过，跨界虽具有诸多好处，但跨界的限制也是很明显的。首先，企业的盈利不能发生明显的降低，更不能是负利润。其次，跨界经营通常需要技术投入和专业性人才培养。因此，不是任何企业都适宜跨界经营。

3）界面。界面（Interface）指两个事物之间的作用和联系。早期通常指各种仪器的接口，而界面就是描述两个零件结合部分的结合状态或连接关系。管理学中，界面通常指两组织之间的交互（作用和联系）。

工业经济时代，对界面的研究主要是如何促进企业沟通，提升企业活力和协同性。信任和互惠是形成良性界面的主要方式。在企业内部，界面的和谐能促进研发部门和生产部门之间的沟通，有利于促进科研成果的转化。创新与绩效成为建构界面管理的主要要素，都需要界面去管理。分工被认为是界面产生的原因，在传统经济时代，较为注重的供给端的界面如企业内部职能部门之间的界面以及企业之间的界面。互联网时代的界面与工业经济时代的界面存在很多不同，它融入了用户这一关键因素。

互联网时代界面产生的原因是企业的价值主张和企业的生命周期的改变。互联网时代企业价值主张更强调的是符合消费者的异质性、客制化，而对于企业资源及与资源相关的能力的需求反而降低了。在移动互联网中，由于和需求端的参与密不可分，所以界面也被称为用户界面，用户界面本身就是资源（平台）。利用这些界面可以更好挖掘更深层次更具内涵的企业或产品与消费者的潜在连接，从而实现更好的价值共享。用户界面可以分为如下几类：①内容界面；②工具界面；③关系界面；④娱乐界面；⑤精准界面。

（2）互联网商业模式的关联性维度。

1）社群。社群包括虚拟社群和实际社群。虚拟社群更多是就网络而言的，它脱离了时空限制，成为知识分享和价值交换的工具和场合。

2）平台。主要指互联网平台或网上交易平台。网上交易平台利用互联网建立了一种新的秩序，这是一次革命，它不仅影响到线上的电子交易，也给线下的教育、金融等带来不少的冲击。它可以被看作是一种策略、产品或组织。平台往往具有网络效应，存在赢家通吃的现象。

3）场景。场景一词在互联网中，至少包含如下含义：第一，场景是在特定时空内发生的企业或客户行为，或因企业与客户的关系所构成的具体画面，在场景这个特定过程中，企业或客户通过行为来表现商业模式。第二，泛指在移动互联网商业模式中的特定情境，这种情境令人难忘，往往会触发人们的某种行为或情感的宣泄。

场景针对的是需求端的情感和偏好。它具有许多重要特质：①嵌入性，场景往往植入于产品之中；②可感知性；③即插即用，场景往往具有即兴发挥的作用，能够立刻满足消费者的需求。

（三）平台及其生态系统理论

1. 平台的内涵

传统的商业模式一般是线性生产，企业通过一连串的生产流程提供产品与服务给最终顾客。线性的一端是生产者，另一端是消费者。平台（platform）的早期定义是指连接供需双方进行交易的一种特殊市场或实体。现今，由于互联网的快速发展，很多交易已从线下转移至线上，如早期的店面已转移到现在的线上购物平台，除了连接使用者，也连接了产品与平台服务的提供者或所有者。朱·弗登博格、让·梯若尔在《寡头垄断的动态模型：理论与应用经济基础》一书中，指出了平台的关键要素：一是存在双边或多边使用者，二是不同的使用者之间存在网络效应，三是需要媒介参与。

在平台经济模式中，网络效应成为了平台背后发展的驱动力。所谓网络效应，又称为网络外部性，是指网络平台或应用程序每增加一个用户对其他所有用户创造更多的价值的程度。Tiwana（2014）将网络效应分为同边网络效应和跨边网络效应。同边网络效应（same-side network effect）是指当参与者增加时，会影响同边的参与者的价值获得感。如滴滴司机人数越多，会对同行司机产生不利影响。跨边（cross-side）网络效应是指当一边的参与者增加，会影响另一侧的参与者的价值获得感。如滴滴出行的司机人数（供给者）增加，会增加打车者（消费者）的便利，吸引更多的乘客。由于网络的不断扩张和技术进步，网络带来的交易效率越来越高，供需双方的媒合效果越来越好，平台经济越来越壮大。如阿里巴巴、京东（控制了我国境内半数以上的电子商务交易）、Google（控制了80%以上的移动装置系统和90%以上的搜寻系统）等。

因此，本书综合Parker等（2016）、泰勒尔等的定义，认为平台是“一种新的商业模式，用技术把人、组织和资源连接起来，由于网络效应的存在，形成能创造与交流庞大价值的互动生态网络”。平台的首要目的是“媒介用户，促进产品、服务或社交货币的交易或交流，进而为所有参与者创造价值”。

2. 平台的特性与类型

Evan和Gawer（2016）根据平台的商业模式与设计类型，将平台分为四种类型，即交易平台（媒介商品、服务及技术的交易，如百度、Uber）、创新平台（媒介公司和个体之间的技术开发，如Inetel、Microsoft）、投资平台（媒介投资者进行投资）以及整合平台（兼具交易与创新平台功能，如阿里巴巴、Apple）。此外，还有如下分类：根据边界数量，可将平台分为C2C、B2B、C2B、B2C等。

3. 平台的功能与意义

（1）吸引用户。平台构建之初，面临“鸡生蛋还是蛋生鸡”的难题，即平台有价值才有使用者上平台，但若没有使用者平台也就没有价值，因此，必须以病毒式成长（virtal growth）的模式解决这项难题。吸引过程中鼓励使用者向未来潜在的使用者散播口碑，当使用者主动鼓励他人加入，网络就成为驱动增长的因素。简言之，平台必须能够将生产者和消费者拉进平台进行互动。

（2）促进互动。平台建立的基础架构主导了参与者的价值创造与价值获取，因此平台经营者必须制定优秀规则以管理平台上的互动，通过平台提供用户创造与交换价值的商品或服务、降低使用障碍以扩大用户的参与度、提高使用障碍以阻挡无价值的互动等。然而，要设定能够促进价值创造的平台并不容易，面临的是选择平台开放或者封闭的两难，这一困境也被称为碎片（fragmented）与整合

(integrated)的矛盾。平台越开放就越破碎、更加难以货币化、更加难以掌控知识产权，但是更会鼓励创新；平台越封闭会降低外部伙伴的互动和交易。因此，设计一套平台治理规则，规范谁能参与平台生态系统、如何在各个利益关系人之间创造价值以及如何解决纷争非常重要，要善用法律、规范、架构以及市场治理工具，促进平台中的各个参与者进行良好的互动。简言之，平台必须设计有效的工具和方法，促进生产者和消费者产生连接并推动双边产生有用的价值且停止无价值的交换。

(3)媒合。要能够创造互蒙其利的媒合，平台必须建立更多的信任感以促进市场中的交易，并通过建立有效的奖励机制，加强媒合潜在用户并增强其参与的动机。此外，应当持续改进资料的取得与分析方法，利用竞赛方式取得用户的个人资料、价值单元及交换商品与服务等相关信息，当资料越多、分析越精确，用户在平台上的交流就越有价值，双方最终的媒合也会越好。

4. 平台生态系统

(1)概念与分类。生态系统(ecosystem)是参与者或行动者之间构成的网络系统，包括了主体、主体之间的连接以及环境支持系统。生态系统这一概念旨在强调传统产业边界的模糊性、不同行动者之间的相互依赖性（共生关系），从网络结构的观点看，这一概念强调了相互依存相互影响的行动者的数量、网络密度及参与者的中心度。比如，新能源汽车的生态系统就包括了整车生产商、零部件提供商的数量以及他们之间或强或弱的连接（共同的技术研发、车辆检验平台等策略联盟）、中心或领导厂商的规模或市场势力、基础设施建设状况（如充电桩、充电站）等。

生态系统可以简单分为三种类型：商业生态系统、创新生态系统及平台生态系统。平台生态系统则是着重于特定的技术与平台提供者与互补者之间的相互依存关系，并特别关注平台领导厂商或焦点厂商(focal firm)，考察生态系统的成员如何围绕平台运作。因此，平台生态系统也属于商业生态系统，是一种以平台为载体的特殊的商业生态系统，即新业态（新生态系统）。平台系统的参与者通常包括了四个角色：生产者、消费者、平台提供者及平台拥有者。

Tiwana(2014)提出平台生态系统主要由两个元素组成：平台和匹配性应用程序(App)，并提出可以将生态系统分为上下游两部分。上游是指平台生产本身，包括组件和硬件供应商、软件授权商、制造合作伙伴及网络连接等基础设施供应商；下游则是平台的使用者，包括平台拥有者、应用程序开发者及终端用户。平台系统对最终用户的吸引力不在于平台本身，而在于平台能够做什么，即能提供什么样的“价值主张”给使用者。

工业互联网生态系统相较于一般消费性互联网生态系统更为复杂，包含了工业技术及平台本身的结构。而上下游可通过垂直整合并提供应用程序及市场导向的工业互联网业务平台，其中越接近下游表示平台生态系统能“对客户提供什么价值”，如客制化、整合服务等。

（2）平台生态系统的特征。由平台生态系统而形成的平台商业模式则属于新商业模式，其新颖之处在于改变了以往传统产业的线性价值链结构。对此，可以从以下三个方面分析二者的不同之处：

首先，由互动带来的信息量。传统商业模式从前端的生产者经过许多中间商后连接到最终端的消费者手上，消费者无法参与到其中，因此容易出现信息不对称的情况，购买双方更能利用不完全信息赚取中间的差价。此外，信息传递效率不高，预测难以精准，也是以往商业模式的缺陷。而平台商业模式中，其核心思维和架构是媒合、连接和架桥，目标是交流供需双方的信息及评价，可以更精准地媒合双边的使用者，如滴滴出行媒合了司机与乘客，旅程网媒合了旅游公司与旅游爱好者，而不受中间环节的干扰。

其次，平台商业模式的进入门槛更低。进入传统产业所需要的资金、技术及渠道的要求普遍较高，但因市场快速成长，建立平台的成本及技术更为容易。市场上的平台网页模板让不懂技术的创业者也能轻松建立。多边平台能有效降低双方寻找需求的成本，因此降低了交易成本。此外，网络平台贩售的是无形的服务和体验，没有库存的压力，所以经营与变动成本更低。如滴滴出行公司不需要养任何司机和汽车，却能为使用者提供叫车服务，直接影响了传统的出租车产业。简言之，平台商业模式下的进入门槛显得更为简单。

最后，核心目标不同。传统商业模式下，上游企业要在生产成本及价格上具有绝对的优势才能吸引下游客户，更重视库存管理及供应链关系管理。而平台商业模式的目标则是如何通过网络效应吸引大量的使用者在平台上产出更多的互动与信息，每位使用者不断地进行角色互换，既能快速增加新用户，也不容易流失老客户。相对于传统商业模式重视企业内部的运作与优化，平台商业模式重视的是参与者互动产生的信息量（流量）及价值，以建构稳定的生态系统。

（四）价值共创理论

1. 价值共创的概念

价值共创（value co-creation）由 Prahalad 和 Ramaswamy（2004）首次提出。他们指出，过去企业负责生产制造、消费者负责接受与消费，这样界限分明的商业模式已经过去。在价值创造过程中，消费者会越来越积极投入，与企业进行全新的互动，由此，生产与消费的界限逐渐消失。这种现象出现的一个很重要的原因是互联网的发展，使信息可以快速传递与交流，消费者可以接收到不同的信息与观点，不再是被企业分析、定位与观察的消极价值接受者，而是从被动的购买者转变为价值创造的推手，更加积极地参与企业的研发与生产。可将传统价值创造理论与共创价值理论的特点列入表 1-3 中。

表 1-3　传统价值创造理论与共创价值理论的区别

	传统价值创造理论	共创价值理论
核心观点	以企业为中心、以产品为中心（product-centered）	价值创造发生在企业内部及外部
创造价值者	企业创造，消费者位于企业外部，是被动接受的	企业与消费者共同参与价值创造，消费者是积极主动的
对市场的看法	交换商品与服务的场所，而非是创造价值的流程	被视为价值创造的流程及获取价值的场所
管道	单一界面	平台或生态系统
企业与消费者的互动	企业对消费者的线性单向标准化互动，互动点为市场，但不是价值创造的来源	双向的客制化互动、多边互动，互动点为任何地方且是创造价值的来源
结果	单赢，企业获利	双赢，生态系统共生共荣
代表性学者	价值链（Poter，1985）	价值共创（Prahalad & Ramaswamy，2004）

2. 服务主导逻辑的价值共创理论

价值共创理论有两种不同的价值共创观点：一是 Prahalad 和 Ramaswamy（2004）提出的基于消费者体验的价值共创理论；二是 Vargo 和 Lusch（2004）提出的基于服务主导逻辑（Service Dominant Logic）的价值共创理论。前一理论如上所述，后一理论简要介绍如下：Vargo 和 Lusch（2004）认为，企业在开发经营战略时，要用服务主导逻辑取代过去的产品主导逻辑，同时也针对经济学和价值创造相关的问题发表了全新的观点。这一逻辑包括的 11 大基本假设命题共经历了四次修正和调整（提出或修订时间分别是 2004 年、2006 年、2008 年、2016 年），具体如表 1-4 所示。

表 1-4 Vargo 和 Lusch 的服务主导逻辑演进历程

命题＼年份	2004	2006	2008	2016
1	专业技能和知识运用是交换的基本单位	同 2004 年	服务是一切经济交换的根本基础	同 2008 年
2	简介交换掩盖了交换的基本单位	同 2004 年	间接交换掩盖了交换的基础	同 2008 年
3	产品是服务提供的销售机制	同 2004 年	同 2004 年	同 2004 年
4	知识是竞争优势的基本来源	同 2004 年	操作性资源是竞争优势的基本来源	操作性资源是战略利益的基本来源
5	一切经济都是服务解决	同 2004 年	同 2004 年	同 2004 年
6	顾客通常是共同生产者	顾客通常是价值共同创造者	同 2006 年	价值是由多个参与者共同创造，总是包括最终受益者
7	企业只能提供价值主张	同 2004 年	企业不能传递价值，而只能提供价值	参与者不能传递价值，但能够参与创造和提供价值主张
8	服务的核心观点是顾客导向	同 2004 年	服务的核心观点必然是顾客导向	服务的核心观点必然是受益人导向
9	无	企业存在是为了将其他参与者的能力整合、转化成市场所需的复杂服务	一切社会和经济参与者都是资源整合者（消费者也是）	同 2008 年
10	无	无	价值总是由最终受益者以独特的方式决定	同 2008 年
11	无	无	无	价值共创通过参与者创造的制度和制度安排来协调

3. 平台下的价值共创

价值共创通常包括三个要素：共创的价值、参与者的行动及参与的平台。①共创的价值：集中于整体的价值创造及个体的价值获取，而价值必须通过由参与者之间的交流与资源分享才能获得。②参与者的行动：参与者的行动在价值共创过程中容易被管理，通过平台生态圈的机制或规则设计参与者的互动，而多元化的价值也能在平台生态圈中得到呈现。③参与的平台：平台不一定是有形的，主要是为了参与者交流资源与互动提供一个媒介，这样的平台能提供程序化的辅助利于参与者共创价值。简言之，价值共创通过平台媒合不同需求的参与者，进行资源的交流与整合以解决彼此共同的需求与问题。

在结束理论和概念的介绍之前，本书认为，鉴于物联网和互联网的概念具有许多共同之处，特别是物联网可能是互联网发展的高级形态，因此，本书在以下的研究中不再区分物联网和互联网的概念，并且除非特别声明，一般使用物联网的有关概念来展开本书的研究与写作。

（五）交易成本理论

1. 网络时代的交易成本出现显著降低

交易成本是价格机制或者市场机制的必然产物，是市场运行的成本。企业的存在和发展是为了节约市场交易成本的结果。当今时代，互联网的快速发展极大地提高了市场交易的空间且弱化时间限制，新的生产经营、组织理论以及交易方式使成本发生很大变化。以互联网为代表的信息科技技术可以显著降低组织在信息获取、复制与扩散中的成本，实现交易过程的去中介化，降低买卖双方的信息不对称程度。由于信息不对称会导致市场失灵，消除和缓解信息不对称意味着交易成本的降低。互联网时代的交易成本之所以能够得以极大降低，主要是因为以下三点：第一，互联网应用能够突破传统交易方式的时间和空间限制。互联网模式下，信息传播速度和效率得以显著提升，企业和个人能够以非常便捷的方式、较低的成本获取更多更广泛的信息，信息搜寻成本得以显著下降，可以极大降低生产消费两端的信息传递延迟和失真。第二，在互联网时代，很多资源能够以数字和编码的方式存储于网络中（包括云存储），而且无须付出额外成本即可对此类资源免费复制，企业的信息需求可以得到有效满足。第三，互联网的推广应用可以对传统的交易方式进行简化，减少市场交易的中间环节，减少流通和传输成本，并可以提高决策的有效性和即时性，提供客制化服务。

2. 交易成本节约与技术进步

交易成本的节约有助于企业专注发挥自身特色和优势，增强专业化分工，促进技术进步。根据科斯的交易成本理论，企业内部交易是对市场交易的替代，企业内部交易同样是有成本的，因此，确定企业的效率边界需要依赖内外部交易成本的比较。当企业内部用于生产经营以及管理协调的边际成本等于市场交易所需的成本时，企业即实现了最优的生产规模。

互联网的应用可以从内、外部两个方面降低企业的交易成本：一方面，互联网应用可以降低内部管控成本。一是利用信息系统（如财务信息系统）助力组织管理，畅通不同部门之间的信息共享、组织协同，打造不同主体在生产、运输、仓储等环节协同配合的机制，提高企业运营决策效率与能力；二是推动重要研发与管理活动的实时与透明化，降低垂直一体化企业或大规模企业的监管成本，减少由于委托代理的效率损失。另一方面，互联网应用可以降低外部交易成本。一是优化企业对合作对象的筛选机制，包括助力企业获取更多上下游企业的信用、产品和服务质量等关键信息，节约企业的搜寻成本。二是有助于降低企业在谈判时所需付出的协商成本。通过将关键要素如产品工艺和质量等以透明化的方式呈现，有效节约协调与沟通成本。三是有利于降低合作方违约风险，减少监督成本。通过实时跟踪关联方的动向以及标的产品的设计生产与运输进展，帮助企业及时干预并保障交易如期顺利进行，降低关联方的违约概率。

互联网对交易成本的节约将影响企业是推进专业化还是一体化的决策，进而影响资源集中的领域与方向，对企业的技术创新水平与产品质量产生影响。

第三节　文献回顾

本书将物联网看作互联网的同义词（或高级发展阶段），关于互联网的研究众多，相关综述文献不少，为此，本节的文献回顾聚焦于关于物联网的研究。

本书使用 WOS（Web of Science）数据库，搜集整理历年文献资料，运用主路径分析进行文献回顾与整理，通过文献之间的相互引用关系探讨物联网的发展轨迹及未来可能的发展方向。以关键词“Internet of Things”从 WOS 文献库搜集学术文献，检索结果为 18963 篇学术文献，经过整理移除重复后加上删除作者名称不详及作者、题目及年代空白者，合计得到文献 18222 篇。

一、期刊基本统计

以 g-index 作为指标找出物联网学术领域有较大影响力排名前 20 名的期刊，若 g-index 为指数相等，则再以 h-index 进行排名，结果见表 1-5。排名第一的期刊为 *IEEE Internet of Things Journal*，总篇数达 1586 篇，与 g-index 排序一致，这表明 *IEEE Internet of Things Journal* 期刊在物联网学术领域有重要的影响力。排名第 2~5 位的期刊依次为 *Computer Networks*、*Future Generation Computer Systems the International Journal of Escience*、*IEEE Access*、*IEEE Communications Magazine*。

表 1-5　物联网研究领域学术期刊前 20 名

排名	期刊	g-index	h-index	活跃年份	总篇数
1	*IEEE Internet of Things Journal*	129	68	2014~2020	1586
2	*Computer Networks*	101	30	2010~2020	164
3	*Future Generation Computer Systems the International Journal of Escience*	100	43	2013~2020	514
4	*IEEE Access*	100	56	2014~2020	1707
5	*IEEE Communications Magazine*	98	48	2011~2020	196
6	*IEEE Transactions on Industrial Informatics*	92	48	2013~2020	309
7	*IEEE Communications Surveys and Tutorials*	89	41	2013~2020	86
8	*Ad Hoc Networks*	64	30	2012~2020	137
9	*Journal of Network and Computer Applications*	64	35	2011~2020	166
10	*Sensors*	61	37	2009~2020	1265
11	*Computer*	53	20	2011~2020	67
12	*IEEE Wireless Communications*	53	29	2010~2020	178
13	*IEEE Sensors Journal*	52	27	2013~2020	73
14	*IEEE Journal on Selected Areas in Communications*	47	21	2013~2020	57
15	*Computer Communications*	44	23	2012~2020	196
16	*IEEE Internet Computing*	44	19	2009~2020	91
17	*IEEE Network*	44	22	2011~2020	41
18	*International Journal of Distributed Sensor Networks*	39	16	2012~2020	269
19	*Proceedings of the IEEE*	39	19	2010~2020	44
20	*Mobile Networks & Applications*	38	12	2013~2020	61

在 20 种期刊中，涵盖领域有电脑科学、安全技术、云计算、医疗、区块链以及工业 4.0 等，其中又以电脑科学和安全技术居多。物联网学术文献发表均在 2010 年以后逐渐受到人们的重视。值得注意的是排名前 10 名的 Sensors，主要刊登感测器相关内容方面的文章，该期刊发表的物联网学术研究总篇数高于排在其前的第 6~9 名，但 g-index 排名较靠后，其主要原因应当是其被引次数过少。

二、作者基本统计

本书以 g-index 为指标找出对物联网学术领域有较大影响力排名前 20 名之作者，若得分相同，则再以 h-index 指数比较并排序，前 5 位有较大影响力的作者依次为 Guizani M、Wang Zl、Zhang Y、Xu Id、Zhang I，见表 1-6。

表 1-6　作者影响力前 20 名

排名	作者	g-index	h-index	活跃年份	总篇数
1	Guizani M	60	21	2015～2020	87
2	Wang Zl	51	24	2010～2020	58
3	Zhang Y	48	24	2013～2020	157
4	Xu Id	47	33	2011～2020	47
5	Zhang I	47	20	2011～2020	78
6	Zeadally S	43	19	2010～2020	46
7	Vasilakos Av	40	20	2013～2020	40
8	Yang It	40	18	2012～2020	66
9	Chen M	38	15	2011～2020	38
10	Kumar N	38	23	2015～2020	68
11	Zhang Q	38	10	2016～2020	38
12	Li X	37	21	2011～2020	91
13	Zhang J	37	14	2013～2020	66
14	Buyya R	36	14	2013～2020	36
15	Yu W	36	13	2016～2020	37
16	Choo Kkr	34	21	2015～2020	85
17	Imran M	34	15	2016～2020	38
18	Liu Af	34	25	2016～2020	46
19	Qiu T	34	18	2012～2020	43
20	Rodrigues Jjpc	34	21	2010～2020	100

Guizani M 为电资工程博士毕业，目前为卡塔尔大学计算器工程系的教授，研究兴趣包括无线通信和行动计算、计算器网络、移动云计算、安全性和智能电网，也是 *IEEE Network* 的主编，在数种国际技术杂志的编辑委员会中任职，并且是《无线通信和移动计算》杂志 *Wiley* 的创始人兼总编辑，共发表了 500 多篇期

刊与会议论文。

Wang Zl 曾任我国国家纳米科学中心联合主任、欧洲科学院院士及中研院院士等，过去热衷于研究电子弹性散射和非弹性电子散射，对纳米发电机和自主供能系统等 IoT 应用有重大贡献。

Zhang Y 为挪威奥斯陆信息学系的教授，研究兴趣包括 5G 下一代无线网络以及绿色安全的网络系统，如智能电网、医疗保健和交通运输。

Xu ld 是美国弗吉尼亚州诺福克市 Old Dominion 大学的著名教授，在信息科学与工程领域有举足轻重的地位。

Zhang I 毕业于台湾交通大学软件工程学硕士，研究兴趣包括智能计算、智能感知及城市环境传感器等技术，对物联网的实际应用有深入研究。

所有显示在 Global Main Path 和 Key-route Main Path 等主路径上文献的作者，与前 20 大影响力排名作者对照后，发现只有 Guizani M、Wang Zl、Zhang Y、Zhang I 及 Xu Id 等少数作者出现在排名中。

三、主要研究主题

为了继续深入探讨物联网学术领域的研究主题，本书搭配软件 Group Finder，采用集群分析方法，将物联网学术领域进行划分，分群后共产生 20 个群组，选取超过 200 篇文献的群组，符合此条件的共有七大群组。依序由大到小分别为 2991、2097、1140、448、327、307、220 篇文献，将此七大类文献的标题通过 Wordle 软件分析得到关键词数据，将其主题分别命名为：①物联网概念建构；②物联网应用于信息安全；③物联网架构与运算技术；④物联网应用于区块链与保密技术；⑤物联网应用于智能制造；⑥物联网应用于医疗；⑦物联网应用于无线网络，汇总七大群组的研究主题如表 1-7 所示。其内容包含研究主题、文献篇数、关键词、文字云分析结果及成长趋势。各个群组的关键词由各群组标题中的单字所出现的频率高低作为排序，相应括号内的文字为各群关键词平均出现的次数。举例而言，第一群组的关键词为 internet（0.20），表示 internet 在该群组文献标题中平均出现 0.20 次，此关键词排序有助于快速了解每一个群组的研究趋势，从历年增长趋势图中可以得知七大群组在近几年都有增长趋势，代表七大群组为物联网学术领域的主要研究主题。此外，各群组的 internet 和 things 两个单字所出现的频率最高，为凸显研究主题的关键词，本书将各群组的 internet 和 things 两个单词从文字云中移除，但由于第 1 群组主要说明物联网本身，故保留以上 2 个单词。

表 1-7　七大群组的研究主题、关键词、文字云和成长趋势

研究主题	关键词	文字云	成长趋势
第 1 群组（2991 篇）物联网概念建构	internet（0. 20） things（0. 19） internet of things（0. 18） iot（0. 12） smart（0. 08） data（0. 07） based（0. 06） management（0. 04） networks（0. 04） applications（0. 04）		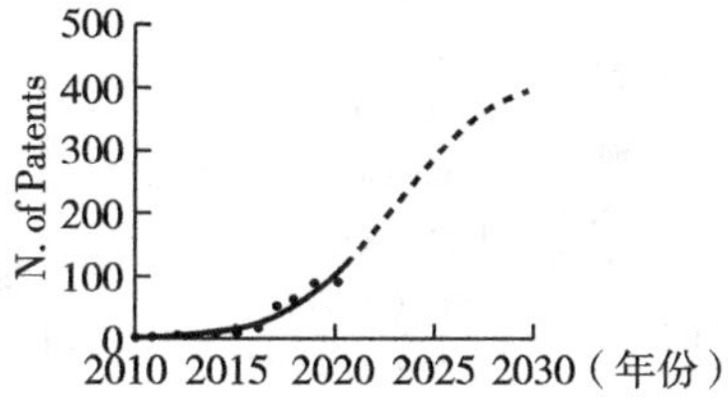
第 2 群组（2097 篇）物联网应用于信息安全	security（0. 02） authentication（0. 01） based（0. 01） secure（0. 01） scheme（0. 01） networks（0. 01） smart（0. 01） data（0. 01） protocol（0. 01） detection（0. 01）		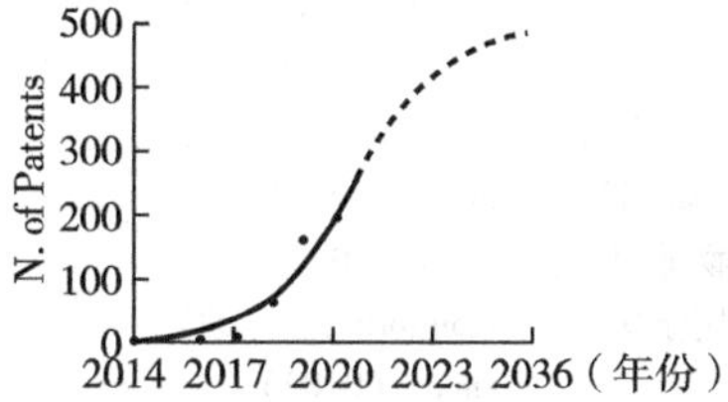
第 3 群组（1140 篇）物联网架构与运算技术	computing（0. 03） edge（0. 02） fog（0. 02） edge computing（0. 02） fog computing（0. 01） networks（0. 01） offloading（0. 01） mobile（0. 01） data（0. 01） based（0. 01）		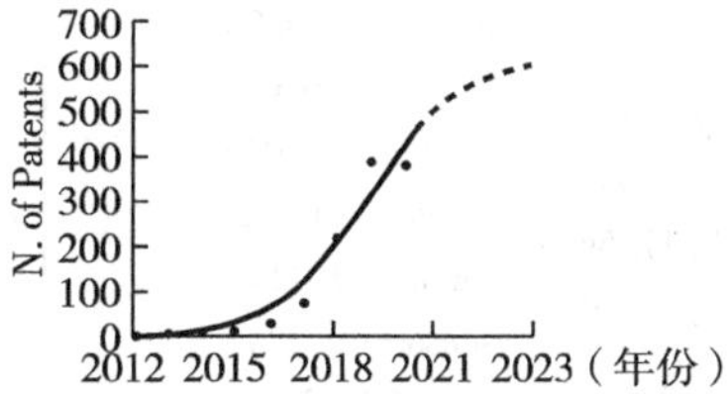
第 4 群组（448 篇）物联网应用于区块链与保密技术	blockchain（0. 03） smart（0. 01） data（0. 01） secure（0. 01） blockchain-based（0. 01） based（0. 01） blockchain（0. 01） system（0. 01） computing（0. 01） using（0. 01）		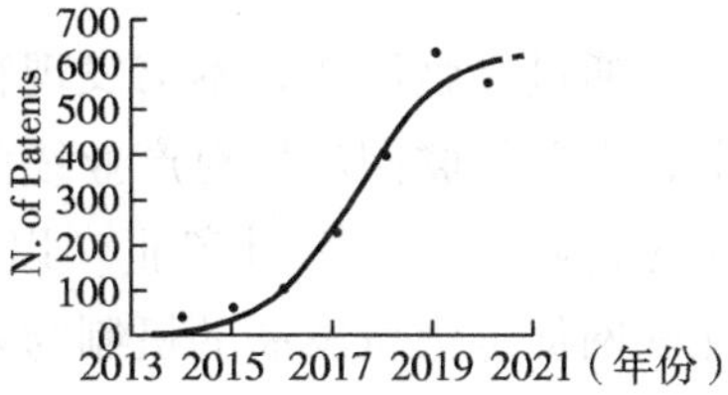

续表

研究主题	关键词	文字云	成长趋势
第 5 群组 （327 篇） 物联网应用于智能制造	manufacturing（0.03） system（0.02） smart（0.02） based（0.01） management（0.01） digital（0.01） data（0.01） review（0.004） framework（0.004） logistics（0.004）		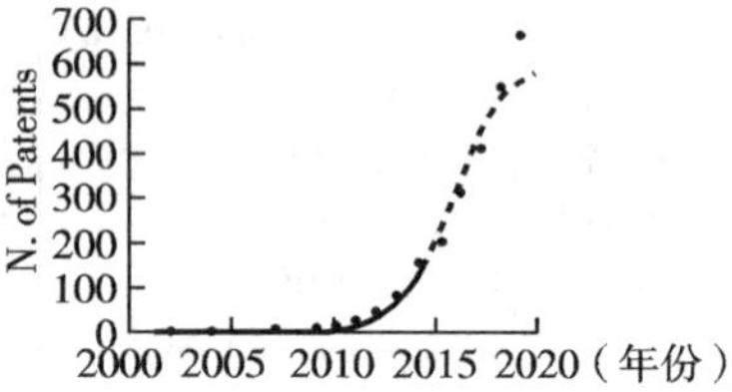
第 6 群组 （307 篇） 物联网应用于医疗	data（0.03） healthcare（0.03） cloud（0.02） computing（0.02） health（0.02） sensor（0.02） monitoring（0.02） smart（0.02） system（0.02） wearable（0.02）		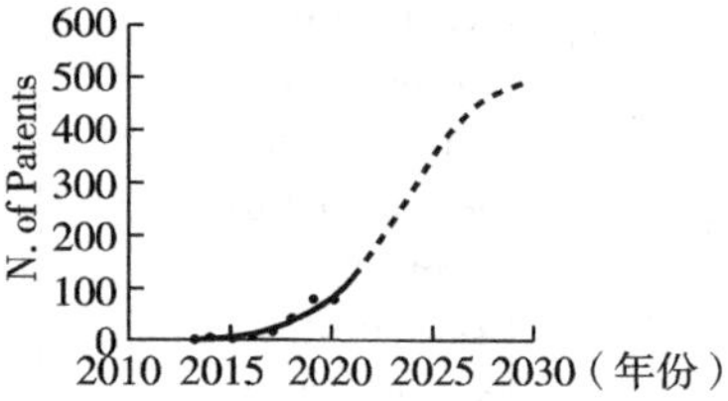
第 7 群组 （220 篇） 物联网应用于无线网络	lora（0.04） networks（0.03） network（0.03） lorawan（0.02） wireless（0.02） lpwan（0.02） sensor（0.02） area（0.02） wide（0.02） power（0.02）		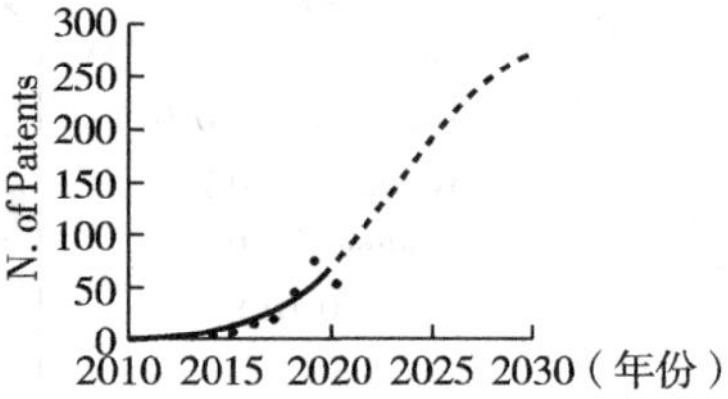

通过文献回顾，本书发现物联网相关研究主要集中在技术领域的发展与应用上，有关物联网应用对产业绩效或技术创新的影响并不多见，为此，本书将分章探讨物联网的应用对产业（以制造业为例）绩效和技术创新的影响。当然，对互联网促进消费发展的机制与效果也是本书重点探讨的地方。

第四节　主要内容框架

全书分为五篇，包括绪论篇、机制篇、因素篇、路径篇和结语篇共计十一章。

绪论篇主要是导言和我国互联网的发展现状（第一章、第二章）。第一章是本书的导言，包括研究背景和动机、基本概念界定和理论基础、本书的研究框架、主要研究方法以及创新之处。第二章介绍我国互联网（包括互联网和产业互联网）的发展现状与问题。

机制篇主要考察“互联网+”促进产业高质量发展的机制（第三章至第五章）。第三章考察互联网对消费影响的机制与效果；第四章考察工业物联网对制造业的促进机制与效果；第五章考察物联网的使用对企业创新能力的促进机制与效果。

因素篇主要考察互联网发展的影响因素（第六章至第八章）。第六章考察从企业角度考察工业互联网平台发展的影响因素；第七章从客户（消费者）角度考察它们对工业物联网平台满意度的影响因素；第八章研究了政府政策对物联网产业发展的影响。

路径篇主要考察互联网产业发展的主要经验和成功做法（第九章至第十章）。第九章从城市角度切入考察深圳和杭州两市发展互联网产业的路径和主要经验；第十章考察研华科技公司在物联网产业的布局策略和成功经验。

结语篇概括本书的研究结论，提出政策建议与措施。第十一章提出“互联网+”的优化路径及政策建议。

第五节　主要研究方法

针对不同的问题，本书灵活运用了不同的研究方法。除了常见的描述性统计、信度和效度分析、德尔菲法等方法，按书中章节顺序，本书主要研究方法归纳如下：

（1）访谈和问卷调查法。该方法是本书应用较为普遍的方法。主要见于本书第四章、第五章、第七章。第四章运用问卷调查收集相关数据，考察互联网应用对制造业绩效的影响；第五章以山东高科产业为例，使用问卷调查法获取样本企业的主要特征及相关信息，考察互联网应用对新产品研发绩效的影响；第七章运用问卷调查研究方法考察工业互联网满意度的影响因素。

（2）案例分析法。该方法主要应用在第九章。该章以深圳市的腾讯和杭州市的阿里巴巴为例，对比分析城市互联网产业发展的主要路径和成功经验。

（3）结构方程模型。该方法一般应用在问卷调查之后的进一步分析。该方法主要见于本书第四章、第五章。第四章运用结构方程模型考察供应商参与、精实方法的互联网应用与制造业绩效的路径关系；第五章运用结构方程模型考察新产品研发的互联网应用、创意能力与新产品绩效的路径关系。

（4）动态 DEA 和脉冲效应分析。两种方法见于本书第八章。运用动态 DEA 方法实证分析我国互联网产业（以上市公司为例）的产业运营效率；之后本书运用脉冲响应分析政策对互联网产业经营效率的影响，分析政策的延迟效果。

（5）Kano 二维模式、品质机能展开（QFD）和萃取法（TRIZ）。三种研究方法见于本书第七章。本书首先运用 Kano 二维满意度模式，将影响互联网平台顾客需求要素进行属性归类，再进行增加顾客满意度及降低不满意度分析，以确认互联网平台顾客需求的关键要素；其次利用 QFD 中的顾客需求品质（VOC）、工程技术要素（VOE）、二者关系（VOC/VOE）矩阵以及如何进行优先度排序四部分的分析，建构以顾客需求要素为基础的服务创新策略评估分析；最后利用 TRIZ 将工程参数转化为服务参数，对应到互联网平台策略选择关键要项，找出互联网平台服务创新解决方案。

第六节　研究价值与贡献

一、理论价值

（1）以往的研究，很少探讨企业之间通过互联网平台进行共创，更少有专门讨论企业在工业 PaaS 平台上共创的影响因素，本书的主要学术贡献之一是通过多种方法（定性/定量）去研究企业在工业 PaaS 平台上进行共创的因素，可以从不同角度探讨企业共创的影响因素。此外，本书将以往企业采用科技的研究模型即 TOE（科技—组织—环境）模型拓展为 TOEC（科技—组织—环境—合作）模型，使得本书的分析更加周延。本书的研究模型，除了补充现有文献研究的不足，同时可以提供后续研究以建模和实证分析方面的参考。

（2）本书提出了互联网应用于精实制造的一个理论蓝图。同时，以往的研究大多涉及了精实制造对制造绩效的影响，但很少有研究考虑互联网对精实制造的作用，进而对制造绩效的影响。本书将互联网应用于精实制造的影响进行了实证分析，拓展了现有文献的研究。

（3）不同于以往大多研究局限于使用定性分析、专家访谈或单一维度的分析，本书的分析模型整合了 Kano、FDM、QFD 及 TRIZ 四种分析模式，兼具质性与量化分析，其主要贡献在于突破了传统物联网相关研究偏重量化结果或个案的质性讨论，建构了以顾客需求为导向的物联网平台经营策略服务创新模式的分析框架，有助于提升物联网平台顾客满意度与服务品质，是对以往研究的拓展和补充。

二、应用价值

（1）本书的研究结论可为工业 PaaS 平台管理者完善其服务提供决策参考。本书的一些研究结论，可以为解决企业共创意愿不高的现状提供一些线索或启示。如提高平台的竞争力、增强平台的资源共享，以提高企业在平台上的共创意愿。再如创新方面，本书为强化互联网应用于新产品研发时的创意能力，以提升新产品绩效；强化各研发阶段人员的技能及数据分享，提升新产品绩效等提供了理论和数据支持。

（2）精实方法的互联网应用是建设现代化产业体系的必由路径。对制造业而言，更需要将互联网应用于精实制造上。世界各个工业强国都在快速发展智慧制造，包括通过工业互联网、大数据或人工智能等数字经济提高自身的竞争力。因此，我国企业必须在智慧制造方面积极进取，快速跟进，争取领跑，比如运用互联网对传统产业进行升级改造，这必将有利于推动整个工业乃至经济的转型升级，有利于建设现代化经济体系。本书为企业特别是中小企业如何导入互联网推动精实智慧制造提供了参考，特别是对于制造现场的改善，本书提出了初步方案以资参考。

（3）本书以顾客需求为主轴，建构了评估物联网平台提供服务创新的策略选择关键要素的分析模型。该模型首先通过 TRIZ 分析经营策略选择关键要素，以"物联网平台矛盾矩阵表"匹配TRIZ服务创新法则，作为构思服务创新的依据，开发整合"欲改善参数或策略"与"避免恶化参数或策略"的物联网平台服务创新法则TRIZ综合分析矩阵，以期使物联网平台在提供各产业服务时，完善服务创新的一个思考程序，具有一定的实际应用价值。

第七节　主要创新点

（1）相对完善的分析框架。本书循着提出问题—理论分析—实证检验—结论与政策的基本思路，深入分析了"互联网+"促进产业高质量发展的动力机制、绩效评估及优化路径。有相对较为完善的分析框架，是本书区别于"互联网+"有关研究的地方。

（2）多种分析方法的综合应用。为了更好地揭示"互联网+"促进产业发展的机制，本书综合运用了多种分析方法，既有定性分析方法（如SWOT、五力分析、商业画布等），也有定量分析分析法（如动态DEA模型、脉冲效应分析、结构方程模型）；既有质性研究（专家访谈、个案分析如阿里巴巴、腾讯），也有量化研究（如Kano二维分析、QFD、TRIZ）；对"互联网+"的研究方面，本书则采用了文献计量学的方法，如主路径分析法和文字探勘法。

（3）学术思想上的较大拓展。在研究范围、学术观点方面本书均有较大拓展。如本书提出了消费者参与价值共创的主要影响因素，弥补了服务主导逻辑对消费者之外的第三方探讨的不足。再如，物联网的应用对产品创新能力的影响，也是以往文献较少涉及的地方。

（4）理论价值和实践意义并重。本书在互联网应用对创新（以新产品绩效衡量）的影响、互联网应用对制造业绩效的影响、企业参与工业互联网平台的影响因素、工业互联网平台服务满意度的影响因素以及政府政策事件对互联网产业发展的影响等章节不但进行了理论分析，还进行了较为详细、严谨的实证研究。这些研究不但弥补了以往学术研究的不足，还随之指出了相关研究结论对企业、政府、平台业者等利益相关者具有借鉴价值和意义。

第二章　我国互联网发展的现状与存在问题

本章从互联网和工业（产业）互联网两个方面分析我国互联网的发展现状及趋势。如本书第一章所述，所谓互联网，就是以个人为服务对象，从电商、社交、搜索等领域的消费为主线，渗透到百姓生活的各个领域，极大地影响人们的生活和消费习惯；而工业互联网是以生产者为用户，以生产和交易活动为目标的互联网应用，体现在互联网对各产业的生产、交易、融资、流通等各个环节的改造。本章首先介绍互联网的发展，然后介绍工业互联网的发展。

第一节　互联网的发展现状与问题

一、我国互联网发展取得的主要成就

（一）网民规模

根据我国互联网络信息中心（CNNIC）报告，截至2021年12月，我国网民规模达10.32亿人，较2020年底新增网民4296万人，互联网普及率达73.0%。其中，手机网民规模达10.29亿人，相较于2020年底增加了4298万人，手机网民占全部网民的比例达到99.7%；城镇网民与农村网民规模分别为7.48亿人与2.84亿人，分别占全部网民人数的72.4%与27.6%。

2021年，我国各类个人互联网应用的用户规模呈现普遍的增长态势。其中，在线医疗与在线办公的用户规模增长最为显著，增长率分别为38.7%、35.7%；另外，网上外卖与网约车的用户规模增长也较为明显，年增长率分别为29.9%和

23.9%；在线旅行、互联网理财、网络直播、网络音乐等应用的用户规模增长率也均在10%以上。2020年3月至2021年12月，我国网民各类互联网应用的具体情况见表2-1。

表2-1　2020年3月至2021年12月我国网民各类互联网应用的具体情况

用途	2020年3月			2020年12月			2021年12月		
	用户规模（万人）	使用率（%）	年增长率（%）	用户规模（万人）	使用率（%）	年增长率（%）	用户规模（万人）	使用率（%）	年增长率（%）
即时通信	89613	99.2	13.2	98111	99.2	9.5	100666	97.5	2.6
网络视频	85044	94.1	17.3	92677	93.7	9.0	97471	94.5	5.2
短视频	77325	85.6	19.3	87335	88.3	12.9	93415	90.5	7.0
网络支付	76798	85.0	27.9	85434	86.4	11.2	90363	87.6	5.8
网络购物	71027	78.6	16.4	78241	79.1	10.2	84210	81.6	7.6
搜索引擎	75015	83.0	10.1	76977	77.8	2.6	82884	80.3	7.7
网络新闻	73072	80.9	8.3	74274	75.1	1.6	77109	74.7	3.8
网络音乐	63513	70.3	10.3	65825	66.6	3.6	72946	70.7	10.8
网络直播	55982	62.0	41.1	61685	62.4	10.2	70337	68.2	14.0
网络游戏	53182	58.9	9.9	51793	52.4	-2.6	55354	53.6	6.9
网络文学	45538	50.4	5.4	46013	46.5	1.0	50159	48.6	9.0
网上外卖	39780	44.0	-2.0	41883	42.3	5.3	54416	52.7	29.9
网约车	36230	40.1	-7.0	36528	36.9	0.8	45261	43.9	23.9
在线办公	—	—	—	34560	34.9	—	46884	45.4	35.7
在线旅行	37296	41.3	-9.0	34244	34.6	-8.2	39710	38.5	16.0
在线医疗	—	—	—	21480	21.7	—	29788	28.9	38.7
互联网理财	16356	18.1	8.1	16988	17.2	3.9	19427	18.8	14.4
在线教育	42296	46.8	110.2	34171	34.6	-19.2	—	—	—

注：网络视频包括短视频。

资料来源：[1]中国互联网络信息中心：第45、第47、第49次《中国互联网络发展状况统计报告》；[2]刘航等：《2021年中国互联网经济发展情况与趋势展望》，中国互联网经济发展报告（2022）。

（二）电子商务

1. 电子商务交易总额

根据国家统计局公布的数据，2021年全国电子商务交易总额达42.30万亿元，较2020年增长13.68%。其中，商品类交易额31.3万亿元，同比增长

16.6%；服务类电商交易额 11 万亿元，同比下降 28.9%。此外，近年来我国电子商务交易总额增速有所放缓，这与我国经济从高速增长阶段过渡到高质量发展阶段的整体态势相一致。另外，我国海关总署数据显示，2021 年全国跨境电商进出口商品总额达 1.98 万亿元，按可比口径计算增长 15%。其中，出口 1.44 亿元，同比增长 24.5%。

2. 网上零售总额

2021 年，我国网上零售交易依旧保持了较为强劲的增长势头。根据国家统计局公布的数据，2021 年全国网上零售额达 130884 亿元，同比增长 11.39%。其中，实物商品网上零售额为 108042 亿元，同比增长 12.0%，占网上零售额的 82.5%，占社会消费品零售总额的比重为 24.5%。2021 年实物商品网上零售额中，吃、穿类和用类商品分别增长 17.8%、8.3%和 12.5%。

3. 电子商务服务业营收

2021 年，我国电子商务服务业继续保持稳步增长，增速企稳回升，市场规模迅速扩大。2021 年电子商务服务业营收规模达到 6.4 万亿元，同比增长 17.42%，较 2020 年下降 7.08 个百分点。其中，电商交易平台服务营收为 1.39 万亿元，增速为 20.84%；支撑服务领域中的电子支付、电商物流、信息技术服务等市场营收为 2.41 万亿元，增速为 15.29%；代运营、培训、咨询等衍生服务领域业务持续增长，达 2.60 万亿元，增速为 17.65%。

（三）农村网络零售额

根据商务部《我国电子商务报告（2021）》，2021 年全国农村网络零售额达到 2.05 万亿元，同比增长 11.3%，全国农产品网络零售额达到 4221 亿元，同比增长 2.8%。农村电商已经进入平稳发展的阶段。

（四）互联网经济从业人员

网红经济、直播带货、社区团购等新业态与新模式快速发展，促进了互联网经济与实体经济的加速融合发展，带动了更多人从事互联网经济的相关行业。据有关机构测算，2021 年，我国电子商务从业人员达 6727.8 万人，同比增长 11.85%。互联网经济在劳动就业方面继续发挥重要作用。电子商务直接吸纳就业和创业人数预计达 4126.32 万人，带动信息技术从业人数 884.95 万人、相关服务及支撑行业从业人数预计达 2114.38 万人。

（五）网络支付用户和快递企业数量

根据中国人民银行《2021 年支付体系运行总体情况》的数据，2021 年非银行支付机构处理网络支付业务为 10283.22 亿笔，同比增长 24.30%；支付金额达

355.46万亿元，同比增长20.67%。另据国家邮政局数据，2021年全国快递服务企业业务量达1083亿件，同比增长29.9%。其中，同城业务量累计完成141.1亿件，同比增长16.0%；异地业务量累计完成920.8亿件，同比增长32.8%；国际/港澳台业务量累计完成21.0亿件，同比增长14.6%。东、中、西部地区快递业务量比重分别为78.1%、14.6%和7.3%。

二、我国互联网经济发展的主要问题

（一）互联网经济相关行业头部企业的国际竞争力减弱

2018年，全球科技公司市值前20强全部为中美两国企业，其中我国有9家企业，美国则有11家，并且这些企业基本均为互联网经济相关行业的头部企业；到了2021年，在全球科技公司市值前20强中，我国只剩下了腾讯和阿里巴巴两家企业，美国则增加到了15家。

造成这一问题的主要原因有两点：一是在国际上，以美国为代表的西方发达国家对我国高科技领军企业的打压，以及在美国上市的中概股企业遭到严苛审查甚至被迫退市，这些都极大地抑制了我国互联网企业的快速发展势头；二是在国内，近年来，我国连续出台了多部针对互联网企业的法律法规，这为我国互联网企业的发展清晰地划定了制度界限，我国平台经济从之前的高速增长阶段进入规范发展阶段，属于成长中的问题。

（二）互联网产业技术创新动力效果仍需提升

从我国互联网经济的发展脉络上来看，以百度、阿里巴巴、腾讯为代表的平台企业的创新主要体现在商业模式的层面，而在技术层面的创新则很难令人满意，尤其是同国际上的大型互联网企业相比。我国互联网经济发展至现阶段仍是以互联网为主导，而互联网各行业的竞争一直是以争夺用户为主，以求最大化网络效应，追逐"流量为王、赢者通吃"的结果，如市场（滴滴、优步等）的补贴大战、外卖市场（美团和饿了么）的红包大战等。在争夺用户的竞争中，互联网企业为了获得更多的流量往往不惜付出巨额资金成本，而这些资金本来可以用于数字技术的研发。另外，这些用来争夺客户的资金通常不是互联网企业的自有资金，而是来自独立的第三方投资者，其往往追求中短期的资金回报，这同技术研发所具有的长期性和不确定性存在内在冲突，从而进一步加剧了我国互联网经济在技术创新方面投入不足的问题。

（三）数据层面的监管制度设计与实施尚需改善

我国互联网经济在近些年的发展过程中，数据使用与流通相关的规则制定问题日益凸显，这些问题集中体现在个体层面的信息安全与隐私保护以及市场层面数据流量的互联互通两个方面。一是个体层面的信息安全与隐私保护，其重点和难点在于如何在数据使用与隐私保护之间找到平衡点。二是市场层面数据流量的互联互通。加强互联网企业之间在数据流量层面的互联互通当然能够大幅提升用户使用的便捷性，但也需要充分考虑互联网企业的激励问题。

（四）互联网企业国际化过程中的合规化问题值得重视

互联网企业在国际化中的合规性发展应当是值得重视的问题。我国互联网经济做大做强需要互联网企业深度参与到数字全球化过程，不断增强国际化发展能力，提升自身的国际竞争力，但我国互联网企业“出海”困难重重，尤其是在海外上市以及相关业务的海外推广都面临诸多合规性问题。一方面，互联网企业赴海外上市，通常面临国内国外的双重监管或审查问题，如滴滴于 2021 年 7 月在美国上市后不久退市，转而在我国香港上市，就是由于国内外的监管特别是国内的监管所致。另一方面，互联网企业在国外推广其相关业务时，其面临新的合规风险也值得重视。典型的事例如抖音的海外版 TikTok 以及微信的海外版 WeChat 在美国遭遇的网络安全检查。因此，如何有效规避政治、法律、经济等诸多层面的风险，符合国内外市场监管部门的合规要求，是我国互联网企业未来开拓海外业务时需要关注的重点问题。

第二节　工业互联网发展的主要成就与问题

一、我国工业互联网发展取得的主要成就

《中国工业互联网产业经济发展白皮书（2023 年）》数据显示，2022 年，我国工业互联网产业增加值规模达到 4.46 万亿元，占 GDP 比重为 3.69%，带动新增就业 105.02 万人。工业互联网已经成为我国加快制造业数字化转型和支撑经济高质量发展的重要力量。

（一）平台体系持续壮大

我国工业互联网产业规模逐年递增。从局部试点到全面普及，从基础互联到深度优化，工业互联网生态体系逐步建立。平台规模不断壮大：“综合性+特色型+专业性”的平台体系初具规模，具有影响力的平台超过 240 家。平台支撑作

用日益凸显：重点平台工业设备连接总数超过8000万台套、工业App数量近30万个，服务企业数量超过160万家。平台产业创新活跃：我国深入实施工业互联网创新发展工程，突破一批关键领域产业化短板，创新水平稳步提升，平台创新应用试点示范近200个，优秀解决方案140余个，形成平台化设计、网络化协同、服务化延伸等基于工业互联网平台的新模式。

（二）“5G+工业互联网”创新发展进入快车道

从基础设施建设来看，我国已建成全球规模最大、技术领先的5G独立组网网络。国家互联网信息办公室发布的《数字中国发展报告（2022年）》显示，截至2022年底，我国开通5G基站数达到231.2万个。全国已形成超20个省级“5G+工业互联网”先导区项目，飞机、船舶、汽车等产业开展“5G+工业互联网”创新实践，全国在建项目超过4000个。从配套政策措施来看，国家已出台10余项政策文件，31个省份（不含港澳台地区）均已出台政策支持“5G+工业互联网”发展，央地协同的政策体系已经形成。

（三）工业互联网赋能中小企业数字化转型向深发展

数字经济时代，实现数字化转型是所有市场主体均面临的必答题，占全国企业总数97%的中小企业，是工业互联网规模化发展的主力军。截至2022年，我国超过半数的中小企业在不同程度上已开展数字化转型，但目前进入数字化深度应用的比例仍不足一成。工业互联网平台可以降低中小企业数字化转型的资金和时间成本，中小企业对工业互联网助力数字化转型的认可度不断上升。随着数字化的推进和政策持续发力，工业互联网应用已从大型企业拓展到产业链上下游，将逐渐形成大中小企业融通创新发展的新格局。

（四）基础支撑更加扎实

当前，工业互联网发展进入快速成长期，低时延、高可靠、广覆盖的网络设施初步建成，我国“新基建”格局已初步形成。全国在建的“5G+工业互联网”项目已超过4000个，工业企业利用5G等技术改造内网，数量突破1万个，高质量外网覆盖全国三百多个城市，国家工业互联网大数据中心体系建设稳步推进。IPv6部署获得显著成效，推动工业互联网向扁平化智能化方向发展。

（五）安全保障同步完善

目前，国家、省、企业三级协同联动的技术监测服务体系基本建成。工信部2022年数据显示，工业互联网安全技术监测服务体系已覆盖近14万家工业企业、165个重点工业互联网平台，全天候、全方位开展安全监测、风险预警、通报处置工作，初步实现了工业互联网安全态势可感可知。

安全标准体系起步建设。截至 2022 年底，工信部已指导出台《工业互联网安全标准体系》，推动《互联网平台企业网络安全防护规范》国家标准立项，加快研制平台安全防护、测试评估、能力评价等 10 余项行业标准。

二、我国工业互联网发展存在的主要问题

我国工业互联网在平台开放合作、创新与人才、企业上平台用平台，以及工业数据价值挖掘等方面还存在短板，有待进一步提升。

（一）平台开放合作存在利益藩篱

目前，尚未有一家平台能够独立提供“端到端”的解决方案，因此工业互联网平台的发展，必须走市场化的开放合作之路。但由于技术标准体系尚未成熟，数据合作、共享机制尚未完善，平台企业对核心技术、数据、资源等方面的共享仍心存顾虑，大部分平台间的合作仍停留在战略谈判或商业模式探索阶段，价值共享机制和生态合作路径尚未真正形成。此外，跨层级、跨地区、跨行业的国家工业互联网大数据中心体系尚未建立，数据资源的汇聚与应用尚未实现，工业互联网赋能实体经济难以发挥最大效能。

（二）平台创新的人才建设滞后

与欧美发达国家相比，我国工业互联网市场体量小，龙头企业产品技术实力与国际先进水平还存在差距，特别是在研发设计软件、工业机器人驱动电机、工业控制核心设备和系统等领域自主化程度低。究其原因，一是由于创新应用风险高、成熟度低、推广难度大，平台企业普遍不敢加大力度探索。二是工业互联网专业人才不足，人才缺口日益扩大，不仅是高端领军人才匮乏，工业互联网 App 开发应用人才也明显不足。中国工业互联网研究院发布的报告显示，到 2025 年工业互联网核心产业人才缺口数量达 254 万人左右。三是我国工业互联网相关政策对知识产权的保护力度不够，影响国内厂商的自主研发积极性。

（三）企业对平台的认知与行动存在偏差

《中国移动互联网发展报告（2023）》显示，截至 2022 年底，我国工业互联网平台应用普及率为 22.16%，企业工业设备上云率仅为 17.65%，存在企业不愿、不敢、不会用平台现象。其原因主要在于：一是部分企业缺乏长远眼光，不愿跳出传统模式的“舒适区”，导致“不愿用”；二是部分企业未能长远考虑“上平台”“用平台”带来的具体收益，担心应用平台时会导致业务出错或进度受阻，害怕平台不够安全可靠而“不敢用”；三是有的企业重金购置了“上平台”的设备、系统，但由于缺乏成熟、可靠的解决方案与供应商指导而“不会

用”。因此，我国工业互联网平台发展仍需解决企业特别是中小企业上平台用平台的认知、顾虑与能力问题。

（四）平台数据的有效利用有待进一步提升

平台积累的工业数据价值难以释放。一是由于设备数据兼容难。工业设备种类众多，各种工业设备的数据接口和格式往往采取自由标准，工业设备不互联、通信协议不兼容，不同设备数据格式不一致，导致工业互联网无法实现数据的汇集和分析，难以发挥工业大数据的价值。二是数据分析能力不足。数据种类不全、数据质量不高等问题，制约了工业大数据建模分析和工业 App 功能，数据“清洗”工作甚至会占到工业 App 开发时间的70%左右。三是数据安全可信共享不充分。目前数据仍是大部分企业生产经营的附属产物，数据的价值和成本难以从业务中剥离，数据确权定价的相关制度、标准和技术等都亟待突破。随着工业互联网数据流通共享需求不断增大，目前还缺乏工业互联网安全交换、安全共享、安全下载等服务方式和商业模式。

机制篇

第三章　互联网对消费影响的机制与效果

——以农村消费为例

第一节　"互联网+"消费品产业促进经济增长的机制

考虑互联网建设在农村仍有很大空间，对释放农村消费潜力仍有很大空间；另外，乡村振兴战略也离不开先进科技的作用，特别是信息科技在农村的普及和升级，为此，本章主要研究互联网对农村居民消费的促进作用。

以互联网为代表的信息技术产业的发展迎合并塑造了消费者需求，对消费品产业产生了深远影响（Aydin et al.，2021；Pemot，2021）。如移动设备普及与电商App的应用促进了即时消费与持续消费的增长（Einavetal.，2014），从而对消费品产业规模产生影响（Zhu & Zhang，2010；Chen et al.，2019）。以电商为例，"互联网+"促进经济增长的机制主要有以下方面：

一、"互联网+"为消费扩张提供了推动力

进入新时代，消费者需求呈现不同以往的特征。第一，消费者需求多样化。随着各国经济发展与收入水平的不断提高，消费者需求层次得以提升，消费需求逐渐从数量扩张转型为质量提升、个性化阶段。同时，由于民族文化、传统等诸多影响，导致消费需求呈现异质性。互联网技术的发展极大地迎合了消费者需求多样化的变动趋势，其中互联网平台企业的出现能够使消费者以更低的搜寻成本和交易成本获得商品，从而刺激消费。第二，消费者需求切换速度快速提升。当今时代技术进步日新月异，使产品生命周期有缩短趋势，电商的出现加速了这一趋势。对于消费者而言，电商平台具有价格比对功能，能够在一定程度上缩短产

品周期。随着产品生命周期缩短，消费者对新产品需求的切换速度随之提高：一方面，消费者可通过互联网充分了解产品信息；另一方面，大数据、云计算技术可使得消费者精准匹配自己的需求，同样提升了消费者对新产品需求的切换速度。第三，消费者在消费便利性、娱乐性方面的需求增加。就便利性而言，一方面，对于自由支配时间较为紧张的劳动者而言，由于平时工作压力较大，工作节奏较快，线下消费成本较高，对此一部分消费者很难通过线下消费获得较高效用，互联网的出现解决了这一问题，使其能够以较低成本完成消费获取效用；同时，高强度工作带来的压力也可以通过网购得以缓解，从而使此部分消费者更倾向于网购，提升购物频率。另一方面，对于自由支配时间较为充裕的消费者而言，由于其本身时间较为充分，因此也愿意在购物方面花费更多时间，而网购本身的便利性对这类消费者具有较大吸引力。此外，网络购物使消费者可以很容易看到其他对商品或服务的评价，从而增加网络购物的吸引力。就网购的娱乐性而言，具有娱乐属性的网站能够提升消费者的线上购物动机，并提升消费频率。（盛晓白等，2009；胡春，2010；张丽芳，2013；李旭洋，2021）

二、“互联网+”可通过增加消费者福利扩大消费规模

电商的发展与应用能够增加消费者福利和消费者剩余，其中大部分消费者福利和剩余源于商品价格的下降。“互联网+”背景下，不少物质产品数字化，从而大大降低了产品的边际成本和价格，相对提高了产品质量和效用。比如，相对于纸质书籍，电子书价格更便宜且更容易传播与分享。因此，相对于线下购物和实体购物，网络购物和线上购物随着相对商品质量的提升和便利性的增加，将极大增加消费者福利，导致网购比例不断提高。此外，网购也使消费者选择商品范围的多样性得以增加，提高了消费者剩余。总之，随着消费者剩余和消费者福利提升，消费者消费欲望得以增强，从而推动消费品产业规模扩张（Hadhri et al.，2012；Li et al.，2021；Cohen et al.，2022）。

三、“互联网+”可通过重塑消费方式促进消费增长

“互联网+”对消费产业增长的促进机制，除了以上两种，也许更值得重视的是互联网的发展重塑了消费者需求。以房地产行业的需求为例，电商可以通过如下方式影响商业地产需求。第一，电商改变了消费者行为与偏好。随着电商发展，消费者消费时更倾向于在实体店和网购店进行比较，消费者需求的变化会影响零售商业绩，从而影响零售商对商业房产的租赁需求。第二，电商技术的发展

改变零售商的零售与商业模式。零售商业模式的改变将影响零售商对实体店铺的需求。第三，电商对店铺租赁价格存在外部性。电商的出现打破了时空限制，店铺区位的重要性有所下降，从而影响店铺租赁成本，进而对商业地产的投资需求产生溢出效应。

总之，消费品产业之所以能作为“互联网+”发展促进经济增长的主要原因，一是因为互联网信息技术能够迎合消费者需求变化趋势，从而激发消费潜力产生消费品行业规模扩张效应，促进经济增长；二是电商能够有效降低商品或服务价格，提升消费剩余，刺激消费者购买欲望，促进消费增长；三是线上消费的诸多优势使其对线下消费存在互补与替代效应，从而有利于经济增长。

第二节 互联网发展与城乡农村居民消费

一、互联网发展概况

（一）互联网基础资源的发展情况

1. 网站数量、域名数量发展概况

在互联网的发展中，网站和域名是互联网应用与拓展的基本网络资源，代表网络发展的利用程度。我国域名数量和网站数量如图 3-1 所示。从图中可以看出，2010~2017 年，我国网站整体呈现上升趋势，但 2017 年之后网站数量有所下降，推测主要受到国家安全政策的影响，同期，域名数量也受到了类似影响：在 2019 年达到峰值后，因网络环境的治理又出现小幅下降。

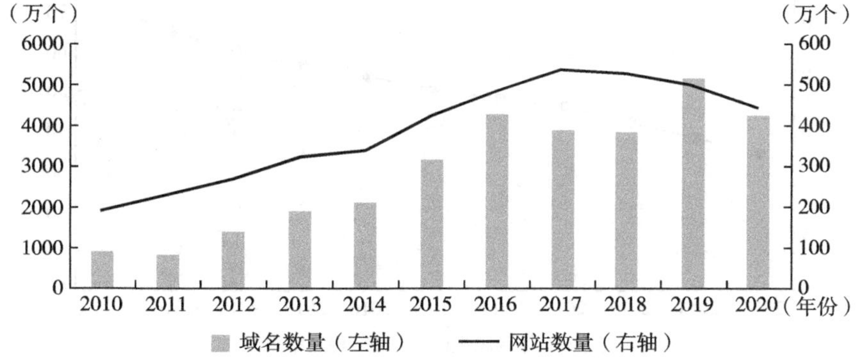

图 3-1 2010~2020 年我国域名和网站数量

资料来源：CNNIC。

2. 互联网其他主要指标发展情况

图3-2显示了互联网主要指标的发展概况，包括互联网宽带接入用户（端口）等4个指标近年的发展状况。显而易见，这些指标均呈现波动上升状态，说明我国互联网的基础设施正处于蓬勃发展态势。从图中可知，随着互联网的发展，城乡互联网接入用户差距正在逐渐缩小。

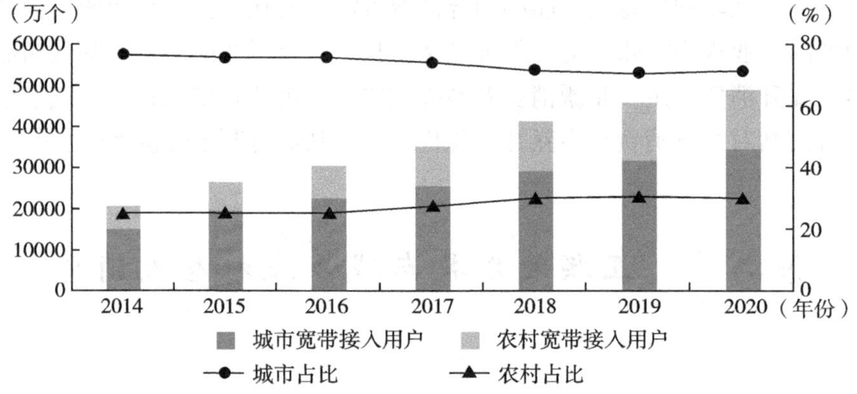

图3-2　2014~2020年互联网接入用户数量及其占比

（二）城乡互联网普及现状

我国互联网普及率呈现逐年上升趋势。从2010年的34%大幅提升至2020年的70%。全体网民规模在2021年6月已超过70%。其中，手机网民队伍逐年攀升，截至2020年，手机网民规模占比为99.7%，网民几乎人均1部手机。如图3-3、图3-4所示。

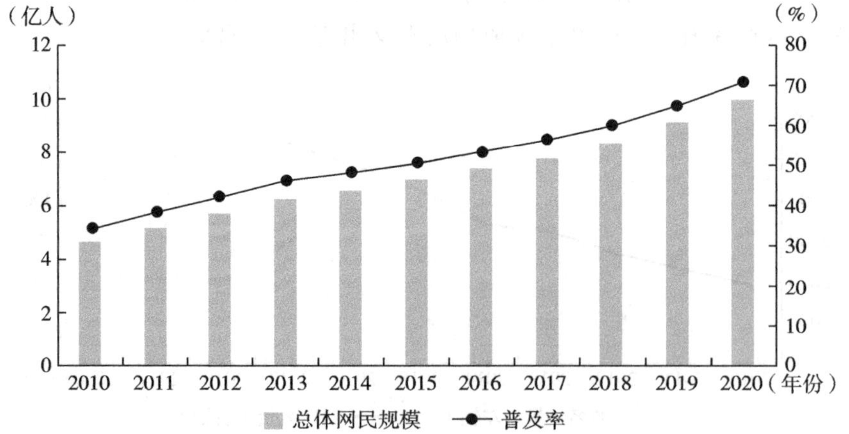

图3-3　2010~2020年网民规模及普及率

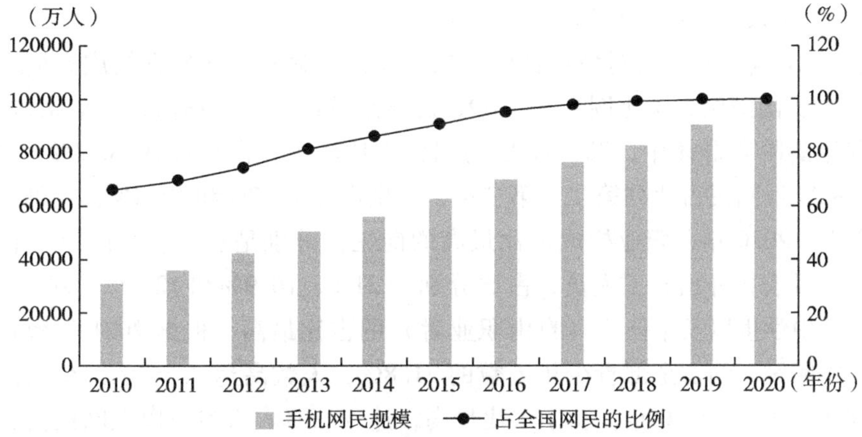

图 3-4　2010~2020 年手机网民规模及普及率

资料来源：根据 CNNIC 多年的《中国互联网络发展状况统计报告》整理得到。

截至 2021 年底我国城镇网民规模为 7.48 亿，农村网民规模为 2.84 亿；二者占比分别为 72.5%和 27.5%。由图 3-5 可知，我国城乡互联网普及率分别达 79.8%和 55.9%。从时间序列来看，二者在网络普及率方面的差距日益缩小，差异减少了 4.8 个百分点。

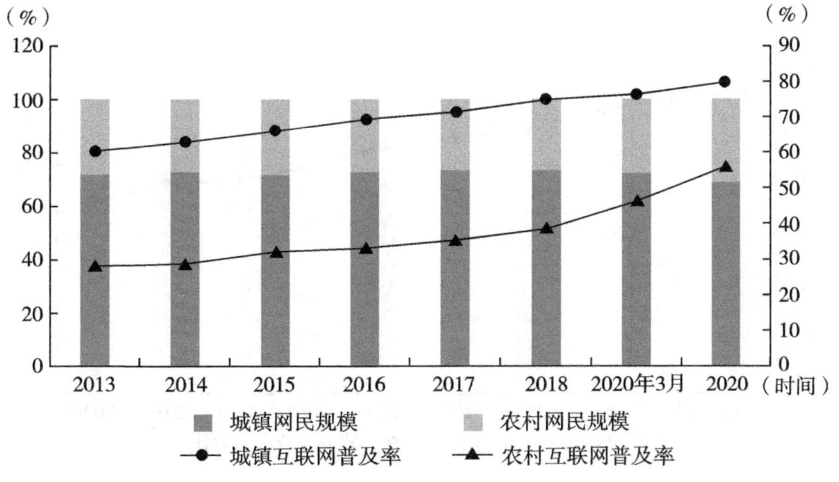

图 3-5　2013~2020 年城乡网民规模及普及率比较

资料来源：根据 CNNIC《中国互联网络发展状况统计报告》整理得到。

（三）网民人口统计特征

第47次《中国互联网络发展状况统计报告》显示，在性别构成方面，截至2020年，我国网民男女比例为51∶49，总体来看占比较为均衡；年龄结构方面，在所有年龄阶段群体中，30~39岁的网民占比较高，占比高达20.3%；40~49岁、20~29岁网民占比列第二、第三位，分别占比18.7%和17.4%；在网民职业结构方面，2020年，职业构成占比最高的前三位分别是学生、个体户（自由职业者）以及农村外出务工人员，占比分别为21%、16.9%和12.7%，2013~2020年，网民中学生以及个体户（自由职业者）的占比最高，根据2021年数据，我国青少年网民，约占全部青少年人数的71.8%，人数高达2.56亿；在网民学历结构方面，2013~2020年，初中占比最高，达40.3%，大专及以上网民占比始终保持在20%左右。

二、城乡居民消费整体演进

（一）消费水平情况

全国消费水平稳步提升，城乡差距进一步缩小。除了2020年外，2011~2020年我国整体消费水平稳定上升。城乡消费水平由2011年的3.3∶1缩小为2020年的2.1∶1，即10年间全体城镇居民的消费水平由全体农村居民消费水平的3倍缩小为2倍，城乡差距进一步缩小（见图3-6）。

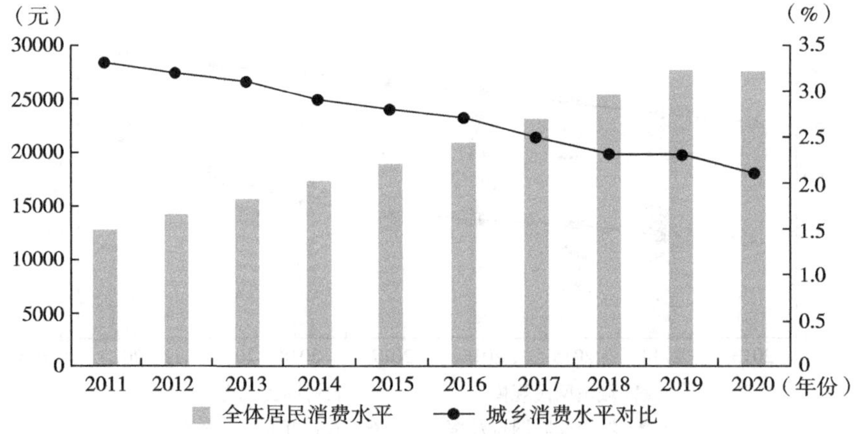

图3-6　2011~2020年全国居民消费水平及城乡消费水平对比

资料来源：《中国统计年鉴（2021）》。

（二）消费结构情况

1. 生存型消费占城乡居民消费支出的 5 成以上

从我国居民人均消费支出分类来看（见图 3-7），2021 年人均消费支出占比最多的前三位分别是食品烟酒、居住和交通通信，分别为 7178 元、5641 元、3156 元，其占人均消费支出比重的 29. 8%、23. 4%和 13. 1%。从城镇居民人均支出分类来看，占比最多的前三位仍然为食品烟酒、居住、交通通信，分别为 8678 元、7405 元、3932 元，三者比重分别为 28. 6%、24. 4%、13. 0%。从农村居民人均支出分类来看，占比最多的前三位仍然为食品烟酒、居住、交通通信，分别为 5200 元、3315 元、2132 元，三者比重分别为 32. 7%、20. 8%、13. 4%。

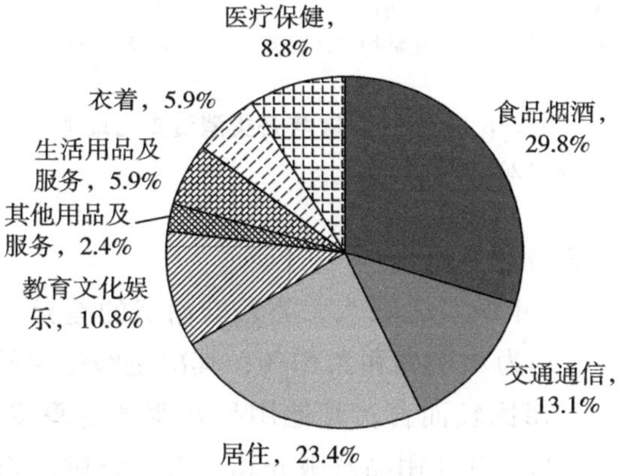

图 3-7　2021 年我国居民人均消费构成

资料来源：《中国统计年鉴（2011）》。

生存型消费一般是指能够满足居民日常生活的、在衣食住行等基础保障方面的各项支出，而发展型消费层次要高于生存型消费，一般将文教支出、手机通信支出、医疗支出等归类为能够满足居民家庭发展的消费，最后将一些服务型的、能够满足人类更高层次要求的支出，如娱乐支出、各类商品的服务型支出、保健品支出等归为享受发展的支出。在国家统计局划分的居民八大类支出中，生存型消费占 59. 1%，发展型消费占 32. 7%，享受型消费占 8. 2%。

2. 享受型和发展型消费的弹性更大

2020 年因受新冠疫情影响，生活用品及服务和医疗保健的下降幅度最大且 2020 年后恢复速度相比其他类别支出更快，分别由降幅 19. 14%、11. 79%转为增幅 27. 89%、23. 11%，说明其消费弹性特别大。受影响较小的是食品烟酒和居住等生存型消费，无明显的转折趋势，说明生存型消费的弹性较小（见图 3-8）。

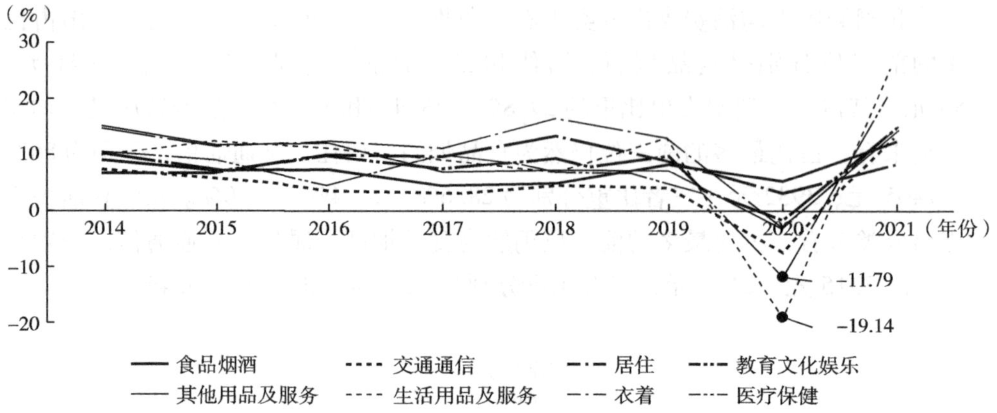

图 3-8　2014~2021 年各类消费支出增速

资料来源：《中国统计年鉴（2021）》。

3. 城乡间生存型消费差异最大

图 3-9 反映了 2021 年城乡之间八大类人均消费的差异。食品烟酒和居住以及衣着的差距最大，分别为 4.04%和 3.61%，其次是医疗保健和交通通信，教育文化娱乐的差距最小，相比较而言，其他用品及服务等享受型消费的差距也较小。除此之外，食品烟酒、其他用品及服务和衣着的农村人均消费支出占比高于城镇，说明农村的人均消费中生存型消费更多。

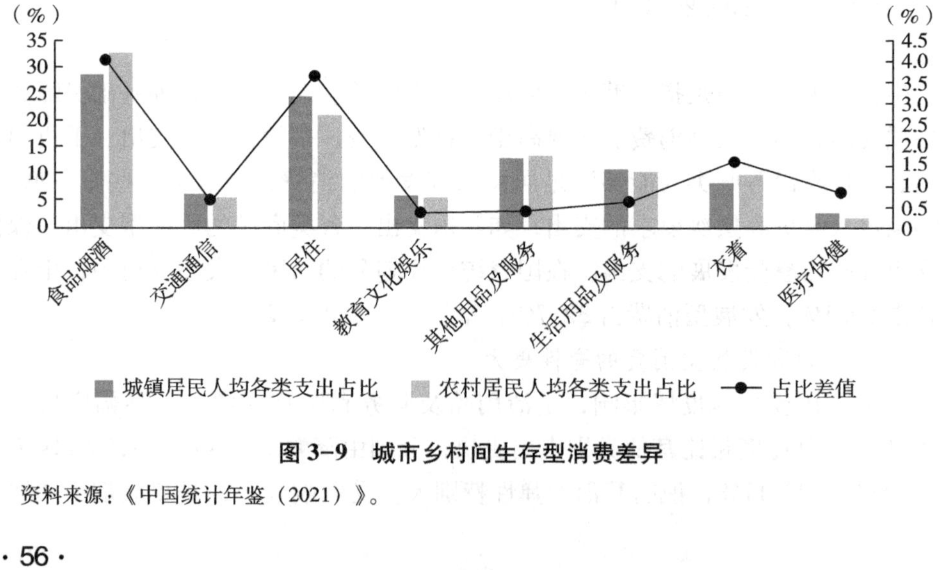

图 3-9　城市乡村间生存型消费差异

资料来源：《中国统计年鉴（2021）》。

三、互联网普及与城乡居民消费的关系

（一）互联网普及率与城乡居民消费水平的关系

2013~2020 年互联网普及率与全国城乡人均消费水平的关系如图 3-10 所示。从图中可以发现，无论是城镇还是农村居民，二者的正相关关系显著，相关系数都很高。经计算，城镇互联网普及率与居民人均支出的相关系数高达 0. 98，农村互联网普及率与居民人均支出的相关系数达到 0. 92。

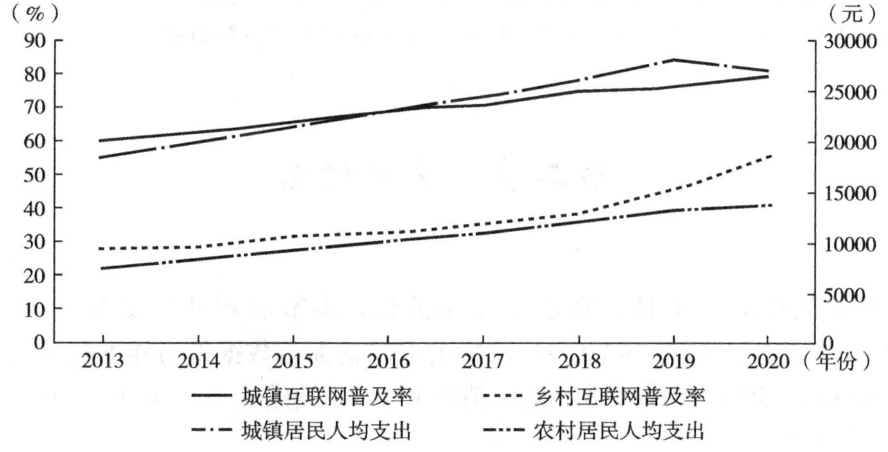

图 3-10　2013~2020 年互联网普及率与居民人均支出水平

（二）互联网普及率与居民消费结构的关系

表 3-1 列出了居民人均消费与互联网普及率的相关系数。可以看出，人均食品烟酒消费与互联网普及率的相关系数最大，其次是居住和医疗保健，系数值均在 0. 95 以上，全国居民人均消费与互联网普及率的线性相关系数最小的是教育文化娱乐，系数小于 0. 8。表明生存型消费与互联网发展紧密相关，反而是发展型消费与互联网发展的相关性最小。就城镇居民而言，与全国类似，人均食品烟酒消费的线性相关系数最大，其次是居住和医疗保健以及生活用品及服务和交通通信，系数值均在 0. 95 以上，整体上高于全国，互联网普及率与城镇人均消费相关最弱的类型是衣着，系数仅为 0. 61%；就农村而言，与互联网普及率相关最高的仍然是人均食品烟酒消费，其次是居住和医疗保健以及衣着及生活用品及服务，系数值均在 0. 90 以上；农村居民人均消费支出类型与互联网普及相关性最弱的是教育文化娱乐，系数为 0. 82，其次是其他用品及服务。

表 3-1 居民消费与互联网普及率的相关系数

大类消费项目	全国居民	城镇居民	农村居民
食品烟酒	0.99	0.99	0.97
衣着	0.81	0.61	0.91
居住	0.98	0.98	0.92
生活用品及服务	0.94	0.97	0.90
交通通信	0.92	0.95	0.88
教育文化娱乐	0.79	0.80	0.82
医疗保健	0.96	0.98	0.92
其他用品及服务	0.86	0.88	0.84

资料来源：根据《中国统计年鉴（2021）》及多年的 CNNIC 统计报告整理得到。

第三节 实证研究

考虑数据的可得性、完整性和相关性，本节利用我国家庭追踪调查（CFPS）数据库 2016 年和 2018 年两期的非平衡面板数据作为样本构建计量模型，实证研究互联网普及对农村居民消费水平和消费结构（生存型、发展型、享受型）的影响。

一、数据来源与变量说明

（一）数据来源

本节使用数据来自 CFPS 数据库。该数据库自 2010 年开始首次调查以后每两年一期。每期调查数据既有上一期的追踪样本，也有新增样本。囿于数据可得性，2020 年后的数据无法获取，故本书涉及网络指标的调查只存在于 2010 年、2014 年、2016 年、2018 年的调查问卷中，2010 年的基期调查涵盖较少，2012 年数据则没有涉及互联网问题，2014 年的数据存在大量缺失，因此，本书选择相对完整的 2016 年、2018 年两期的数据进行分析。变量指标涉及 CFPS2018 年家庭成员问卷数据、经济问卷数据和个人自答问卷数据库以及 2016 年家庭问卷数据、经济问卷数据、成人问卷数据、共用模块问卷数据。数据清洗（剔除变量缺失及无效数据）也涉及两个年份家庭库和个人库的合并，最后合并为非平衡面板数据库。

（二）变量说明

本书所用变量定义和说明如表 3-2 所示。

表 3-2　变量定义与说明

变量类型	变量名称		变量说明	变量定义
被解释变量	过去一年家庭总支出		均取对数处理	单位：元/年
	生存型消费占总消费比重			单位:%
	发展型消费占总消费比重			
	享受型消费占总消费比重			
解释变量	是否使用互联网		是否使用电脑或手机上网	是=1，否=0
	基于互联网的使用频率	学习		0=从不 1=几个月 1 次 2=一个月一次 3=一个月 2~3 次 4=一周 1~2 次 5=一周 3~4 次 6=几乎每天
		工作		
		社交		
		娱乐		
		商业活动		
	互联网获取信息的重要性	互联网获取信息的重要性		1. 非常不重要 2. 不重要 3. 重要 4. 很重要 5. 非常重要
工具变量	互联网用途的重要性认知	互联网学习的重要性认知		
		互联网工作的重要性认知		
		互联网社交的重要性认知		
		互联网娱乐的重要性认知		
		互联网商业活动的重要性认知		
控制变量	个人特征变量	年龄	受访者年龄	
		性别	男性=1，女性=0	
		婚姻状况	未婚=1，在婚=2，同居=3，离婚=4，丧偶=5	
		是否中共党员	是=1，否=0	
		健康状况	非常健康=1，健康=2，比较健康=3，一般=4，不健康=5	
		医疗保险	参加=1，不参加=0	
	家庭特征变量	家庭规模	受访者家庭人数	
		家庭资产	受访者家庭资产（元）	
		家庭收入	受访者家庭收入（元）	
		家庭社会网络	家庭人情礼支出（元）	
		家庭现今及存款总额	受访者家庭及存款总额（元）	

为了剔除极端值的影响，对数值类数据的解释变量和被解释变量进行了0.1%的双侧缩尾处理，并清洗变量缺失和无效数据，最终得到的数据是两期的非平衡面板数据，包括19410个观测值样本，其中CFPS2016包括11267个样本观测值、CFPS2018共包括8143个观测值。表3-3为变量的描述性统计。

表3-3 变量描述性统计

变量	样本量	平均值	标准差	最小值	最大值
消费水平	19410	30812	38890	0	500000
生存型消费占比	19410	0.5512	0.2415	0	1
发展型消费占比	19410	0.0802	0.1321	0	1
享受型消费占比	19410	0.3801	0.2503	0	1
是否使用互联网	19410	0.1001	0.3011	0	1
党员	19410	0.0402	0.1906	0	1
性别	19410	0.4827	0.5000	0	1
年龄	19410	52.3002	15.4321	16	94
婚姻状况	19410	2.1914	0.9103	1	5
健康状况	19410	3.2126	1.3020	1	5
医疗保险	19410	0.9315	0.2512	0	1
家庭收入	19410	55796	67427	500	956000
家庭资产	19410	304597	633371	-377000	10509438
家庭社会网络	19410	3760	5518	0	70000
家庭现金及存款总额	19410	23683	62983	0	1000000
家庭规模	19410	4	2	1	16

由表3-3可以看出，家庭的平均消费水平均值为3.08万元左右，但标准差接近3.9万元，表明家庭支出可能受到了地理区域或收入水平的影响，同时生存型、发展型、享受型消费结构占比的标准差分别为0.2415、0.1321、0.2503。为此，在后文进行模型设定时，加入固定效应，控制区域异质性的影响，并同时分析不同收入层次的差异性。是否使用互联网的均值仅为0.1001，可能是因为互联网在农村地区的普及率仍然不高，加之老人和孩子占比较大，进一步阻碍了互联网在农村地区的使用。个体特征方面，党员均值为0.0402，表明大部分受访者均不是党员；性别均值为0.4827，说明样本中男女比例较为接近；受访者年龄均值为52岁左右，说明年龄偏大，也可能是导致互联网普及率低的原因；家庭年均

收入在 5.6 万元，但标准差达 6.7 万元，表明农村地区的收入差距也是很大的。这也可能反映了地区收入差距的影响；样本家庭用于社交人情的支出大致在 3700 元，大概占家庭收入的 7%；家庭规模的均值为 4，说明 4 口之家在农村是普遍情况。

二、模型设定

为估计互联网使用对农村居民消费水平和结构的影响，借鉴白重恩等（2012）的做法，设定如下计量实证模型：

$$\mathrm{Ln}consum_{it} = \beta_0 + \beta_1 Internet_{it} + \beta_2 Z_{it} + \alpha_i + \lambda_t + \varepsilon_{it} \tag{3-1}$$

$$\mathrm{Ln}consum.\ class_{it} = \beta_0 + \beta_1 Internet_{it} + \beta_2 Z_{it} + \alpha_i + \lambda_t + \varepsilon_{it} \tag{3-2}$$

其中，i 和 t 表示第 i 个家庭和第 t 年（$t=2016$，2018）。α_i 表示家庭所处的地区，λ_t 表示年份固定效应；$\mathrm{Ln}consum_{it}$ 表示第 i 个家庭在第 t 年的消费水平的对数，$\mathrm{Ln}consum.\ class_{it}$ 表示第 i 个家庭在第 t 年各消费结构占比的对数，$Internet_{it}$ 表示核心解释变量，代表家庭是否使用互联网，Z_{it} 表示控制变量的集合，ε_{it} 表示随机变量。

回归模型中的被解释变量是消费水平和消费结构（取对数）。消费水平是过去 12 个月的总支出取对数。消费结构是生存型消费、发展型消费和享受型消费的数量和比例。其中，生存型消费变量包括食品烟酒衣着（每月伙食费、衣着消费、水电费）、居住（每月房租支出、取暖费）、交通通信（每月邮电、交通通信费）；发展型消费变量包括教育文化娱乐（文化、娱乐、教育、培训支出）；享受型消费变量包括：生活用品及服务（住房维修费、物业费、交通通信设备费、耐用品消费、每月外出就餐支出、汽车购置费、旅游支出）、其他用品及服务（美容支出、商业性保险支出、给亲朋好友经济帮助、社会捐款支出等）。为缩小自相关和异方差问题，本书对被解释变量进行对数处理。

三、实证结果及分析

首先进行基准回归，考虑到存在的内生性问题和样本性选择偏误问题，本书进一步利用两阶段最小二乘法（2SLS）、倾向得分匹配法（PSM）进行稳健性检验，以使研究结论及政策建议更加稳健、可靠。

（一）基准回归及分析

利用前文所提及的 CFPS（2016、2018 年）数据，对互联网使用对农村消费水平和消费结构的影响进行实证检验，得到表 3-4 的基准回归结果。其中第

(1) ~第 (4) 栏分别为互联网对消费水平以及生存型、发展型和享受型消费结构的影响。加入地区和时间的固定效应后，无论是消费水平还是消费结构，互联网使用的影响效果均具有统计上的显著性：互联网使用对消费总支出和享受型消费支出占比有显著正向影响，对生存型和发展型消费的占比具有负向影响。相比较而言，互联网使用对消费结构的影响经济上更大（系数绝对值较大）。

表 3-4 互联网使用对消费影响的基准回归结果

	(1)	(2)	(3)	(4)
	消费水平	生存型消费	发展型消费	享受型消费
互联网使用	0.0593* (2.56)	-0.1091*** (-6.74)	-0.2101*** (-4.17)	0.2750*** (10.89)
家庭收入	0.4582*** (45.86)	-0.0093 (-1.52)	-0.1620*** (-7.83)	0.0409*** (4.49)
家庭资产	0.0903*** (12.95)	-0.0235*** (-5.18)	-0.0799*** (-5.45)	0.0452*** (6.52)
家庭社交网络	0.0597*** (18.36)	-0.0079*** (-3.48)	0.0031 (0.40)	0.0291*** (7.65)
家庭现金与存款总额	-0.0072*** (-5.23)	0.0110*** (10.67)	-0.0025 (-0.79)	-0.0070*** (-4.43)
家庭规模	0.0356*** (10.43)	-0.0003 (-0.12)	0.0763*** (9.71)	-0.0273*** (-7.64)
党员	0.0577 (1.88)	0.0141 (0.61)	-0.0321 (-0.43)	0.0218 (0.65)
性别	-0.0062 (-0.51)	-0.0030 (-0.34)	-0.0256 (-0.88)	0.0124 (0.9)
年龄	-0.0036*** (-6.72)	-0.0018*** (-4.60)	-0.0064*** (-5.01)	0.0063*** (10.2)
婚姻状况	0.00925 (1.24)	0.00227 (0.41)	0.0509** (-2.80)	-0.0208* (-2.40)
健康状况	0.0348*** (7.01)	-0.0480*** (-13.26)	-0.0228 (-1.92)	0.0943*** (16.72)
医疗保险	0.0529* (2.04)	-0.0462** (-2.71)	0.0200 (0.33)	0.0446 (1.61)

续表

	(1)	(2)	(3)	(4)
	消费水平	生存型消费	发展型消费	享受型消费
常数项	3.4690*** (36)	-0.0299 (-0.46)	-0.1562 (-0.67)	-3.0651*** (-29.38)
地区效应	控制	控制	控制	控制
时间效应	控制	控制	控制	控制
N	18620	18662	10872	18446
R^2	0.3812	0.0275	0.0373	0.0452

注：括号内为t值，*、**、***分别表示10%、5%、1%的显著性水平。

从具体结果来看，使用互联网会使农村家庭消费水平显著增加5.9个百分点，会使享受型消费占比提高27.5个百分点，但却会使生存型和发展型消费占比显著下降11个、21个百分点，这样的结果比较符合预期。说明互联网使用有助于农村居民消费结构升级。控制变量方面，个体特征中是婚姻状况、健康状况、是否为党员、医疗保险情况，以及家庭特征中的家庭收入、家庭资产、家庭社会网络和家庭规模都会对消费水平产生正向影响作用，与以往的研究结果一致（秦芳等，2017）。

从消费结构的角度来看，家庭资产和个体年龄显著影响消费结构占比，其中，对生存型消费和发展型消费存在反向影响，对享受型消费存在正向影响，值得注意的是，家庭收入对发展型消费和享受型消费占比有显著影响，但对生存型消费的影响并不显著，这是符合预期的，表明收入水平提高有助于消费结构升级；家庭资产对享受型消费占比存在正向影响，而对生存型和发展型消费存在负向影响，这表明随着家庭财富水平的提高，家庭消费将更趋于享受型，从而在一定程度上降低另外两种消费的支出，这是符合现实情况的。此外，家庭社会网络的人情礼金支出会显著降低生存型消费占比，但是会显著扩大享受型消费占比。最后，家庭规模大小会对消费水平和消费结构也会产生显著影响：随着家庭规模扩大，其中消费支出水平也会显著增加，但生存型消费和消费性占比缩小，而发展型消费占比扩大，其背后原因可能是随着家庭规模扩大（子女人数增加），家庭将更多的消费支出用于子女的教育支出。

（二）内生性回归结果及分析

上述基准回归结果表明，使用互联网的确对农村居民消费水平和消费结构具有显著影响，但上述研究结果可能存在内生性问题。一是遗漏变量问题。遗漏变量虽然某种程度上可以通过构建固定效应模型来减弱（如消除不随时间和地区变化的遗漏变量），但可能存在某些不可观测的家庭或个体有关的解释变量，如个体社会方式、消费习惯或性格等没有纳入到互联网使用的回归模型中，但其同时又影响到了家庭的消费决策，从而产生了遗漏变量问题，导致模型的估计带来一定的偏误。二是双向因果问题：一方面，消费水平较高的家庭往往有着较强的经济基础，从而使其能够购置手机、电脑等互联网设备，反之，消费水平较低的家庭或个体则不一定；另一方面，消费水平较高的家庭可能会因为满足扩充自身消费渠道的需要，进而选择通过使用互联网进行消费来满足实体市场无法满足的消费需要。三是由于个体对于互联网使用的主观判断存在误判，导致测量误差，这也会导致参数估计的不一致性，从而产生内生性问题。为了克服或削弱上述原因可能导致的内生性问题，本书采用工具变量法对实证模型进行两阶段最小二乘（2SLS）估计。本书选取“互联网用途的重要性认知”作为“互联网使用”的工具变量。“互联网用途的重要性认知指标”是把学习、社交、工作、娱乐、商业活动这5项指标，加总为单一指标，加总后的数值区间为［0-25］。该值越大表示受访者认为利用互联网进行的相关活动越重要。这一指标满足两个工具变量的两个条件：相关性与外生性。所谓相关性是指“互联网用途的重要性认知”与“互联网使用”相关：认为互联网越重要，越可能使用互联网。外生性是指农村居民对互联网用途的重要性认知是居民自身对互联网使用态度的主观反映，这一主观反映并不会对居民的家庭消费产生直接的影响，即使对家庭消费产生影响也是通过互联网使用这一渠道间接产生的影响。因此，“互联网用途的重要性认知”满足作为工具变量应该具有的两个条件。表3-5为使用2SLS的回归结果。

表3-5　工具变量回归结果

	(1)	(2)	(3)	(4)
	消费水平	生存型消费	发展型消费	享受型消费
互联网用途的重要性认知（工具变量）	0.0574* (2.39)	-0.1110*** (-6.72)	-0.2310*** (-4.42)	0.2857*** (11.79)
家庭收入	0.4582*** (45.83)	-0.0093 (-1.52)	-0.1620*** (-7.73)	0.0409*** (4.47)
家庭资产	0.0903*** (12.95)	-0.0235*** (-5.18)	-0.0797*** (-5.45)	0.0451*** (6.51)
家庭社交网络	0.0597*** (18.36)	-0.0079*** (-3.48)	0.0031 (0.40)	0.0291*** (7.65)

续表

	(1)	(2)	(3)	(4)
	消费水平	生存型消费	发展型消费	享受型消费
家庭现金与存款总额	-0.0071*** (-5.23)	0.0110*** (10.67)	-0.0025 (-0.79)	-0.0071*** (-4.43)
家庭规模	0.0356*** (10.43)	-0.0003 (-0.12)	0.0762*** (9.71)	-0.0273*** (-7.63)
党员	0.0577 (1.88)	0.0141 (0.61)	-0.0320 (-0.43)	0.0208 (0.62)
性别	-0.0062 (-0.51)	-0.0030 (-0.34)	-0.0251 (-0.87)	0.0121 (0.88)
年龄	-0.0036*** (-6.72)	-0.0018*** (-4.60)	-0.0064*** (-5.11)	0.0064*** (10.12)
婚姻状况	0.00925 (1.24)	0.00227 (0.41)	0.0509** (-2.80)	-0.0208* (-2.40)
健康状况	0.0348*** (7.01)	-0.0480*** (-13.26)	-0.0228 (-1.92)	0.0943*** (16.71)
医疗保险	0.0527* (2.05)	-0.0462** (-2.72)	0.0201 (0.33)	0.0447 (1.61)
常数项	3.4520*** (36)	-0.0297 (-0.44)	-0.1570 (-0.69)	-3.0671*** (-29.48)
地区效应	控制	控制	控制	控制
时间效应	控制	控制	控制	控制
N	18620	18662	10872	18446
R^2	0.3812	0.0274	0.0373	0.0452
Cragg-Donald Wald F	2.80E+05	2.80E+05	1.50E+05	2.80E+05
Kleibergen-Paap Wald F	5.71E+04	5.70E+04	4.23E+04	5.61E+04

注：括号内为t值，*、**、***分别表示10%、5%、1%的显著性水平。

由表3-5可知，回归结果中的第（1）~第（4）列统计量（Wald F）均大于10%显著性水平下的临界值。因此，可以判定不存在弱工具变量问题。从回归结果来看，与基准回归一致，在加入地区和时间的双向固定效应后，无论是消费水平还是消费结果的回归，均通过了显著性检验，并且内生性回归结果与基准回归结果的符号一致（显著性水平也一致，但系数值一般大于基准回归结果）：互联网使用对家庭总消费水平和享受型消费占比具有显著正向影响，对生存型和发展型消费占比具有显著负向影响。综合基准回归和内生性回归的结果，可知相比不使用互联网，使用互联网可提升农村居民家庭享受型消费占比 27.50%~28.57%。

（三）稳健性回归及分析

由于数据来自非随机的观察研究，处理组和控制组的初始条件不完全相同，因此互联网使用可能存在变量不当的问题而产生估计结果偏误。故本书使用倾向得分匹配法（PSM），对基准回归的结果进行稳健性检验。由于没有充足的把握说明本书选取变量不存在误差，而 PSM 主要是针对可观测变量的影响，因此本节仅将 PSM 作为稳健性检验分析。

PSM 法是根据解释变量 X 的取值计算样本落入观察组（实验组）的概率。在本书中，将互联网使用作为实验组，未使用互联网作为控制组（基准组），则农村居民使用互联网的条件概率为：

$$P(X_i)=\Pr\{Internet_i=1|X_i\}=E\{Internet_i=1|X_i\}$$

其中，i 表示第 i 个农村居民。$Internet_i$ 表示居民 i 是否使用互联网，使用为 1，否则为 0。X_i 为一系列解释变量。本书使用 Logit 模型计算倾向得分。根据得分结果将使用互联网和未使用互联网的居民进行匹配，进一步计算平均处理效应（ATT）。

$$ATT=\{E\{Y_{1i}|Ineternet_i=1,\ P(X_i)\}-E\{Y_{0i}|Ineternet_i=0,\ P(X_i)\}Ineternet_i=1\}$$

表 3-6 为 PSM 的匹配结果，重点关注 ATT 的值。ATT 是测度个体在干预状态下的平均干预效应，即表示个体在干预状态下的观测结果与其反事实的差。结果表明，消费总支出、生存型消费占比、享受型消费占比的 ATT 值均通过了显著性检验，而发展型未通过显著性检验。处理组使用互联网家庭的消费水平占比为 10.355，与之匹配的控制组的消费水平占比为 10.235，则处理组的平均处理效应 ATT 为 0.12，表示在自变量是 1（使用互联网）的情况下，假设该居民不使用互联网（反事实假设），使用互联网后的消费水平显著提升 0.12 个单位。同理，消费结构的影响方面，其 ATT 值正负方向与回归结果是一致的，即表示：相比不使用互联网，使用互联网对农村居民享受型消费占比有显著的正向效果，而对生存型和发展型消费占比则有显著的负向效果。

表 3-6 PSM 的 ATT 结果

变量	处理组	控制组	ATT	标准差	t 值
消费水平	10.355	10.235	0.120	0.045	2.66
生存型消费占比	-0.767	-0.715	-0.051	0.028	-1.86

续表

变量	处理组	控制组	ATT	标准差	t 值
发展型消费占比	−2.994	−2.897	−0.097	0.085	−1.14
享受型消费占比	−1.181	−1.323	0.142	0.044	3.25

第四节　本章小结

本章在分析互联网普及促进消费经济增长机制基础上，利用建立双向固定效应模型实证分析互联网使用对农村消费水平和消费结构的影响，并进行了内生性分析和稳健性检验。

一、研究结论

第一，互联网使用（互联网普及率）与城乡消费水平城乡有显著正相关。样本期内（2013~2020 年），无论是城镇还是农村居民，二者的正向关联均非常显著，相关系数都很高：城镇互联网普及率与居民人均支出的相关系数高达 0.98，农村互联网普及率与居民人均支出的相关系数达到 0.92。

第二，从消费类型与互联网使用的相关性来看，人均食品烟酒消费与互联网普及率的相关系数最大，其次是居住和医疗保健，系数值均在 0.95 以上，全国居民人均消费与互联网普及率的线性相关系数最小的是教育文化娱乐，系数小于 0.8。

第三，农村居民使用互联网对其消费水平和消费结构升级有显著的正向影响。在控制地区和时间效应后，基准回归结果表明：使用互联网对消费水平和享受型消费占比具有显著的正向效果，相较于不使用互联网，农村居民使用互联网能够促进家庭享受型消费占比提高 27.5%。为了克服遗漏变量的内生性问题，接着将“互联网用途的重要性认知”作为“是否使用互联网”的工具变量，估计结果与集中回归的结论保持一致，且有所加强，即相较于不使用互联网，使用互联网能够促进享受型消费占比提高 1.1%，但会使生存型消费和发展型消费占比下降 0.2%和 2.1%，这表明，越重视互联网以获取信息，则使用互联网会过多关注到享受型服务类型信息上，从而更多地进行享受型消费支出；与此同时，内生性回归结果还表明，使用互联网进行学习、工作、社交、娱乐、商业活动的频率越高，家庭的消费水平也会显著提高。

二、政策建议

随着农村互联网基础设施不断完善，互联网渗透到农村居民生活的方方面面，城乡之间的数字鸿沟由于互联网的兴起而逐渐弥合。农村居民的消费也日益受到互联网的巨大影响。在扩大内需、刺激消费的当下，互联网使用对释放农村地区消费潜能，提高农村居民的消费水平和质量，推动农村居民消费结构升级提档，最终推动农村居民形成数字化生产生活方式具有重要意义。为了更好发挥互联网对消费特别是农村消费的积极作用，拉动经济增长，实现乡村振兴，结合前述研究结论，提出如下研究建议：

第一，不断推进农业农村信息化建设。在乡村振兴战略的实施过程中，信息是必不可少的生产要素和战略资源，应该把信息融合到乡村振兴的全过程中，推动农业农村的信息化建设。要提高各级政府对互联网的重视力度，优化农村信息化基础设施布局规划和顶层设计，让更多社会资源流向数字农业、数字农村领域。丰富和创新互联网在农村建设领域的服务内容和应用方式，提高互联网应用服务质量，释放和激发消费潜能。

第二，强化互联网重要性认知，不断提升农村数字化消费水平。随着移动互联网和智能手机在农村的普及，农村电子商务风起云涌，“互联网+”的消费经济模式成为提振农村发展的新引擎。目前，受制于广大农村地区特别是偏远地区的数字基建、信息服务仍较为薄弱，农村居民的数字经济利用能力不高，推广农村居民的互联网应用仍存在较大空间。“互联网+”的任务就是要消除农村居民对互联网数字信息的陌生感和恐惧感，提高农村居民对互联网使用的认知、意愿和能力，让互联网渗透到农村经济的各个角落，培育农村消费新业态新模式，构建数字消费增长的长效机制。

第三，培养农村居民的数字化消费素养。数字经济时代，数字素养已成为公民的基本生存技能与必备素养。提升农村消费者自身素质和能力是释放农村地区内需消费潜力，推动形成消费新业态、新模式的根本。农村居民数字素养的培育更是其中的关键一环，应该将此融入数字乡村建设顶层设计，从乡村振兴发展战略高度进行统筹规划，因地制宜、系统实施。可以面向农村推广个人上网设备的覆盖与多样化数字服务功能，不断提升农村居民的数字网络消费能力。同时，通过普及网络知识教育和法律制度教育，引导农村居民形成健康的生活消费需求，树立理性的消费观念，发展绿色消费。

第四章　工业物联网对制造业绩效的影响机制与效果

本章将从工业物联网技术的视角出发，探讨精实生产如何通过物联网的数据串流、资料分析、未来预测三个方面导入，使数据更具有解释性，以利实现精实智慧制造。本书将使用价值溪流图（Value Stream Mapping，VSM）建构以物联网导入精实制造应用于制造现场的蓝图。

第一节　相关概念解析

一、精实生产

精实（精益）生产（lean production）由美国学者沃马克和琼斯（Womack & Jones，1996）于 *Lean Thinking* 一书中提出。其中，“精”是指追求全面品质管理，止于至善。“实”是指其主旨在“消除各种浪费，创造真实价值与财富”。精实生产的精髓，可以概括为两大分支：一是实时化生产（Just In Time，JIT），即后拉式生产，以需求带动制造现场的生产；二是自动化，即智能化。

二、工业 4.0 与精实生产之间的关联

Alieva 和 Powell（2021）曾提出精实生产中的四个主要途径或目标：即时化物流、低整备时间、畅流、客户参与。即时化物流（JIT delivery）可以通过工业 4.0 中的各个应用层面，如物联网、信息化等技术，使制造现场更加智能化，实现智能物流（automated JIT delivery）。另外，工业 4.0 技术可以使生产线掌握数

据，提前做相关整备，如工艺参数调整等前置作业，降低因信息不透明而造成的生产线停滞或瓶颈的产生，以利用自动整备（automated setup），缩短整备时间。生产信息透明化使制造现场信息通透，物流信息通过信息平台建置，智慧畅流（smart Flow）便应运而生。信息化及其平台的建立使客户参与更加智能化，实现数字化客户参与。

Mayr 等（2018）认为，精实生产为工业 4.0 的基础。标准化、透明化对工业 4.0 非常重要。决策者需要具备精实思维及基本工业 4.0 的概念，这样，在导入工业 4.0 时才能避免浪费，降低产品流程的复杂性，提高使用工业 4.0 的效率。同时，工业 4.0 加强了精实生产，使精实生产流程更加稳定，提高了其灵活性，克服了精实生产的一些局限性。如数据搜集，若依人工抄写，容易发生信息不正确，而导入工业 4.0 的可以使数据搜集更正确且实时。面对市场需求的波动，通过信息化与数据分析，工业 4.0 能更具灵活性应对复杂市场需求。此外，工业 4.0 与精实生产，都有助于改善制造现场：工业 4.0 可以提高效率，如智能化使信息复杂性降低，而精实生产主要降低浪费，节省成本，提高盈利。

第二节　导入物联网推动精实智慧制造

本节分两小节论述内容。第一部分论述如何以物联网技术（串流、分析、预测）等应用补足精实生产的不足；第二部分运用价值溪流图（VSM），结合物联网元素的图示，建构物联网应用于精实制造的理论蓝图。

一、物联网如何弥补精实制造的不足

精实生产导入时，其最主要的困难点是如何取得数据。以往通过人员收集资料特别是在合理的时间点收集正确合宜的资料正是一大挑战。因为通过人力搜集资料会有诸多问题产生：如抄写表格时，因人员疲劳、偷懒、字迹潦草等问题，造成生产数据异常。以下从三个方面探讨物联网对精实生产的升级加强作用：物联网打造自动化信息现场、物联网达成同步化、物联网达成产销信息透明。

（一）物联网打造自动化信息现场

本部分将从物联网的角度探讨制造现场，假设制造现场均有信息化平台、制造执行系统、资料库等建构，探讨如何结合自动化与物联网所提供的串流、分

析、预测等服务弥补制造现场的不足。此论述分为四点：减少信息看板并提高工艺进程信息精确性、物联网加速人员学习曲线、智慧收值与快速换膜、工艺履历建立产品溯源。

1. 减少信息看板并提高工艺进程信息精确性

通过信息化的应用，公司能通过系统程式结合信息看板将工艺信息做妥善的分析。在传统制造现场，精实生产因不同用途放置各式各样的看板，如物料上下料、制造命令发布、工艺管理等。现场有不少看板的放置，容易导致信息量混杂。还有，若管理者字迹不清或规范训练不周，很容易导致传达错误信息。依赖传统看板，容易因信息化不足，难以实现工艺同步化。

通过运用物联网设备与感测器，可以实现如下改进：如建置云平台，通过远端监控工厂内的设备运作状况，进一步对现场设备进行远端设备维护；信息可视化，易于提供重要信息；通过即时信息软件，将异常信息即时传递以方便设备管理人员即时处理；相关数据可以作为未来大数据资料分析的基础。精实生产的不足以及物联网的改进方式如表 4-1 所示。

表 4-1　精实生产目视化管理等的不足与物联网改进

<table>
<tr><th>精实生产</th><th>重点</th><th>主要不足</th><th>物联网改进方式（串流、分析与预测）</th></tr>
<tr><td rowspan="2">自动化</td><td>目视化管理</td><td>• 无法及时掌握物料需求、客户要求等</td><td rowspan="3">• 感测器即时监控数据串流至电子看板
• 分析设备效率提升的盲点
• 预测工厂设备的零件损耗</td></tr>
<tr><td>拉式生产</td><td>• 信息传递，容易失真
• 依靠看板，信息化不足，难以同步化</td></tr>
<tr><td>JIT</td><td>看板管理</td><td>• 需主动填写相关信息
• 工作看板信息多，容易混乱</td></tr>
</table>

2. 物联网加速人员学习曲线

当今时代，人员流动率很高。往往业界在培养人才的同时也将是一场赌注，因为无法掌握人员学习的状况以及本身留任意愿，有可能当人员熟悉操作后，却因个人因素离职。若有一套设备能够让人员快速训练，甚至上线，则可以加速人员学习曲线，缩短训练成本。

在物联网的协助下，科技可以扮演技能传承的角色。例如，应用扩增实境（AR）让现场工作人员可与远距离的同事进行对话与画面分享。通过远端指示完成以往未曾接触过的作业流程，也可借此积累实操经验。此外，还可以提前建立学习手册，当工作人员的 AR 产品镜头对准设备时，即可显示设备检测操作注意事项、操作流程顺序等信息，以作为新进员工学习的教材。物联网可以加速学习曲线，有助于改善精实生产。精实生产的不足以及物联网的改进方式如表 4-2 所示。

表 4-2 精实生产不生产不良品的困难与物联网改进

精实生产	重点	困难之处	物联网的改进方式（串流）
自动化	不生产不良品	• 人员管理训练不佳，容易发生人员操作失误而影响品质 • 机器需人工调整参数，缺乏即时性	• 建立操作台的虚拟扩增实景 • 建立操作手册，使员工提前熟悉

虚拟实景（VR）的应用。员工通过 VR 眼镜进入虚拟的工厂环境中，当视线落在设备、生产线等工厂各环节时，则会显示所需要遵循的指示内容。其中，包括操作流程、注意事项、设备状态等说明信息，而工作人员则可通过信息随时反复观看专家的动作等。AR/VR 产品不受时间、地点的限制，可将工厂流程中的经验交接给新进员工。尤其是进入高龄化社会，资深的技术熟练工人将陆续退休，许多技术、技能面临失传的风险。因此，AR/VR 产品在人才培训上具有其存在的价值。

3. 智慧收值与快速换膜

制造现场在进行切换不同类型产品生产时，普遍存在换膜时间过长问题；而换膜时间长短不仅影响生产线的效率，还会影响企业产品转换的决策。为适应小批量多批次生产的市场需求，必须压缩换膜时间。物联网有助于实现这一点：有了物联网，可以尝试在机台设备上安装感测器应用，如计数器感测、视觉辨识、QR 条码器等。物联网可以得知现在工件加工的数量或是批量信息，并可以精确地预估完成时间。精实生产的不足以及物联网的改进方式如表 4-3 所示。

表 4-3 精实生产缩短整备时间困难与物联网改进

精实生产	重点	传统生产的局限	物联网改进方式（串流、分析）
JIT	缩短整备时间	• 调试不当，导致整线停机 • 内外换膜做的是否恰当，是一大问题	• 感测器搜集数据，并下载工艺参数给设备 • 分析数据得知进程，并整备物料及模具等

4. 工艺履历建立产品溯源

JIT 实时生产其重点在于同步化，但搬运载具未经信息化难以掌握物流动态；而当自动化发现异常，管理者采取对策再上报等存在时间延迟，恐将对生产不利。有鉴于此，产品生产过程中的工艺履历管理与追踪已成为生产制造管理中的一环。通过工艺回溯功能，制造执行系统（Manufacturing Execution System，MES）可精准掌控产品生产的每一环节状况，快速找出不良品的问题所在，避免错误再次发生。通过 RFID 能辅助 MES 系统，可以大量实时地将工艺信息输入 MES 系统且编码不重复。有助于管理者追踪工单的完工数或预计产出量，提供正确的生产指示及工艺参数，避免错误的发生并提高良品率。精实生产的不足以及物联网的改进方式如表 4-4 所示。

表 4-4　精实生产同步化等困难点与物联网改进

精实生产	重点	传统生产的不足	应用方式
JIT	同步化	搬运载具不具信息化，难以掌握物流动态	• RFID 记录各制程信息 • 传感器收集制程设备数据 • 结合数据与 RFID 各站记录，分析异常
自动化	当异常发出信号，管理者采取对策	发现异常，再上报存在时间延迟，对生产不利	

（二）物联网达成同步化

精实理论提到 JIT 实时化生产可以使工艺顺畅同步化。其目的在于各工艺车间不必设置仓库，每当前一个工艺的加工结束后，在制造品立即流向下一道工艺，装配线及机械加工几乎是同步进行，无须等待。工业 4.0 可以借助物联网带来的方便使信息透明化，使各工艺同步化得以实现，减少等待带来的浪费。

以现状观察，大多数工厂其实还不具备自动化的实力。运用物联网技术构建精实智能制造的解决方案，设法让原本缺乏联网能力的现场设备，开始能够连接网络，并通过各种方式持续更新状态信息，以这样的方式落实 JIT 的改善。信息同步化使精实智能制造的理念得以实现。本部分分三个部分论述，依次为生产管理单位工单调整、物料需求计划滚动调整、即时信息实现制造前置时间降低。

1. 生产管理单位工单调整

JIT 所提及的后拉式看板管理，往往集中于一个点而忽略其他问题，且需主动填写相关信息；工作看板因为信息多，若遇到订单调整，容易造成混乱。前文提及，RFID 能辅助 MES 系统进行产品追踪，即时更新。因此，通过 RFID 的使用与感测器的收集，可以掌握制造现场即时情况。利用信息串流减少各部门的沟通障碍，也促使人员和工作方式等进行转变。各种角色人员的信息掌握程度均有所提高，通过 RFID 及感测器的数据串流掌握工艺动态。当客户订单有规格或其他变动，可以即时与现场沟通并了解工艺进度，再通过信息平台修正排程。精实生产的不足以及物联网的改进方式见表 4-5。

表 4-5 精实生产后拉式管理不足与物联网改进

精实生产	重点	传统生产的不足	物联网改进（串流或分析）
JIT	后拉式管理	• 集中于一点而忽略其他问题 • 需主动填写相关信息 • 工作看板信息多，容易混乱	• RFID 掌握工艺动态 • 感测器工艺数据串流 • 信息平台修正排程，即时订单修正

2. 物料需求计划滚动调整

精实生产为适应市场，按市场需求生产，为保证产品质量，所以适当、适量、准时生产；但制造成本高，库存不增加且容易缺乏关键物料。生产弹性需更加灵活，排程难度大，多能工的训练显得很重要。

物联网善用感测资料做出更完善的决策。近年来导入视觉辨识、RFID 等技术，对仓储管理系统的运营进行监控。当用户调整订单，信息系统能分析物料信息，调整订单的物流需求，并经由信息串流将相关信息传递给适合的系统和人员，避免库存堆积。精实生产的不足以及物联网的改进方式如表 4-6 所示。

表 4-6 精实生产小批量生产的不足与物联网改进

精实生产	重点	传统生产的不足	物联网改进方式（串流、分析）
JIT	小批量生产	• 成本高，生产弹性高 • 排程难度大 • 多能工培育的训练很重要 • 库存不增加但缺乏关键物料	• RFID 应用掌握库存 • 信息共享使客户参与 • 调整订单物料需求计划

3. 即时信息实现制造前置时间降低

精实生产要求生产同步化（接续化），每当上一个工序结束后，半成品立即转到下一个工艺。为使装配线与设备加工平行进行，需较高工艺弹性，且多能工培育需求上升。

制造现场可以利用工业 4.0 中的企业资源规划（ERP）、物联网（IOT）等技术大幅缩短前置时间。ERP 可整合流程和系统，提供库存、材料和供应链的即时可视性，而能进行即时调配、并缩短前置时间。物联网（IoT）可改善运营并提供即时信息，让管理者能根据预测做出决策，并能提前知道机器何时需要保养及维修或者是否存在供应链延迟的问题，这将有助于管理库存，调整生产以及缩短前置时间。此外，通过 RFID 的应用，可以轻易掌握工艺进程，并在该工单结束前，通过信息平台将下个工单的作业指导书下载至信息看板，给现场人员参阅，同时进行人力安排的调整。总之，通过一连串的规划可以减少工艺的前置时间，将资源做其他应用。精实生产的不足以及物联网的改进方式如表 4-7 所示。

表 4-7　精实生产同步化不足与物联网改进

精实生产	重点	传统生产的困难之处	物联网改进方式（串流、分析）
JIT	生产同步化	• 工艺弹性要求高 • 多能工培育需求提升	• RFID 搜集的即时数据 • 分析下一工艺的管理决策

（三）物联网达成产销信息透明

通过物联网与资料分析使“自动化与信息融合”，有了信息科技的助力，可以将生产、销售、管理等信息加以整合，全面掌握客户需求、生产品质、设备状态、安全生产、环境能耗等相关数据。物联网使精实智慧制造的想法融合了生产、管理与市场等关键数据，借以提升竞争力，即时供应需求。将智慧生产、企业运营平台进一步串接供应链，形成完整的智慧制造体系，对信息技术与操作技术做最极致的融合。

工厂内所有的设备、产品及物料均可以嵌入 Barcode 或 RFID，并在生产过程中即时收集数据。信息系统收集生产设备与产品履历中的数据，结合 MES、ERP 并通过大数据分析，产生智能信息，借以预测设备故障、产品故障率，并随时追踪客户产品使用状态。

本部分从三个方面展开论述，依次为物联网调整仓储库存、客户机台预防保养、掌握供应链动态。

1. 物联网调整仓储库存

为避免生产线受到末端需求变化的影响而降低效率，需要使生产平准化，但这将使存货成本提高。在处理存货时，人员需要经常加班，其容易增加人力资本且忽略品质。

物联网的应用将使物料、设备和产品的追踪更为快速和即时，物联网设备和感测器将时刻监控货物的数量和品质。通过物联网掌握仓储的状态，与客户建立信息平台，分析客户的需求变化，调整物料的需求变化与仓储的存货水平。信息的掌握有利于调整订货量，也可以使存储空间得到最优化利用。精实生产平准化不足与物联网的改进方式如表 4-8 所示。

表 4-8　精实生产平准化不足与物联网改进

精实生产	重点	传统生产的不足	物联网改进方式（串流、分析）
JIT	生产平准化	• 存货成本高 • 处理存货会造成人力成本 • 容易忽略质量	物联网掌握仓储及客户关系，调整仓库及物料需求，分析合理存货量

2. 客户机台预防保养

机台在损害前停止并迅速恢复可运转的状态对制造现场来说是至关重要的。因为停机在所难免，而人员的训练却较为困难，需要花许多时间教育培训。

物联网的导入使机台的使用寿命得以被掌握。通过感测器对机台振动频率进行分析掌握机台状况，如精密切削机台可通过机台振动频率，依照资料分析预测刀具更换周期，并可通知相关单位排定时间进行保养，因有生产信息的掌握，可同时避开排程时间，在未生产时进行保养。精实生产的不足以及物联网的改进方式如表 4-9 所示。

表 4-9　精实生产迅速恢复健康状态的困难与物联网改进

精实生产	重点	传统生产的不足	物联网改进方式（串流、分析、预测）
JIT	在损坏前停止，迅速恢复可运转状态	• 人员训练困难 • 停机导致闲置的浪费	感测器可以收集数据，通过分析与过去的数据比对分析，可以预测机台可能的故障时程，提前预防并保养

3. 掌握供应链动态

面对精实生产所产生的 JIT 即时物流，可以借助物联网使数据通透，使货物状态更容易被掌握。如可以运用 RFID 及 GPS 感测器来协助掌握货物状态。在货物进行包装阶段时，即可在包装箱上贴上 RFID 技术标签。这些技术标签可以被读取及存入货品信息，产品入库之后，仓库人员可以通过进行存货盘点并即时回传资料，达到存货控管。因为有 RFID 与 GPS 的帮助，客户或厂商随时都能通过信息平台掌握出货情况，并确保货物被安全送达。信息透明化使沟通有效建立在同一个基准点上对话，可方便厘清问题点。

二、理论应用蓝图

（一）未导入物联网的运作模式

首先绘制未结合物联网的价值溪流图（Value Stream Mapping，VSM），如图

4-1 所示，图 4-1 是精实制造尚未结合物联网的 VSM。VSM 按照从顾客到供应商的顺序以及产品的生产路径，仔细画出物与信息流中每一个工程。它将整个生产流程图示化，而不是局部的工程界面，并能够看到浪费外的东西，帮助发现价值流中的浪费点，使价值流所做的决策透明化。

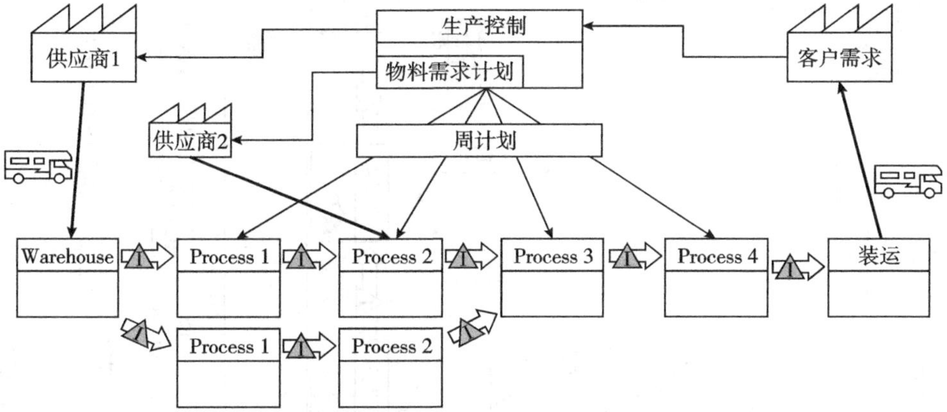

图 4-1　未结合物联网的价值溪流图

资料来源：笔者整理。

（二）物联网应用与精实智慧制造蓝图

将精实制造加入物联网之后，利用价值溪流图（见图 4-2）可以快速看出物与信息流，简单明了。因此，结合物联网元素的图示应用于精实生产，刻画未来精实智慧制造的应用蓝图。图 4-2 结合了智慧制造与精实生产的应用，如各类感测器、视觉辨识、AR/VR、RFID、信息看板等 17 个步骤，以物联网弥补精实生产的不足。以下逐一说明每一步骤所代表的内容。

1. 供需生产信息交换掌握客户需求

有了信息平台及信息串流，可以快速掌握客户需求，见步骤①。例如，企业资源信息系统（Enterprise Resource Planning，ERP）能精准计算生产能力，且调配原材料的供应，并配合生产线运作。通过信息平台的构建，ERP 能从原材料、人力、机器和供应链等资料分析，即刻计算准确的交货日期。即使有所延迟，也将能通过信息平台向客户交代产品将延期完成，不会一直等待通知，以免发生客诉情形。

2. 通过云端平台掌握生产需求规划

在云端，通过客户需求与供应商备货，ERP 系统能掌握物料需求计划，再通

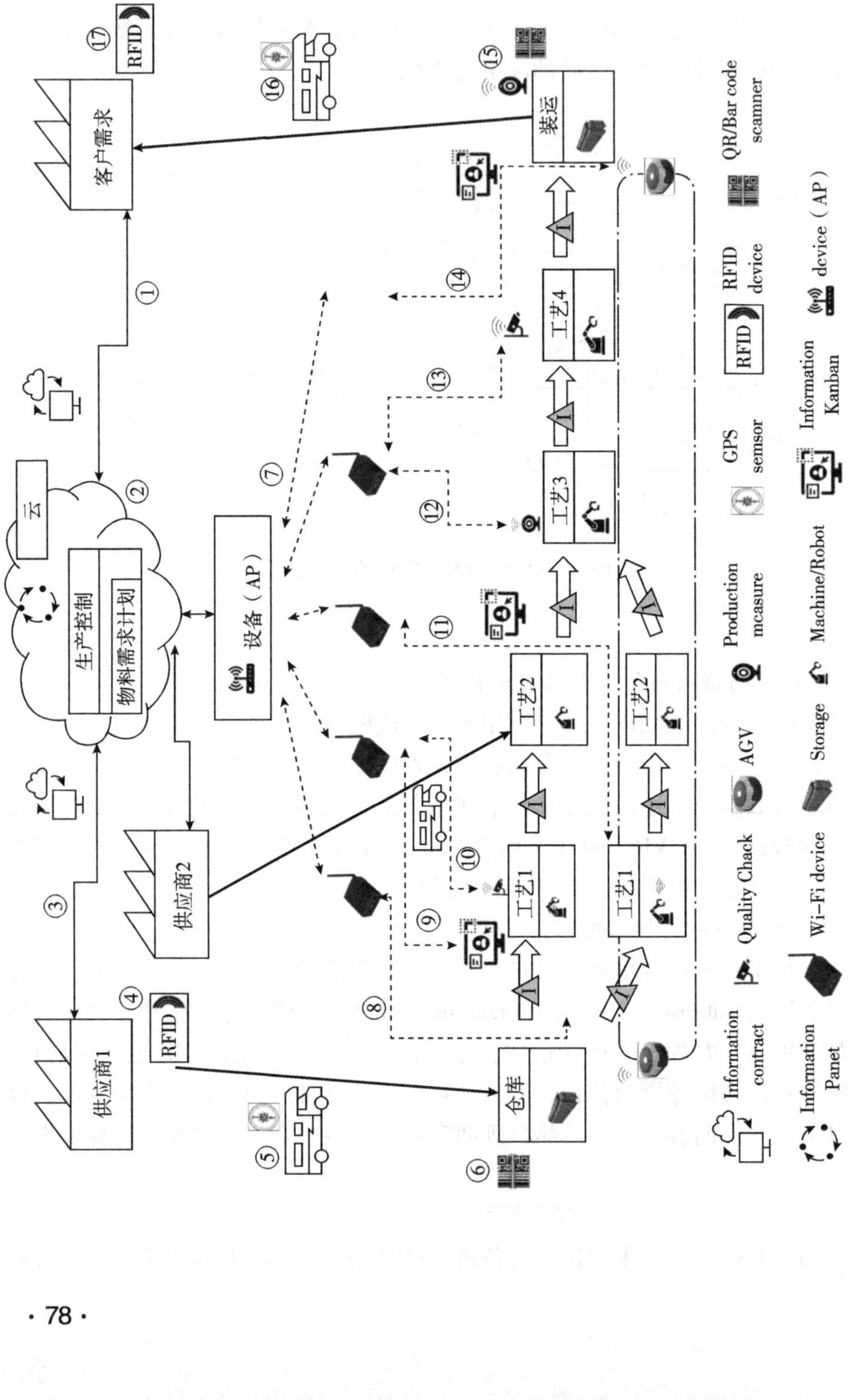

图 4-2 加入物联网的价值溪流图

过制造执行系统（Manufacturing Execution System，MES），将企业生产所需要的核心业务如订单、供应商、物管、生产、设备保养等流程整合在一起，见步骤②。此举可将工厂生产线上即时的生产信息以网页或其他通知方式准确地传送给管理者，当生产过程发生紧急状态事件时，还能提供现场紧急状态信息并快速通知管理者。

3. 生产信息共享，修正需求

信息共享的情况下，有 ERP 系统提供的平台化，供应商能有效确认订单，并通过生产信息共享修正需求，见步骤③。因为信息通透，减少供应商对于订单的不确定性。因此，避免了因订单需求的不稳定导致供应商库存爆表的牛鞭效应。

4. RFID 确认出货批号掌握货物状况

使用无线射频辨识（RFID）或条码确认出货批号。当工厂改变了订单生产不同的货品一样可使用扫描器和感测器进行监控。减少人力搬运或是处理货物，达到节省人力的目的，见步骤④。制造现场通过物联网收集的数据，上传信息系统使制造商及客户掌握货物状况。

5. 运输工具装载 GPS 掌握货况，避免机密盗取

在运输工具上安装 GPS 感测器，见步骤⑤。对行驶中的位置进行感测，通过网络传送信息随时让制造商与客户掌握货物动态，并在驾驶座装有感测器，以了解货运司机驾驶状况，观察是否存在疲劳驾驶，若发生异常以及给予警告，要求其停靠路边进行休息，避免将货物处于危险之中，提高货物运输的可靠度。

6. QR Code 确认批量正确，入库建立料号

QR Code 是二维条形码的一种，能储存文字、图形与声音等信息，容量大，能储存数百个数字或中文字、照片语音档；容错率高，扫描时不需要准确对照，各个角度扫描都能快速得出数据资料。利用 QR 码可以存储产品的生产履历，见步骤⑥，可以方便收货仓库确认批量、保证数量正确，其相关信息包括：品名、产地、生产者、生产日期、原材料等，并通过系统平台，建立系统料号资料库。

7. 使用 AP 将云端规划下载并即时上传生产数据

无线存取点 AP（Wireless Access Point）是一种连接有线网络与无线网络的装置。它可以将有线网络转换为无线信号，并传播出去。在大面积、高密度网络场所，如制造现场 AP 更是能有效运用，解决有限装置带来的不便利，减少线材的使用，简洁制造现场。见步骤⑦。可以通过 AP 将云端平台上的需求规划，传递至制造现场，并通过架设于设备上的 Wi-Fi 设备接受指令，即时上传生产数

据，使信息串流，降低生产可能产生错误的风险。

8. AGV自动搬运供生产线生产

无人搬运车（Automated Guided Vehicle，AGV）是规划智能工厂蓝图中重要的一环。其主要优势除了提升整体工厂效率、大幅减少工厂对于劳动力的需求，更可以有效降低运营成本。AGV被广泛运用于自动化仓储物流系统、智能制造等领域。工业4.0趋势下的智能工厂及弹性生产制造为各产业的终极目标，无人搬运车（AGV）是实现目标的重要自动化物流串接工具，见步骤⑧。生产规划单位在云端规划产能需求，通过AP下指令至制造现场，并通过AP发送搬运信号给AGV，要求AGV至仓库搬运物料至各站以供生产线生产且减少人力搬运。

9. 下载信息至信息看板确认产品需求等信息

看板系统是精实生产中的重要概念，其主要作为落实JIT及时生产、提高作业效率及控制现场生产流程的信息传递工具。借此“目视化”，实现产线信息透明，提高现场主管实时应变管理的能力，见步骤⑨。看板系统可用来对生产制令（MO）变更，通过AP将生产线上各工作站的生产活动标准作业程序（SOP）、作业指导书（WI）从云端资料库串流至信息看板显示。站台作业员即可进行正确的生产，降低作业出错率及产品重大损失。另外，亦可通过AP设备将云端平台上的客户需求状况，通过物联网的串流分析订单等下载到信息看板，以供现场人员确认及调整。

10. 下载质量检验标准（QC）至监控设备检测异常

工艺管制可以提升质量，精实生产的目标是不制造不良品。自动化的概念令现场思考当不良品产生时，应对之策会是什么。可以针对人、机、料、法分析是哪些因素或错误带来的影响，通过数据分析可以探讨失误：或许是物料本身异常，甚至可能是员工的教育训练不当等。在智慧制造的浪潮下，可以探讨如何将自动化应用在品质检验上。通过资料库串流的方式，当读取到各产品条码时，可以通过云端资料库下载到这些产品的QC标准，并用AP下载到品质监控感测器，同时客户可以更新资料库QC标准，见步骤⑩。通过感测器监控可以对异常数据进行分析，找出异常原因。

11. 读取物料编码变更制造参数降低换线时间

使用物联网建立自动记录即时数据参数的生产环境，在生产前、中、后的各阶段，可以分别起到预防无用参数数据、提高调机速度、确保档次生产品质、协助生产履历的回溯、知识的数字传承及数据参数的优化等作用，见步骤⑪。感测器设备通过读取在制品上的物流编码，将资料库中的制造参数下载至工艺中，减少人员的参数及调校出错。当在制品转为下个工艺时，设备能自动进行组立作业或相关措施，请应用降低产品的前置时间、加快换线时间。

12. 感测器掌握生产节拍

制造现场主要以人力进行组立作业，可能会有各组的生产节拍不协调，出现产量有的多而有的少的情形。这时可以使用感测器，如计数管理。在供料上实施个数管理，让零件一个个流动以便进行个数管理。如今，通过产量感测器可以时刻掌握在制品的流动是否异常，如节拍工时等，便于掌握节拍，见步骤⑫。此外，可以通过物联网的数据串流，将情况发布到看板来显示。

13. 产品下线时通过品检标准进行终端品质控管

注意工艺管制可以提升品质，需时刻注意品质状况。通过人力检验的方式，其附加值低、耗费时间成本高、效率低，而借助感测器等物联网元素，可以克服或降低上述缺点。

当加工即将完成时，产品可以在入库前进行感测器扫描，并在资料库找出对应的客户品质检验标准（QC），进行最终品质检验（Fina Quality Control，FQC），见步骤⑬。

14. AGV 将成品搬运至成品仓库

完成最终品质检验后，确认无异常，则云端平台发出信号，由无线存取点 AP 下达搬运指令给 AGV，见步骤⑭。

15. 以 QR Code 等确认出货并上传至信息系统

现在到了制造生产的末端，必须按期完成订单。客户若能随时掌握产品状况，对维持良好的客户关系实有必要。因此若能在仓库架安装感测器，让客户即时掌握货物情况，将有利于未来的合作。此外，在产品包装上打上 QR Code、Barcode 或 RFID，通过扫描这些二维码或条形码等以确保出货并上传至信息系统，即时化信息串流，并能减少人力的安排及浪费，见步骤⑮。

16. 出货运送，以 GPS 掌握运送状况

物联网提供实时监控，安装即时追踪装置，如 GPS 定位感测器，见步骤⑯。其货物状态可由供应商及客户端即时监控，降低走私风险并强化货物运送安全。通过信息的传递掌握货况，也能同时降低因货物状况不稳定所带来的不确定性。配合 ERP 及 MES 系统建置达到即时化生产，使信息实现可视化。同时也有依据评比第三方物流公司的效率情况，有利于厂商评比。

17. 客户以 RFID 确认收货

在货物进行包装阶段时可在包装箱上贴上 RFID 技术标签，这些技术标签可

以被读取及写入货品信息。产品入库后，仓库人员可以通过条形码感测器进行存货盘点，并即时回传资料达到存货控管。产品装载上车要出货至客户端时，出货人员可以利用RFID条形码感测器确认此次的出货记录并回传出货资料。若有需要亦可以发送信息给业务人员即时掌握出货时程。可以利用进出大门的RFID固定式读取设备，记录火车的进出时间并进行进场指引。另外，可搭配GPS随时掌握货车的即时位置。

当货车抵达客户端卸货时，收货人员只需要利用手持机读取RFID标签，便可以指导货物的详细信息，完全无须开箱检查，因而可以节省大量时间、人力及物力，见步骤⑰。

第三节　实证检验与分析

一、研究假设与变量测度

（一）研究假设

以往不少研究已经指出，供应商参与对精实制造具有正面影响，且供应商参与精实制造对制造业绩效均具有正面影响。但是将物联网用在精实制造上，其有关研究非常少见，因此，关于精实方法的物联网应用对制造业绩效是否有显著的影响仍然不明确。基于此，本书在此进行实证分析，探讨三个问题：第一，供应商参与对精实方法的物联网应用的影响如何？第二，将物联网应用于精实制造，对制造绩效的影响如何？第三，探讨供应商参与、精实方法的物联网应用及制造绩效之间的关系为何？为此，本书提出如下假设：

H1：供应商参与对精实方法的物联网具有正面影响。

H2：精实方法的物联网应用对制造绩效具有正面影响。

H3：供应商参与对制造绩效具有正面影响。

对上述研究假设，本书使用问卷调查获得相关数据，并使用结构方程模型进行分析验证。研究对象为山东省高科技制造业中的前1000家大厂商。

（二）变量测度

1. 供应商参与测度指标

参考以往文献，本书将供应商参与分为三个维度（构面）：信息分享、供应商早期参与新产品研发活动及供应商积极参与品质改善活动。各维度指标如表4-10所示。

表 4-10　各维度参考指标与参考文献

维度	测度指标	参考文献
信息分享	1. 贵公司与关键供应商经常分享市场信息	Wong 等（2011）、Johan 等（2013）、Antonio（2014）、Pamela（2014）、Hefu 等（2016）
	2. 贵公司与关键供应商经常分享生产计划信息	
	3. 贵公司与关键供应商经常参与分享技术	
供应商早期参与新产品研发活动	1. 关键供应商积极参与贵公司的新产品创意筛选	
	2. 关键供应商积极参与贵公司的新产品技术开发	
	3. 关键供应商积极参与贵公司的新产品工艺规划	
	4. 关键供应商积极参与贵公司的新产品试产	
供应商积极参与品质改善活动	1. 关键供应商积极参与贵公司的产品品质改善	
	2. 关键供应商积极参与贵公司的工艺品质改善	

2. 将物联网应用于精实制造的衡量指标

参考以往文献，本书将物联网应用于精实制造分为如下四个维度：预防保养的物联网应用、产品品质信息分析的物联网应用、员工训练的物联网应用、产品品质检验的物联网应用。各维度详细衡量指标如表4-11所示。

表 4-11　精实制造各维度参考指标

维度	测度指标	参考文献
预防保养的物联网应用	1. 贵公司经常用大数据分析设备的寿命以防故障	Black 和 Poter（1995）、Jing 等（2015）
	2. 贵公司经常用大数据分析设备的维修作业以防故障	
产品品质信息分析的物联网应用	1. 贵公司经常用云端技术进行品质信息搜集	
	2. 贵公司经常用大数据分析产品或工艺品质问题	
	3. 贵公司经常用大数据分析产品或工艺改善方案	
员工训练的物联网应用	1. 贵公司经常对员工进行物联网应用的教育训练	
	2. 贵公司经常对员工进行大数据分析的教育训练	
	3. 贵公司经常对员工进行云端技术应用的教育训练	
产品品质检验的物联网应用	1. 贵公司经常应用云端技术进行产品品质检验信息搜集	
	2. 贵公司经常应用物联网技术进行产品品质检验	
	3. 贵公司经常应用大数据进行产品品质检验分析	

3. 制造业绩效测度指标

参考以往文献，本书将制造业绩效衡量指标分解如表 4-12 所示。

表 4-12　制造绩效指标测度

构面	测度指标	参考文献
制造绩效	1. 贵公司产品单位绩效符合预期目标	Krajewski 等（2007）、Wong 等（2011）
	2. 贵公司产品性能符合预期目标	
	3. 贵公司产品良率符合预期目标	
	4. 贵公司产品制造周期时间符合预期目标	
	5. 贵公司产品开发周期时间符合预期目标	

二、实证结果与分析

（一）样本概况

本书于 2021 年 8 月 10 日以邮寄或 E-mail 形式发放问卷 500 份。回收有效问卷 105 份。问卷包括四部分，其中前三部分是各维度的问卷，第四部分是问卷填答者的基本情况，主要是职级和资历，以及填答者所属企业的基本情况，包括公司成立年限、公司人数、公司资本额、2020 年度营业额及公司主要生产产品项目。样本企业的基本情况如表 4-13 所示。

表 4-13　样本企业的统计特征

基本资料	分类标准	样本数	样本比例（%）	累计百分比（%）
公司成立年限	5 年（不含）以下	18	17.14	17.14
	5~10 年（不含）	4	3.81	20.95
	10~15 年（不含）	3	2.86	23.81
	15~20 年（不含）	8	7.62	31.43
	20~25 年（不含）	25	23.81	55.24
	25 年（含）以上	47	44.76	100
员工人数	300 人（不含）以下	26	24.76	24.76
	300~600 人（不含）	12	11.43	36.19
	600~900 人（不含）	4	3.81	40.00
	900~1200 人（不含）	6	5.71	45.71
	1200 人（含）以上	57	54.29	100

续表

基本资料	分类标准	样本数	样本比例（%）	累计百分比（%）
公司资本额	3000 万元（不含）以下	25	23.81	23.81
	3000 万~5000 万元（不含）	3	2.86	26.67
	5000 万~7000 万元（不含）	5	4.76	31.43
	7000 万至 1 亿元（不含）	7	6.67	38.10
	1 亿~5 亿元（不含）	9	8.57	46.67
	5 亿~10 亿元（不含）	13	12.38	59.05
	10 亿元以上	43	40.95	100
2020 年度营业额	1 亿元（不含）以下	42	40.00	40.00
	1 亿~3 亿元（不含）	8	7.62	47.62
	3 亿~5 亿元（不含）	4	3.81	51.43
	5 亿~10 亿元（不含）	5	4.76	56.19
	10 亿~15 亿元（不含）	7	6.67	62.86
	15 亿~20 亿元（不含）	7	6.67	69.52
	20 亿元以上	32	30.48	100
公司主要产品	计算机或外围设备	22	20.95	20.95
	LED	12	11.43	32.38
	通信设备	10	9.52	41.90
	光学仪器	12	11.43	53.33
	印刷电路	12	11.43	64.76
	车载设备	15	14.29	79.05
	新能源设备	5	4.76	83.81
	轨道交通设备	12	11.43	95.24
	其他	5	4.76	100.00

企业基本数据方面，以公司成立 25 年（含）以上者比例最高，占比 44.76%，次高者为 20~25 年（不含），占比为 23.81%；对于公司人数而言，以公司员工人数 1200 人（含）以上最高，占比为 54.29%，次高者为 300 人（不含）以下，占比为 24.76%；公司资本额 10 亿元以上为最高，占比为 40.95%，次高者为 3000 万元（不含）以下，占比为 23.81%；2020 年度营业额 1 亿元（不含）以下占比最高，为 40.00%，其次是 20 亿元以上，占比为 30.48%；就主要产品而言，占比最高者为计算机或外围设备，比例为 20.95%，其次是车载设备，占比为 14.29%。

（二）描述性统计分析

报告所用问卷使用李克特 7 点量表来衡量。1~7 代表的同意度越来越高，分别表示"非常不同意""不同意""有点不同意""普通""有点同意""同意""非常同意"。本书所有研究维度或构面的均值均在 4.0 以上，表示所有测量选项均达"有点同意"以上的结果。具体结果如表 4-14 所示。

表 4-14　样本企业的描述性统计

衡量概念	衡量构面	题数	均值	标准差
供应商参与	信息分享	3	4.76	1.23
	供应商早期研发参与	4	4.89	1.20
	供应商积极参与品质改善活动	2	5.27	1.03
精实方法的物联网应用	预防保养的物联网应用	2	4.55	1.67
	产品品质信息分享的物联网应用	3	4.98	1.44
	员工品质训练的物联网应用	3	4.93	1.37
	产品品质检验的物联网应用	3	4.69	1.52
制造绩效	制造绩效	5	5.25	1.08

（三）信度与效度分析

信度是指样本数据的稳定性及一致性，通常用 Cronbach's α 值来衡量。当 α 值越高时，则代表变量内部一致性良好。本书采用 Cronbach's α、组合信度 CR 及平均方差萃取量（AVE）作为信度测度指标。效度是问卷的衡量题项是否能够真正测度验证事物的特性或功能及其程度，本书采用收敛效度和区别效度检测问卷的题项的恰当性。

1. 信度分析

Cronbach's α 值。如果 Cronbach's α 值低于 0.35 表示低信度，表示衡量题项应予以删除；如果 Cronbach's α 值为 0.35~0.7，为中信度；如 Cronbach's α 值大于 0.7 则表示高信度。本书样本数据各构面的 Cronbach's α 值均大于 0.7，表示样本具有较好的可信度。组合信度（CR）大于 0.7 代表测量指标能有效反映其构面，也代表问卷衡量题项具有高度一致性。本书各构面组合信度的分析结果表明，各构面均大于 0.7，表示各构面的衡量题项均能有效反映该构面的内涵。一般而言，平均方差萃取量 AVE 需要大于 0.5，而本书的 AVE 确实也均大于 0.5。上述三个信度指标的具体结果见表 4-15。

表 4-15 各类指标的信度分析结果

衡量构念	衡量构面	题数	Cronbach's α	组合信度 CR	AVE
供应商参与	信息分享	3	0.895	0.935	0.826
	供应商早期研发参与	4	0.885	0.926	0.753
	供应商积极参与品质改善活动	2	0.562	0.825	0.721
精实方法的物联网应用	预防保养的物联网应用	2	0.892	0.956	0.908
	产品品质信息分享的物联网应用	3	0.906	0.944	0.845
	员工品质训练的物联网应用	3	0.924	0.952	0.872
	产品品质检验的物联网应用	3	0.892	0.926	0.817
制造绩效	制造绩效	5	0.937	0.952	0.805

2. 效度分析

收敛效度需要满足：各构面的因子负荷量大于 0.5；组合信度 CR 大于 0.7；AVE 大于 0.5 以上。由表 4-15 已知，CR 均大于 0.7，AVE 也大于 0.5。各指标的因子负荷量则见表 4-16。由表 4-16 可知，各因子负荷量均大于 0.5。因此，从收敛效度而言，本书符合标准。因此本书具有良好的收敛效度。

表 4-16 各类指标的因子负荷量与特征值

衡量构念	衡量构面	题项	因子负荷量	特征值
供应商参与	信息分享	1. 贵公司与关键供应商经常分享信息	0.942	2.487
		2. 贵公司与关键供应商经常分享生产计划信息	0.890	
		3. 贵公司与关键供应商经常分享技术信息	0.896	
	供应商新产品开发的早期研发参与	1. 关键供应商积极参与贵公司的新产品创意筛选	0.832	3.015
		2. 关键供应商积极参与贵公司的新产品技术开发	0.923	
		3. 关键供应商积极参与贵公司的新产品工艺规划	0.905	
		4. 关键供应商积极参与贵公司的新产品试产	0.796	
	供应商积极参与品质改善活动	1. 关键供应商积极参与贵公司的产品品质改善	0.839	1.401
		2. 关键供应商积极参与贵公司的工艺品质改善	0.839	
精实方法的物联网应用	预防保养的物联网应用	1. 贵公司经常应用大数据分析设备寿命	0.953	1.825
		2. 贵公司经常用大数据分析设备的维修作业	0.953	
	产品品质信息分享的物联网应用	1. 贵公司经常应用云端技术进行产品品质信息搜集	0.875	2.521
		2. 贵公司经常运用大数据分析产品或工艺的品质	0.942	
		3. 贵公司经常运用大数据分析品质改善方案	0.936	

续表

衡量构念	衡量构面	题项	因子负荷量	特征值
精实方法的物联网应用	员工品质训练的物联网应用	1. 贵公司经常对员工进行物联网应用的教育训练	0.935	2.616
		2. 贵公司经常对员工进行大数据分析的教育训练	0.912	
		3. 贵公司经常对员工进行云端技术应用教育训练	0.956	
	产品品质检验的物联网应用	1. 贵公司经常应用云端技术进行品质检验信息搜集	0.912	2.243
		2. 贵公司经常应用物联网技术进行产品品质检验	0.929	
		3. 贵公司经常应用大数据进行产品品质检验分析	0.847	
制造绩效	制造绩效	1. 贵公司产品单位成本绩效符合预期目标	0.852	4.012
		2. 贵公司产品性能表现符合预期目标	0.936	
		3. 贵公司产品良率符合预期目标	0.892	
		4. 贵公司产品制造周期时间符合预期目标	0.915	
		5. 贵公司新产品开发周期时间符合预期目标	0.885	

一般而言，若每个构面 AVE 的平方根全都大于该构面与其他构面的相关系数，则该构面具有良好的区别效度；反之，若每个构面 AVE 的平方根全部小于该构面与其他构面的相关系数时，则该构面不具有良好的区别效度。本书各构面 AVE 平方根均大于各构面与其他构面的相关系数，代表本书的研究具有良好的区别效度。具体结果如表 4-17 所示。

表 4-17 各类指标的相关系数与区别效度结果

构面	1	2	3	4	5	6	7	8
1. 信息分享	0.909							
2. 供应商在新产品开发的早期参与	0.736**	0.869						
3. 供应商积极参与品质改善活动	0.625**	0.586**	0.839					
4. 预防保养的物联网应用	0.547**	0.439**	0.462**	0.953				
5. 产品品质信息分析的物联网应用	0.566**	0.599**	0.538**	0.726**	0.912			
6. 员工品质训练的物联网应用	0.456**	0.612**	0.470**	0.645**	0.815**	0.936		

续表

构面	1	2	3	4	5	6	7	8
7. 产品品质检验的物联网应用	0.560**	0.578**	0.578**	0.810**	0.899**	0.895**	0.899	
8. 制造绩效	0.439**	0.509**	0.509**	0.309**	0.622**	0.336**	0.500**	0.896

注：①对角线加阴影者为 AVE 的平方根；其余为各构面之间的相关系数；②**表示 5%的显著性水平。

（四）路径分析

1. 整体路径分析

整体路径分析结果见图 4-3。对 H1，供应商参与对精实方法的物联网应用具有显著的正向影响（$\beta=0.641$，$t=8.523$，$p<0.01$），表示供应商参与对精实方法的物联网应用具有显著的直接影响效果；对 H2，精实方法的物联网应用对制造绩效具有显著的正向影响（$\beta=0.220$，$t=2.008$，$p<0.05$），表示精实方法的物联网应用对制造业绩效具有显著的直接影响；对 H3，供应商参与对制造绩效具有显著的正向影响（$\beta=0.583$，$t=9.256$，$p<0.01$），表示供应商参与对制造绩效具有直接影响效果。

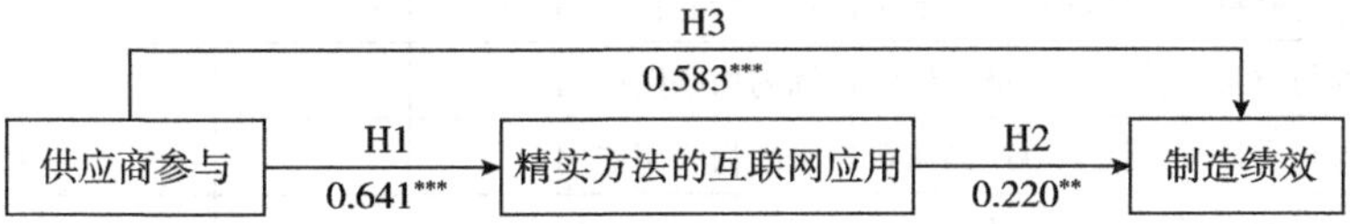

图 4-3　整体路径分析结果

注：**、***分别表示 5%、1%的显著性水平。

因此，精实方法的物联网应用在供应商参与对制造绩效中扮演着中介角色。供应商参与对制造绩效的直接效果为 0.583，间接效果为 $0.641\times0.220=0.141$，总效果为 0.724。整体路径效果如表 4-18 所示。

表 4-18　整体路径效果

路径	直接效果	间接效果	总效果
供应商参与→精实方法的物联网应用	0.641***	—	0.641**
精实方法的物联网应用→制造绩效	0.220**	—	0.220**
供应商参与→制造绩效	0.583***	0.141*	0.724***

注：*、**、***分别表示 10%、5%、1%的显著性水平。

2. 局部路径分析

（1）供应商参与对精实方法的物联网应用的影响。供应商参与对精实方法的物联网应用的各构面的分析结果见表 4-19。由表 4-19 可知，供应商参与对精实方法的物联网应用的各个构面具有统计上显著的正向关系，支持本章的 H1。企业应与供应商进行高度合作以提升精实方法的物联网应用效果。

表 4-19　局部路径分析效果

影响路径	标准化路径系数	t 值	假说检验
信息分享→预防保养的物联网应用	0.421***	3.525	支持 H1
信息分享→产品质量信息分析的物联网应用			
信息分享→员工质量训练的物联网应用			
信息分享→产品质量检验的物联网应用			
供货商在新产品开发的早期参与→预防保养的物联网应用			
供货商在新产品开发的早期参与→产品质量分析的物联网应用			
供货商在新产品开发的早期参与→员工质量训练的物联网应用			
供货商在新产品开发的早期参与→产品质量检验的物联网应用			
供货商积极参与质量改善活动→预防保养的物联网应用			
供货商积极参与质量改善活动→产品质量信息分析的物联网应用			
供货商积极参与质量改善活动→员工质量训练的物联网应用			
供货商积极参与质量改善活动→产品质量检验的物联网应用			
预防保养的物联网应用→制造绩效			部分支持 H2
产品质量信息分析的物联网应用→制造绩效			
员工质量训练的物联网应用→制造绩效			
产品质量检验的物联网应用→制造绩效			
信息分享→制造绩效			支持 H3
供货商在新产品开发的早期参与→制造绩效			
供货商积极参与质量改善活动→制造绩效			

注：*、**、*** 分别表示 10%、5%、1%的显著性水平。

（2）精实方法的物联网应用对制造绩效的影响。精实方法的物联网应用对制造绩效各构面的影响关系见表 4-19。其中，除了员工品质训练的物联网应用对制造业绩效不具有正向影响关系外，其他路径均具有显著正向的影响，本章的 H2 获得部分支持。但整体而言，制造商将物联网应用于精实方法对制造绩效有促进提升作用。

（3）供应商参与对制造绩效的影响。供应商参与对制造绩效各构面的分析结果均获得统计上显著支持，本章H3获得支持。研究结果表明制造商与供应商整合程度越高对于制造商的制造绩效提升越有利。

第四节　本章小结

本书建置了物联网导入精实生产的一个流程，可以推动精实制造向精实智慧制造迈进。第五章将根据山东省高科技制造业的调查数据，使用结构方程模型分析了物联网应用于精实制造对制造绩效的影响效果。

（1）供应商参与对精实方法的物联网应用具有正向影响。分析结果表明，在物联网迅速发展的背景下，制造商通过与供应商建立良好的伙伴关系，彼此合作、信息双向共享及让供应商参与公司产品生产或研发活动，有利于提升制造商对预防保养的物联网应用能力、对产品质量信息分析的物联网应用能力、对员工质量训练的物联网应用能力及对产品质量检验的物联网应用能力。简言之，企业与供应商整合程度越高，越有利于企业将物联网应用于精实制造过程。

（2）精实方法的物联网应用对制造绩效具有正向影响作用。研究表明，将物联网应用于精实制造有助于提升企业的制造绩效，这与前人的研究相符。其中，产品质量信息分析的物联网应用及产品质量检验的物联网应用对制造绩效具有正向影响。这说明对工艺及产品质量的信息进行收集与分析，除了能够降低不良率及维持产品性能的稳定外，这些信息将有助于未来企业开发新产品时，降低开发周期，更快速地推出新产品，进而提升制造商的竞争力与制造绩效。预防保养的物联网应用能够提升制造绩效的原因在于将物联网应用于预防保养将能够实时掌握机器设备的状况，预测机器设备寿命及预防故障，并安排维修保养的时程，使机器设备维持着最佳状况，从而降低不良率、减少成本。员工质量训练的物联网应用对制造业绩效具有负面且显著的影响，其原因可能是教育训练需要花费大量时间和资金，对车间生产一线人员而言，日常性的工作已让其疲惫，如果再进行额外的质量及物联网方面的教育训练，可能降低工作满意度，进而影响制造绩效。

（3）供应商参与对制造绩效具有正向影响。供应商参与对制造绩效具有显著的正向影响。制造商与供应商的整合程度越高，对于制造商的制造绩效越有利，如可以帮助制造商缩短周期时间、准时交货及提升新产品开发能力等。

第五章　物联网应用对新产品研发能力的影响

——以山东省高科技产业为例

第一节　引言

物联网对提升新产品创新绩效有重要作用。在日益激烈的市场竞争中，企业顺利研发新产品对其生存和发展至关重要。随着产品生命周期缩短，为了保持竞争力，需缩短新产品研发时间而尽快将新产品投入市场。在制造阶段，通过物联网对设备及品质的监视及控管，能降低设备停机维修时间以及新产品不良率等问题，进而提高工艺效率、减少生产成本及缩短产品上市时间。同时，在新产品研发过程中，各功能部门通过物联网提供的数据，使其能即时整理、传输及交换信息，以改善产品研发流程，进而加快新产品研发效率。另外，物联网也有助于创意能力的提升。从新产品研发阶段来看，通过使用物联网提供的大数据，在产品规格、设计参数、研发流程、客户反馈等方面有更大的优势，从而可以激发新的创意概念，使新产品研发过程能减少时间与成本，而在新产品研发的商业化阶段，使用物联网相关技术收集市场相关信息，能提高营销人员的洞察力，有助于产生更有创意且更精准的营销活动，以满足客户需求。因此，本书认为新产品研发的物联网应用会受到创意能力的中介影响，进而提高新产品绩效。

本书将探讨物联网相关技术应用于新产品研发阶段的影响。通过考察新产品研发的物联网应用对新产品绩效的影响，以及新产品研发的物联网应用通过创意能力对新产品绩效影响之间的差异，以推断物联网是否通过创意能力影响新产品绩效。综上所述，本书的研究目的主要是探讨新产品研发的物联网应用对新产品绩效的关系是否会通过创意能力的中介角色进行影响。具体而言，包括如下三项：第一，探讨新产品研发的物联网应用对新产品绩效的影响；第二，探讨新产品研发的物联网应用对创意能力的影响；第三，探讨创意能力对新产品绩效的影响。

第二节　文献回顾

一、新产品研发的物联网应用

（一）工业物联网及其优势

运用新兴技术于工业系统中，引领工业物联网的发展，也创造了许多类似的术语来描述工业界的物联网概念，如工业物联网、工业4.0、智能制造等。其关键是使用先进的技术如物联网、大数据、云计算等，对工业流程进行优化。

用于制造业的物联网称为制造业物联网（MIToT），由各种制造设备、感测器、执行器、控制器、RFID标签和智能仪表所组成。通过有线或无线网络运算平台相连，智能制造能实现新产品的快速制造。其系统为一个能整合跨工厂、配送中心、公司和整个供应链的产品、运营和业务系统的新平台，从原材料的获取到将产品交付给客户的各个环节均是相连的。此外，通过对制造物联网数据的分析，可以带来不少好处，如：①减少机器停机时间；②改善工厂的营运与生产；③提高产品质量；④提高供应链效率；⑤改善客户体验。

（二）新产品开发及其物联网运用

依据以往文献的研究，新产品研发大致包括概念开发、产品开发与产品商业化三个阶段。其中概念开发阶段大致包括如下流程：新功能的构思、技术及经济可行性评估、新功能确认；产品开发阶段包括如下流程：产品原型设计、零件品质规范、试产、测试及量产；产品商业化阶段包括如下流程：市场销售计划、新产品绩效监测。

在新产品开发中，如运用物联网相关技术时，可通过物物联网设备在客户端收集数据，包括客户行为、客户反馈、使用状况及地理位置等，使企业更深入了解市场而制定具有竞争优势的营销策略，并通过更好的市场预测降低生产成本。此外，通过数据收集及分析，掌握客户的反馈后，提供新产品在概念开发阶段的创意想法，加入新功能或剔除多余功能以满足客户真正的需求。同时，运用物联网技术时，物联网能帮助企业获取原材料的有关信息，如原材料成本、供应商能力及最小订货量，因此运用物联网技术有助于选择合适的零件供应商，做出精准的采购决策。另外，由于新产品由各种零部件组成，制造过程对此要求相当严格，难免出现差错，而运用物联网技术，技术人员或设计人员能分析机器设备所产生的测试数据，选择最节能的产品设计，降低制造过程的错误率，进而提高研发效率。

二、产品创意能力

（一）产品创意

一般认为，产品创意有两个特质：价值性和新奇性（Im & Workman，2004；Chang et al.，2010；Rubera et al.，2011；Nakata et al.，2018）。产品价值性是指新产品相对于目标客户而言是合适且有用的，而新奇性是指相对于竞争者而言，产品具有独特性、不常见或不曾见过的特质。企业开发有价值的且新奇的产品可以被视为是一种动态、稀有和独特的能力，因此，创意都被视为特定企业的资源，与市场知识一样，可以提高新产品绩效。

（二）营销活动创意

当一家公司推出新产品时，营销活动必须具有创意的设计和实施，以实现快速传播以提升新产品的市场占有率。营销活动的创意同样包括两个特质：价值性和新奇性。营销活动的价值性是指相对于竞争者而言且与新产品相关的营销活动，对目标客户是更具有价值或更优质的特质，而营销活动新奇性是指相对于竞争者而言且与新产品相关的营销活动，被目标客户视为具有独特性或者差异性。上述营销活动，根据有关文献（Blachetta & Kleinaltenkamp，2019）分类的营销活动计划包括沟通、价格、产品、销售、制定策略销售计划、经营销售计划、客户获取、信息管理、市场和环境分析、培训和教育、第三方联系人、客诉管理等。

（三）工艺创意

工艺创意是将新的投入或工艺（包括材料、规格及设备等）引入该公司的生产操作中，以用于制造产品，也可被视为一种实施新的或显著改善生产或交付方式的方法，包括技术、设备及软件的改变，由此产生的优点包括降低生产或交付的单位成本、改善工艺过程缺点以及提升产品品质，以生产更具价值性的产品。

三、新产品绩效

新产品绩效是新产品或服务所带来的绩效。判断新产品是否达到预先设定的标准，如根据目标收益、收益增长、盈利能力、市场占有率及顾客满意度等。本书以财务绩效（投资报酬率、利润率）、市场绩效（市场占有率、销售增长率、上市速度）两项指标作为新产品绩效的衡量。

第三节　研究设计

一、研究框架

根据前文文献综述，本书延伸新产品研发的物联网应用、创意能力与新产品绩效之间的相互影响。新产品研发的物联网应用包括概念开发阶段、新产品开发阶段及产品商业化阶段；创意能力的衡量指标包括产品创意、工艺创意及营销活动创意；新产品绩效的衡量构面包括市场绩效与财务绩效，其之间的关系如图5-1所示。由于物联网产业大多存在于信息技术产业，因此本书以山东省高新技术产业的制造企业为研究对象，探讨新产品研发的物联网应用与创意能力对新产品研发绩效的影响。

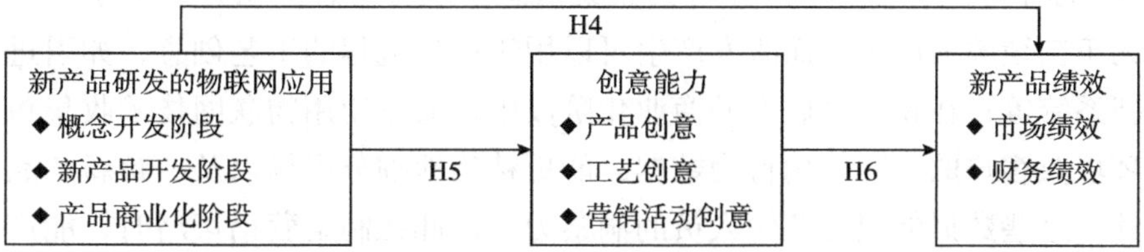

图5-1　物联网应用对新产品研发的影响研究框架

二、研究假设

（一）新产品研发的物联网应用对新产品绩效的影响

在新产品研发的概念提出或开发阶段，通过使用物联网技术收集客户需求的相关信息，能帮助组织在此阶段分析新产品的弱点，将客户愿意接受的新功能添加到新产品中，同时可以移除客户认为多余的功能。也有观点认为，每个产品生命周期阶段使用物联网技术收集及分析产品大数据，能提供更多参考数据以提高新产品性能，使新产品适应性提升，进而使新产品研发速度更快、以抢占市场占有率（Zheng et al.，2018）；在产品开发阶段，通过使用物联网技术（如传感器和 RFID）连接的机器设备，可获取制造过程中更详细的数据，并通过结合云端服务，对获取的数据进行即时分析，可以获得生产率、品质及安全等方面的信息给管理者，降低不良率、减少生产成本及加快研发速度。Wang 等（2018）认为将物联网技术应用于产品时，结合云端技术，能搜集产品使用数据，作为改善原有设计的参考，以降低原型设计的成本及时间。在新产品研发的商业化阶段中，通过使用物联网技术，能收集客户行为、客户反馈、使用状况及地理位置等数据，使企业能准确分析市场而制定具有竞争优势的营销策略，进而提高利润率。综上所述，本书提出如下研究假设：

H4：新产品研发的物联网应用对新产品绩效具有显著正向影响。

（二）新产品研发的物联网应用对创意能力的影响

在新产品研发的概念开发阶段，使用物联网技术收集新产品使用模式的相关数据，能更精准地进行商业分析及可行性评估，因此能获得新产品该如何为客户创造价值的新见解，而在新产品设计时产生更多的创意想法，进而开发出更具附加价值的新产品以满足客户需求（Taylor et al.，2018）；在产品开发阶段中，使用物联网相关技术时，能对制造过程中的每一个营运活动产生监视（如机器设备上机/停机时间、故障率等）并对其收集信息实现即时性分析，有助于管理者识别制约工艺绩效的瓶颈，而激发产生可以用于优化流程的工艺创意，如引进新技术或新系统等；在新产品研发的商业化阶段中，通过使用物联网技术收集包括产品、环境及客户的实际使用行为数据，能更精确地细分市场以及了解新产品的技术属性，这些数据能提高营销人员的洞察力，因此在制定营销策略时，能产生更具创意且更精准的营销活动策略，以满足客户需求（Sjodin et al.，2018）。综上所述，本书提出如下研究假设：

H5：新产品研发的物联网应用对创意能力具有显著正向影响。

（三）创意能力对新产品绩效的影响

个人和团队的创意是提供组织内部创新的功力来源，而成功创新并提高外部模仿的难度，使公司可以保持竞争优势。此外，具有价值的营销活动创意（如新促销、定价、配销和服务），在产品商业化阶段扮演关键角色，而新产品创意能力则在新产品研发的概念阶段发挥关键作用，上述创意可增加产品附加值的创意，能带来更好的市场绩效（Ozkaya et al.，2015；Dabrowski，2019）。此外，通过分析企业创新活动（如内外部研发、原型设计、外部知识获取及员工培训）之间的互补或替代效果，可将其重新配置在制造、供应链和工艺流程上，能提供企业在工艺创新能力配置上的新见解（如采用新技术、新流程），拥有更好的工艺创意价值，进而提高实现工艺创新的成功率，使其降低成本、改善品质，从而可以提升财务绩效。综上所述，本书提出如下假设：

H6：创意能力对新产品绩效具有显著正向影响。

三、变量衡量与问卷设计

本书的调查问卷分为两部分：第一部分为有关新产品开发的物联网应用、创意能力及新产品绩效的衡量题项，采用李克特7点量表测度。1~7分别表示“非常不同意”“不同意”“有点不同意”“一般”“有点同意”“同意”“非常同意”。第二部分是受访者（公司或个人）的基本资料。各个构面及题项如表5-1至表5-3所示。

表5-1　新产品研发的物联网应用测度构面及题项

概念	衡量构面	衡量题项
新产品开发的物联网应用	概念开发阶段	A1. 贵公司经常使用物联网技术（如大数据、云计算等）协助新产品创意的构思
		A2. 贵公司经常使用物联网技术（如大数据、云计算等）协助新产品技术可行性评估
		A3. 贵公司经常使用物联网技术（如大数据、云计算等）协助新产品经济可行性评估
		A4. 贵公司经常使用物联网技术（如大数据、云计算等）协助新产品新功能确认
	产品开发阶段	B1. 贵公司经常使用物联网技术（如大数据、云计算等）协助新产品原型设计
		B2. 贵公司经常使用物联网技术（如大数据、云计算等）协助制定新产品零件品质规范
		B3. 贵公司经常使用物联网技术（如大数据、云计算等）协助新产品试产
		B4. 贵公司经常使用物联网技术（如大数据、云计算等）协助新产品测试
		B5. 贵公司经常使用物联网技术（如大数据、云计算等）协助新产品量产制造
	产品商业化阶段	C1. 贵公司经常使用物联网技术（如大数据、云计算等）协助新产品上市营销计划
		C2. 贵公司经常使用物联网技术（如大数据、云计算等）协助新产品市场绩效监测

表 5-2　创意能力测度构面及题项

概念	测度构面	题项
创意能力	产品创意	D1. 贵公司经常在市场上推出具有独特性的产品
		D2. 贵公司经常在市场推出新奇性产品
		D3. 贵公司经常在市场推出客户价值性产品
	工艺创意	E1. 贵公司经常引进可大幅提升产品性能的工艺技术或设备
		E2. 贵公司经常引进可大幅提升产品良率的工艺技术或设备
		E3. 贵公司经常引进可大幅降低产品成本的工艺技术或设备
		E4. 贵公司经常引进可快速开发新产品的工艺技术或设备
	营销活动创意	F1. 贵公司经常在市场推出具有新奇性的促销活动策略
		F2. 贵公司经常在市场推出具有新奇性的产品品质定位策略
		F3. 贵公司经常在市场推出具有新奇性的价格策略
		F4. 贵公司经常在市场推出具有新奇性的渠道策略

表 5-3　新产品绩效的衡量构面及题项

概念	测度构面	测试题项	参考文献
新产品绩效	财务绩效	G1. 贵公司新产品投资报酬率表现符合预期目标	Kong 等（2014）、Chang 和 Taylor（2016）
		G2. 贵公司新产品利润率表现符合预期目标	
	市场绩效	H1. 贵公司新产品市占率符合预期目标	
		H2. 贵公司新产品销售增长率符合预期目标	
		H3. 贵公司新产品上市速度符合预期目标	

四、研究对象及分析方法

本书从山东省高科技产业中的信息科技制造业的企业中，按销售额排名，选取前 500 家制造商作为本书的研究对象。

本书采用问卷调查方式获取资料。2021 年 4 月 10 日发放问卷 500 份。第一阶段共回收问卷 87 份、剔除无效问卷 8 份，有效问卷 79 份；第二阶段共回收问卷 32 份，剔除无效问卷 5 份，有效问卷 27 份。两阶段问卷共回收 119 份，删除无效问卷 13 份，将 106 份有效问卷做成电子档后，使用 SPSS26. 0 进行问卷分析，包括描述性统计分析、信度及效度分析、结构方程模型分析等。

第四节　实证结果及分析

一、描述性统计

企业基本资料部分包括公司成立年限、员工人数、公司资本额及公司主要生产产品项目。主要资料如表 5-4 所示。

表 5-4　样本企业基本资料统计

基本资料	资料类别	样本数	样本比例（%）	累计百分比（%）
公司成立年限	5 年以下	18	16.98	16.98
	5~10 年	20	18.87	35.85
	10~15 年	16	15.09	50.94
	15~20 年	6	5.66	56.60
	20~25 年	18	16.98	73.58
	25 年以上	28	26.42	100
员工人数	300 人以下	46	43.40	43.40
	300~600 人	22	20.75	64.15
	600~900 人	6	5.66	69.81
	900~1200 人	10	9.44	79.25
	1200 人以上	22	20.75	100.00
公司资本额	1000 万元以下	20	19.87	18.87
	1000 万~5000 万元	30	28.30	47.17
	5000 万至 1 亿元	10	9.43	56.60
	1 亿~5 亿元	12	11.32	67.92
	5 亿~10 亿元	8	7.55	75.47
	10 亿元以上	26	24.53	100
公司主要生产产品项目	电脑或周边设备	58	54.72	54.72
	半导体	11	10.38	65.10
	通信设备	10	9.43	74.53
	光学仪器及设备	4	3.77	78.30
	印刷电路板	7	6.60	84.90
	量测、导航及控制设备	5	4.72	89.62
	光学材料及原件	6	5.66	95.28
	其他	5	4.72	100

从公司成立年限来看，以公司成立25年以上占比最高，为26.42%；次高者为5~10年，所占比例为18.87%；第三高者为5年以下（<5年，所有区间均不包括上限，但包括下限在内，下同）及20~25年（≥20和<25年），占比均为16.98%。就填答者所述的员工人数而言，以公司员工人数300人以下占比最高为43.40%；次高者为300~600人及1200人以上（≥1200人），占比均为20.75%；第三高者为900~1200人，占比为9.44%。

二、研究样本的均值与标准差

研究问卷使用李克特7点量表来衡量各构面，“7”代表非常同意；“1”代表非常不同意；本书所有衡量构面平均数均达到了5以上，代表填答者对于研究所有衡量问项均达“有点同意”以上的结果；有关本书各衡量构面之平均数及标准差如表5-5所示。

表5-5 样本的标准值与标准差

概念	衡量构面	题数	平均数	标准差
新产品研发的物联网应用	概念发展阶段	4	5.448	0.742
	产品发展阶段	5	5.298	1.124
	产品商业化阶段	2	5.341	1.245
创意能力	产品创意	3	5.082	1.087
	营销活动创意	4	5.401	0.802
	工艺创意	4	5.222	1.004
新产品绩效	财务绩效	2	5.415	1.086
	市场绩效	3	5.296	0.935

三、研究信度及效度分析

（一）信度分析

信度是指研究样本数据的稳定性及一致性水平。采用通常的做法，以Cronbach's α值及CR值作为衡量信度的指标。一般而言，Cronbach's α值低于0.35表示低信度，此时应考虑重新修订量表或增删题项；如Cronbach's α值为0.35~0.7，则为中信度；Cronbach's α值大于0.7以上表示高信度。以CR值衡量组合效度，CR值大于0.7表示构面具有高度一致性。结果表明：本书所收集的样本数据各衡量构面的Cronbach's α值均大于0.7，表示研究样本具有良好的可信度，而所有萃取因素的CR值均高于标准值0.7，代表本书衡量构面具有高度内部一致性。具体分析结果见表5-6。

表5-6　信度分析结果

概念	衡量构面	题数	各衡量构面的Cronbach's α值	各构年的Cronbach's α值	组合信度（CR值）
新产品研发的物联网应用	概念发展阶段	4	0.816	0.937	0.880
	产品发展阶段	5	0.918		0.938
	产品商业化阶段	2	0.856		0.933
创意能力	产品创意	3	0.875	0.895	0.923
	营销活动创意	4	0.719		0.815
	工艺创意	4	0.903		0.932
新产品绩效	财务绩效	2	0.872	0.906	0.940
	市场绩效	3	0.833		0.899

（二）效度分析

效度是指问卷的题项可以测试出事物的特性或功能的程度，可以分为收敛效度及区别效度。

1. 收敛效度

收敛效度一般需满足如下三个条件：①所有衡量构面的组合信度须大于0.7；②所有衡量构面的平均方差萃取量（AVE）须大于0.5；③所有衡量构面的因子负荷量须大于0.5。

（1）组合信度与平均方差萃取量。根据有关文献的建议，组合信度CR值大于0.7表示题项能有效衡量构面的意涵，也表示问卷题项具有高度一致性。此外，AVE大于0.5表示衡量构面的各个题项具有一定的解释力。分析结果表明，本书的研究样本各个衡量构面的AVE均大于0.5。具体见表5-7。

（2）因子负荷量。因子负荷量的结果见表5-7。

表5-7　收敛效度及组合效度

衡量构面	衡量题项	因子负荷量	特征值
概念发展阶段（AVE=0.648）	A1	0.848	2.593
	A2	0.885	
	A3	0.723	
	A4	0.753	

续表

衡量构面	衡量题项	因子负荷量	特征值
产品开发阶段（AVE=0.752）	B1	0.856	3.761
	B2	0.835	
	B3	0.892	
	B4	0.878	
	B5	0.875	
产品商业化阶段（AVE=0.875）	C1	0.935	1.748
	C2	0.935	
产品创意能力（AVE=0.800）	D1	0.892	2.401
	D2	0.878	
	D3	0.913	
营销活动能力（AVE=0.526）	E1	0.818	2.231
	E2	0.855	
	E3	0.735	
	E4	0.522	
工艺创意能力（AVE=0.776）	F1	0.868	3.100
	F2	0.932	
	F3	0.874	
	F4	0.846	
财务绩效（AVE=0.887）	G1	0.942	1.733
	G2	0.942	
市场绩效（AVE=0.749）	H1	0.865	2.251
	H2	0.908	
	H3	0.824	

2. 区别效度

根据有关文献的建议，若每一个衡量构面的平均方差萃取量（AVE）的平方根大于该构面与其他构面的相关系数时，则构面间具有良好的区别效度。研究结果表明，所有衡量构面的 AVE 的平方根均大于相对应的相关系数，表示本书具有良好的区别效度，具体结果如表 5-8 所示。

表 5-8　区别效度分析结果

衡量构面	平均值	标准差	1	2	3	4	5	6	7	8
1. 概念开发阶段	5.448	0.742	0.805							
2. 产品开发阶段	5.298	1.124	0.718*	0.867						
3. 产品商业化阶段	5.340	1.249	0.704*	0.854*	0.935					
4. 产品创意	5.082	1.087	0.648*	0.682*	0.657*	0.894				
5. 营销活动创意	5.401	0.802	0.659*	0.545*	0.587*	0.649*	0.724			
6. 工艺创意	5.222	1.004	0.604*	0.742*	0.691*	0.559*	0.628*	0.880		
7. 财务绩效	5.415	1.086	0.517*	0.551*	0.530*	0.619*	0.494*	0.569*	0.942	
8. 市场绩效	5.296	0.935	0.589*	0.504*	0.495*	0.696*	0.663*	0.573*	0.802*	0.865

注：划线部分为 AVE 的平方根；对角线下方为各构面间的相关系数；* 表示 10%的显著性水平。

四、结构方程模型分析

（一）模型配适度分析

使用统计软件 Amos26，以结构方程模型检验本书的研究假设。根据表 5-9 的分析结果，本书模型配适度为 $\chi^2/df=1.243$，符合卡方自由度比小于等于 3 的标准值；配适度指标（GFI）为 0.802，大于门槛值 0.8，CFI、IFI 分别为 0.958、0.959，大于门槛值 0.9；近似误差均方根（RMSEA）为 0.048，小于门槛值 0.05。综合上述结果，本书的整体模型与数据之间具有良好的配适度。

表 5-9　模型配适度分析结果

模型配适度衡量指标	衡量标准	实证结果	是否符合标准
1. 卡方自由度指标 χ^2/df	≤3	1.243	符合
2. 配适度指标（GFI）	≥0.8	0.802	符合
3. 比较性指标（CFI）	≥0.9	0.958	符合
4. 成长配适度指标（IFI）	≥0.9	0.959	符合
5. 近似误差均方根（RMSEA）	≤0.05	0.048	符合

（二）路径分析

模型检验结果如表 5-10 所示。在 H4 部分，新产品研发的物联网应用对新产品绩效不具有显著的正向影响，表示新产品研发的物联网应用对新产品绩效无直接显著效果；新产品研发的物联网应用对创意能力具有显著正向影响（路径系数=0.829，P<0.01），表示新产品研发的物联网应用对创意能力有直接影响效果；在H6部分，创意能力对新产品绩效具有显著的正向影响（路径系数=0.760，P<0.01），表示创意能力对新产品绩效具有直接影响效果。整体路径分析结果见表5-11。通过直接效果、间接效果与总效果的分析，表明新产品研发的物联网应用会通过创意能力间接正向影响新产品绩效，间接效果为0.631；新产品研发的物联网应用对创意能力的直接效果为0.829；创意能力对新产品绩效的直接效果为0.760。

表5-10　假设检验结果

假设	影响路径	路径系数	显著性	检验结果
H4	新产品研发的物联网应用→新产品绩效	-0.022	0.886	不支持
H5	新产品研发的物联网应用→创意能力	0.829	***	支持
H6	创意能力→新产品绩效	0.760	***	支持

注：*、**、***分别表示10%、5%、1%的显著性水平。

表5-11　整体路径效果分析

影响路径	直接效果	间接效果	总效果
新产品研发的物联网应用→创意能力	0.829***	—	0.829***
创意能力→新产品绩效	0.760***	—	0.760***
新产品研发的物联网应用→创意能力→新产品绩效	-0.022	0.631***	0.609***

注：*、**、***分别表示10%、5%、1%的显著性水平。

综上所述，创意能力在新产品研发的物联网应用与新产品绩效之间扮演重要的中介角色，而从新产品研发的物联网应用对新产品绩效关系来看，其直接效果为0.022但不显著，而是通过创意能力间接提升新产品绩效。因此，本书认为创意能力属于完全中介。

（三）详细路径分析结果

以结构方程模型分析各个构面的详细因果关系，以检验本书所提出的假设是否成立（见表5-12）。分析结果表明，H5中，新产品研发的物联网应用对创意能力的关系中，概念发展阶段对工艺创意、产品发展阶段对营销活动创意、产品商业化阶段对产品创意及工艺创意的关系未获得支持。在H6创意能力对新产品绩效关系中，营销活动创意对财务绩效以及工艺创意能力对市场绩效之间的关系未获得支持。

表 5-12　详细路径分析结果

研究假设	影响路径	标准化路径系数	T 值	实证结果
H5	概念开发阶段→产品创意	0.293	2.112*	部分支持
	概念开发阶段→营销活动创意	0.500	4.128***	
	概念开发阶段→工艺创意	0.115	1.177	
	产品开发阶段→产品创意	0.321	2.170*	
	产品开发阶段→营销活动创意	-0.053	0.347	
	产品开发阶段→工艺创意	0.510	4.148***	
	产品商业化阶段→产品创意	0.177	1.487	
	产品商业化阶段→营销活动创意	0.280	2.042*	
	产品商业化阶段→工艺创意	0.175	1.489	
H6	产品创意→市场绩效	0.432	2.702**	
	产品创意→财务绩效	0.419	4.040***	
	营销活动创意→市场绩效	0.011	0.079	
	营销活动创意→财务绩效	0.294	2.755**	
	工艺创意→市场绩效	0.321	2.455*	
	工艺创意→财务绩效	0.154	1.031	

注：*、**、***分别表示 10%、5%、1%的显著性水平。

1. 新产品研发的物联网应用对创意能力的影响

新产品研发的物联网应用对创意能力的各个构面的路径分析结果表明，新产品研发的物联网应用在概念阶段对产品创意及营销活动创意具有显著正向影响，而对工艺创意无显著正向影响，代表企业应强化物联网应用在概念阶段的能力，以提供更多信息以促进产生具有价值性、独特且新奇的产品创意及营销活动创意。对于工艺创意，在产品开发阶段使用物联网技术，能对制造过程中每一个应用活动进行监视，以促使产生可以优化工艺过程的工艺创意（如引进新技术或新系统），因此认为工艺创意在此阶段较无显著的正向影响。

新产品研发的物联网应用在概念开发阶段对产品创意及工艺创意具有显著的正向影响，而对营销活动创意无显著的正向影响，代表企业应加强物联网应用于产品开发阶段的能力，提供更多的相关信息以提升产品创意以及工艺创意，对于在此阶段营销活动创意的产生，由于此阶段为产品制造生产过程，通过物联网技术能获取原材料的信息，可以帮助制定零部件的品质规格，而选择合适的零件供应商，由于收集的信息多为制造生产过程的相关信息，因此相对于营销活动（如定价、配销与促销等）所需的相关信息（如产品、环境及客户的实际使用行为数据）较无关联，因此在产品开发阶段不容易产生对营销活动具有价值和新奇的创意想法。但新产品研发的物联网应用在产品的商业化阶段对营销活动创意具有显著正向影响，而对产品创意及工艺创意无显著的正向影响，表明企业应该将物联网应用于产品商业化阶段的能力，通过获取更详细的分析信息以促使产生具有新奇性的促销活动创意，对于此阶段产品创意以及工艺创意的产生，根据有关文献的分析，物联网技术可以收集包括产品、环境及客户的实际使用行为数据，能更精确地细分市场，而对工艺创意所需的相关信息（如机器设备上机/停机时间、故障率等）的提供就无法于此阶段提供获得资助。

2. 创意能力对新产品绩效的影响

创意能力对新产品绩效的影响效果分析。产品创意对财务绩效及市场绩效具有显著正向影响，而营销活动对市场绩效具有显著正向影响；工艺创意对财务绩效具有显著正向影响。研究结果表明，企业若能具备相当程度的创意能力，能够有效提升企业对新产品或计划的竞争优势及获利率。

第五节　本章小结

本章探讨新产品研发的物联网应用与新产品绩效之间是否会通过创意能力的中介作用而产生影响。研究对象为山东省以销售额排名的前 500 家高科技企业，共回收样本 106 份。研究结论如下：

（1）新产品研发的物联网应用对新产品绩效无显著的直接影响。新产品研发的物联网应用对新产品绩效的影响为 $\beta=-0.022$（$t=0.143$，$p>0.05$），因此并无显著直接影响。其中原因在于：使用物联网技术于新产品研发阶段时，其最重要的是数据的收集与分析，需要投入相当大量的资金进行物联网设置与后续设备维护等（如聘请优秀的数据工程师、数据科学家等），因此一家公司使用物联网相关技术，开始时其投资成本是相当高的，短期内对企业的绩效并无显著影响，甚至可能产生负向效应。

（2）新产品研发的物联网应用对创意能力有显著的直接正向影响。物联网应用于新产品研发的不同阶段时，能够提供更多产品的相关信息于新产品设计、营销策略制定及工艺中，而且能在研发流程中提升创意能力，开发制定出更具附加值的产品、营销策略及优化工艺的方法。本书证实物联网应用于概念开发阶段，对新产品及营销绩效具有正向影响，而物联网应用于产品商业化阶段对营销创意有正向影响，其分析结果如同 Taylor 等（2018）与 Bilgeri 等（2019）所述，通过物联网应用于新产品研发的概念与商业化阶段中，能将产品、环境及客户的使用行为数据，通过更精准的分析评估，提升相关人员在新产品设计及营销策略制定时的创意能力，进而开发出更具价值、新奇性的新产品及营销活动策略，以满足客户需求。同时，本书证实物联网应用于产品开发阶段时，对产品及工艺创意能力均具有正向影响，其分析结果如同 Sjodin 等（2018）所述，将物联网应用于新产品的开发阶段中，能对制造过程中的每一个运营活动进行监视（如机器设备上机或停机时间、故障率等）并即时对其收集的信息进行分析，可以提升管理者优化制造过程的创意，以改善工艺过程，进而降低生产成本，因此，新产品研发的物联网应用对创意能力具有显著的正向影响。

（3）创意能力对新产品绩效具有显著的正向影响。本书认为企业因能提升在产品、营销互动及工艺方面的创意能力，能提升市占率、上市速度及投资报酬率等，也就是说对企业的新产品绩效产生正面影响。本书证实产品创意对财务绩效及市场绩效均具有正向影响。有文献认为通过获取更多市场相关信息，如客户端意见、竞争对手分析、市场趋势等，增加更具附加价值且新奇的创意应用于新产品设计上，进而提升新产品绩效。本书证实营销活动创意对市场绩效具有正向影响，这是因为通过收集相关信息，能在促销、定价、配销和服务等营销活动上拥有比竞争对手更新奇的想法，进而提升企业市场占有率、销售增长率。本书证实工艺创意对财务绩效具有正向影响，如同以往研究所述，通过企业活动（如内外部研发、原型设计等），获取重新配置在制造、供应链和行政流程上的新见解，使企业能拥有更好的工业创意价值，以引进新技术或新流程，进而降低成本，提升财务绩效。综上所述，创意能力对新产品绩效具有正向影响。

因素篇

第六章　企业参与工业互联网平台的影响因素

第一节　工业互联网平台

一、工业互联网平台的内涵

工业互联网平台是面向制造业数字化、网络化、智能化需求，构建基于海量数据采集、汇聚分析的服务体系，支撑制造资源泛在连接、弹性供给、高效配置的工业云平台，包括边缘、平台（工业 PaaS）、应用三大核心层级。可以认为，工业互联网平台是工业云平台的延伸发展，其本质是在传统云平台的基础上叠加互联网、大数据人工智能等新兴技术，构建更精准实时高效的数据采集体系，建设包括存储、集成访问分析管理功能的平台，实现工业技术、经验、知识模型化、软件化、复用化，以工业 App 的形式为制造企业提供各类创新应用，最终形成资源富集、多方参与、合作共赢、协同演进的制造业生态。

二、工业互联网平台的构成

工业互联网包括三层架构：边缘层、核心层和应用层。

第一层是边缘层，通过大范围、深层次的数据采集，以及异构数据的协议转换与分析处理，构建工业互联网平台的数据基础。一是通过各类通信手段接入不同设备、系统和产品，采集海量数据；二是依托协议转换技术实现多源异构数据的归一化和边缘集成；三是利用边缘设备实现底层数据的汇聚处理，并实现数据向云端平台的集成。

第二层是核心层，基于通用 PasS 叠加大数据处理、工业数据分析、工业微服务等创新功能，构建可扩展的开放式云操作系统。一是提供数据管理能力，将数据科学与工业机理相结合，帮助制造企业构建工业数据分析能力，实现数据价值挖掘；二是把技术、知识、经验等资源固化为可移植、可复用的工业微服务组件库，供开发者调用；三是构建应用开发环境，借助微服务组件和工业应用开发工具，帮助用户快速构建定制化的工业 App。

第三层是应用层，推出满足不同行业、不同场景的工业 SaaS 和工业 App，形成工业互联网平台的最终价值。一是提供了设计、生产、管理、服务等一系列创新性业务应用。二是构建了良好的工业 App 创新环境，使开发者基于平台数据及微服务功能实现应用创新。

此外，工业互联网平台还包括 IaaS 基础设施，以及涵盖整个工业系统的安全管理体系，这些构成了工业互联网平台的基础支撑和重要保障。

泛在连接、云化服务、知识积累、应用创新是辨识工业互联网平台的四大特征。泛在连接，是指对设备、软件、人员等各类生产要素数据的全面采集能力。云化服务，是指实现基于云计算架构的海量数据存储、管理和计算。知识积累，能够提供基于工业知识机理的数据分析能力，并实现知识的固化、积累和复用。应用创新，是指能够调用平台功能和资源，提供开放的工业 App 开发环境，实现工业 App 创新应用。

总之，工业互联网平台是新型制造业系统的数字化神经中枢，成为企业智能转型的重要抓手。除了可以帮助企业实现智能化生产和管理、创造新的生产方式和商业模式，未来工业互联网平台还可能催生新的产业体系。

第二节　研究设计

为了深入研究影响企业参与工业 PaaS 平台的关键因素，本书采用个案研究法，进行深入访谈，了解企业在面临工业 PaaS 平台环境时，愿意进行价值共创的主要影响因素。为了全方位深入系统考察这些影响因素，本书采用 TOE（Technology-Organization-Environment）的分析框架，探讨企业参与工业 PaaS 平台的原因。同时，为使研究结论更具稳健性，本书将以扎根理论进行资料（访谈资料和二手资料）分析，通过系统化的程序和编码技术，进行访谈及资料的概念化、范畴化，并加以汇整分析。

一、个案公司介绍

（一）个案公司背景——Y 公司

在全球工业 PaaS 平台的提供商中，个案公司 Y 为全球工业电脑排名第一，在 2018 年全球市场占有率达 34%，在 2019 年全球 500 大工业互联网公司中排名第 9（2020 年数据），是全球唯一以工业电脑为基础发展工业 PaaS 平台的公司。Y 公司的工业 PaaS 平台自 2014 年推出以来，不断进化迭代以适应市场需求，目前采用的是基于当今容器化资源协作管理的主流技术标准 K8s 开发，目的在于能横跨私有云到公有云多重应用场景，提供一致性操作体验。单纯从其开发环境来看，Y 公司的工业 PaaS 与各平台的服务内容差异不大，包括数据整合、工业 App 的可整合及可视化、资产设备管理、人工智能框架等多元应用框架服务的提供，更能加速助力工业 App 的开发与运营。

Y 公司相较于其他工业互联网云平台的最大亮点在于，提供边缘到云端的快速连接机制，从边缘端设备到各式云服务，彼此间拥有由 Y 公司自行开发赋予的整合性，故能营造开箱即用的使用者体验，而 Y 公司也期望与伙伴共创多元的工业 App，以满足一般开发需求，使产业专注的系统整合商仅需少量客制化、不必撰写大量程序码，就能快速建构客户所需方案。Y 公司的云市场提供工业 APP 订阅、部署、上架与客制化，使用者可以快速布局 AIoT 行业解决方案，涵盖智能工厂、能源与环境、智慧建筑、智慧园区、智慧医疗、智慧零售等多个垂直领域。

为加速多元产业互联网解决方案，Y 公司宣传平台互联互通，通过共创模式，携手伙伴进行基于工业 PaaS 平台的云服务开发，整合无线感测器、边缘运算、资料串流、资料视觉化、AI、资料建模、信息安全等新技术模组；快速实现资料获取、分析与应用，加速产业应用落地，进化为新形态的工业互联网云市集，创造符合产业的解决方案，形成工业 PaaS 平台及客户间的互联网生态系统，共同繁荣 AIOT 产业生态圈。

（二）个案公司背景——A 公司

A 公司成立于 2013 年，提供自行研发的分布式控制系统、仓储管理系统、制成品检验系统，协助企业即时收集物料信息、品质信息等，并回馈到企业资源规划（ERP）信息管理系统，加速串起企业的信息流，并协助企业建置生产知识库。A 公司擅长于互联网的信息通信整合技术，其所建置的系统可以将现场的生产信息通过人机界面，将机台的生产信息即时并正确地反应，并通过生产广告牌传达到管理零时差。Y 公司投资共创的理由，是期望通过投资与 A 公司建立战略合作关系，由 A 公司担任金属加工相关产业的智能制造行动解决方案整合商，协助 Y 公司的工业 PaaS 平台、工业 App 及解决方案包导入实际应用场景，并结合 A 公司于金属加工厂的相关行业的领域知识，共同开发产业内可复制的智慧制造解决方案，双方认同以共创模式加速互联网落地。

（三）个案公司背景——B 公司

B 公司成立于 2016 年，是一家工业自动化软件开发公司，其擅长于整合并模组化各种不同的自动化功能，即便用户没有任何程序码编程经验，也能轻易上手开发自动化，通过各种应用案例来颠覆以往的自动化软件开发模式，也因此为客户提供耳目一新的新视角。该公司提供高效能及可靠性的自动化产品和解决方案，包括自动化软件、工业电脑、机械手臂、工业镜头、工业光源、工业相机等解决方案。Y 公司投资共创的理由，是因为 B 公司主要核心业务是自动化整合工具软件及人工智能光学检测影像辨识相关解决方案，其团队具备自动化、AI 及案场系统整合经验，可成为 Y 公司在 AOI 领域的强力合作伙伴。后续将整合 Y 公司 AI 相关硬件平台及 B 公司 AOI 瑕疵检测相关软件形成解决方案，通过 Y 公司大中华区及亚洲地区业务团队进行共创推广。

（四）个案公司背景——C 公司

C 公司成立于 2018 年，拥有丰富的机械加工背景，同时兼具信息技术（IT）、操作技术（OT）、通信科技（CT）等能力的工业互联网系统整合商。协助制造业者由最基础的地方入手，以架构最适合的系统，提高生产效益、生产弹性及减少生产成本。其产品服务包含智能工厂的解决方案，以使用者需求为出发点，应用 IoT、大数据、地端及云端平台等科技技术，通过连接场内各厂商的传统设备与 CNC 机台，即时收集设备运作数据，以此进行设备及人员效率分析等，并通过移动装置远端监控、管理工厂，达到即时管理，有效降低停机时间及优化工作流程，促使企业迅速转型为数字化、智能化工厂。Y 公司投资共创的理由，是因为与机床设备企业 C 公司有强力产业对接能量成为 DFSI，能结合机床大企业在金属加工业的专业技术与知识，专注于金属加工领域的智慧工厂解决方案。

（五）个案公司背景——D 公司

D 公司成立于 2020 年，主要业务范围包含协助中小企业工业互联网的云端平台、数据资料库程序开发、实体设备联网方案，通过数据可视化、即时资料分析、协助企业转型升级智慧工厂解决方案，如空气品质管理、温湿度管理平台、水质分析管理、工业仪表数据可视化分析、EMS 能源用量分析管理等。Y 公司投资共创的理由，是因为 D 公司的技术来源于成立于 1973 年的一家国际级应用研发机构，其专家领域与水处理有关，涵盖城市污水处理工程、工业废水处理、污水下水道工程、都市排水工程等。双方希望共创模式技术合作取得项目，以互联网、大数据、人工智能、机器学习等技术，使自动化控制的程度与水处理及管理过程中的有关问题有机会得到有效解决。其业务涵盖工程规划、设备、监造、施工及进行水处理的即时控制与操作，以及后续的运转维护服务。Y 公司投资共创，是因为 D 公司能成为水行业的 DFSI，承接大型项目。

二、问卷设计及样本特征

（一）问卷发放及访谈对象

经过本书访谈整理所建立的初步模型，发放问卷进行模型检验，预计发放约 400 份，对象包含公司高层主管级信息部门主管，包含 Y 公司的客户、合作伙伴、系统整合商以及有合作意愿的企业组织与用户（见表 6-1）。资料收集包含两步：第一步为项目发展与问卷设计，为了发展工业 PaaS 平台共创意愿的因素研究问卷，通过先前的文献资料探讨及个案访谈分析得到概念化问项，再依据变量问项发放问卷。第二步为资料收集，在发展出变量问项后，对变量问项进行前测、修正，再对企业组织的相关人员，进行问卷发放与资料收集。

表 6-1　访谈对象列表

公司	代号	访谈对象	职务内容
Y 公司	Y1	副总经理	执行公司重大业务执行与决策
	Y2	销售经理	产品营销规划与推广、数字内容产出
	Y3	产品经理	新产品开发、产品生命周期管理
	Y4	市场开发经理	布局与开发新市场、推广方案
	Y5	投资经理	分析、建议、执行、管理策略投资伙伴
A 公司	A1	总经理	公司经营管理、业务开拓与发展
	A2	副总经理	业务管理、市场开发与布局开发
	A3	工程师	开发工业自动化与信息化解决方案
	A4	业务专员	客户开发与管理、项目评估与报价
	A5	顾问	产品规划、制定产品路线图

续表

公司	代号	访谈对象	职务内容
B 公司	B1	总经理	公司经营管理、业务开拓与领域发展
	B2	销售经理	制定销售计划、管理产品上市相关事项
	B3	软件工程师	撰写程序，针对各种类型的需求设计软件
	B4	系统工程师	撰写程序，针对系统开发需求设计软件
	B5	业务专员	客户开发管理、项目评估与报价
C 公司	C1	总经理	公司经营管理、业务开拓与领域发展
	C2	业务经理	客户开发与管理、项目评估与报价
	C3	系统工程师	撰写程序，针对系统开发需求设计软件
	C4	影响企划专员	执行营销计划、管理产品上市相关事项
	C5	行政专员	处理公司内外行政事务
D 公司	D1	副总经理	业务管理、领域市场开发与项目发展
	D2	市场开发经理	市场与项目开发、项目导入
	D3	董事	投资建议、项目管理
	D4	业务	业务报价、管理与服务
	D5	工程师	撰写程序，针对系统开发需求设计软件

（二）问卷样本特征

本书共收集 316 分有效样本，样本背景特性统计分析如表 6-2 所示。

表 6-2　样本特征

样本背景特性	类别	样本数	占比（%）
贵公司类型（主业）	设备制造商	53	16.77
	系统整合商	117	37.03
	云端服务商	8	2.53
	终端用户	7	2.22
	企业用户	66	20.89
	其他	65	20.57
贵公司的产业类别	金属加工与智慧机械	61	19.43
	智慧工厂	75	23.89
	智慧建筑	30	9.55
	电子制造	18	5.73
	能源与环保	18	5.73
	其他	112	35.67

续表

样本背景特性	类别	样本数	占比（%）
贵公司的人员总数	1~9 人	39	12.42
	10~19 人	44	14.01
	20~49 人	57	18.15
	50~99 人	23	7.32
	100~199 人	30	9.55
	200~299 人	20	6.37
	300~599 人	18	5.73
	600~1999 人	33	10.51
	2000 人以上	50	15.92
贵公司信息科技部门的员工人数	1~5 人	194	62.58
	6~10 人	25	8.06
	11~15 人	21	6.77
	16~20 人	12	3.87
	21 人以上	58	18.71
贵公司经营年龄	1~5 年	29	9.29
	6~10 年	21	6.73
	11~15 年	26	8.33
	16~20 年	38	12.18
	21~25 年	38	12.18
	26~30 年	24	7.69
	31~40 年	47	15.06
	41~50 年	33	10.58
	51~60 年	11	3.53
	60 年以上	45	14.42
贵公司的年营业额	3000 万元以下	40	12.74
	3000 万元至 1.5 亿元	82	26.11
	1.5 亿~3 亿元	31	9.87
	3 亿~10 亿元	47	14.97
	10 亿~20 亿元	35	11.15
	20 亿~50 亿元	18	5.73
	50 亿~100 亿元	10	3.18
	100 亿元以上	51	16.24

续表

样本背景特性	类别	样本数	占比（%）
您在贵公司的工作年限	1年以下	25	8.06
	1~3年	37	11.94
	4~6年	38	12.26
	7~9年	48	15.48
	10~12年	31	10.00
	13~15年	34	10.97
	16~20年	32	10.32
	21~25年	29	9.35
	26~30年	12	3.87
	30年以上	24	7.74

由此可知，样本数的公司大多数是系统整合厂商、企业用户或其他类别，产业大多在智能工厂、能源与环保，公司规模与大小分布均匀。另外，大多数企业的信息部门规模较小，也有可能影响企业了解信息科技的能力。

第三节　访谈结果与分析

一、Y公司访谈结果

企业共创的起因是预见未来美好的前景，投资相关产业中的企业，强调互补性与资源整合能力，一起合作迈向成功。成功的定义，可以分为短、中、长期，建议分别定义目标与关键结果，定期开会检讨与实时调整行动计划。以下为Y公司5位受访者访谈内容重点摘录。

Y1：共创可以增加人的连接与黏性，资源共享，是企业成长的关键。强调资源整合的能力。策略高度校准，渠道化管理，强化发展基石。

Y2：赋能核心产品，与伙伴共享资源并共同营销，发掘新市场。与共创公司分享资源进行共同营销后，分析结果与持续优化。

Y3：强调产品互补性，共同开发拓展新行业。连接互联网产业应用，与伙伴建立共赢合作关系。

Y4：自家产品与伙伴产品，有足够的领域知识，以标准品多样化发展。与伙伴共创软硬件方案包，在产业应用上拓展。

Y5：策略投资相关产业，目标为获取资本收益。

二、A 公司访谈结果

企业共创的原因为故事性的连接，在市场上有话题性，取得更多的关注度，成为 Y 公司在金属加工相关产业开展智能制造解决方案的整合商，承接互联网或自动化项目。将开发的 App 上架到工业 PaaS 平台，获取更多的销售线索与商机；通过 Y 公司的业务渠道，以分享利润的方式推广方案包，促进双方业绩成长。以下为 A 公司 5 位受访者访谈内容重点摘录。

A1：建议母公司投资共创的理由，希望在市场上有故事性的话题可以发酵。

A2：通过分享利润机制，鼓励 A 公司业务帮忙销售解决方案，创造业绩与收入。

A3：将双方技术整合，避免重复开发的人力资源浪费与耗时，让产品快速导入市场。

A4：通过 Y 公司的既有业务帮忙推广，有原厂加持更容易商务成交。

A5：了解双方核心能力，互补性资源，规划共创性产品方案。

三、B 公司访谈结果

企业共创的起因是新创公司需要资金及海外市场。虽已具备自行业务拓展与结案能力，但目前业务能量主要位于我国台湾，欲快速成长需和 Y 公司海外业务体系进行紧密合作拓展。目前业务活动以终端客户项目为主，需尽快转型以设备商与系统整合商为主要目标客户扩大业务。以下为 B 公司 5 位受访者访谈内容重点摘录。

B1：有好的产品和技术，仍需要通过健全的业务体系，才能扩大规模。

B2：有专业的数字影响与媒体操作，省心、省力，如虎添翼。

B3：工业 PaaS 平台有强有力的技术支持，软件开发更便捷。

B4：客制化的硬件与技术支持，系统开发有效率。

B5：共同举办产业或解决方案研讨会，引流新客户，产生商业协同效应。

四、C 公司访谈结果

企业共创的起因为强强联盟，各自在专业领域领先。共创公司专注于金属加工领域的智慧工厂解决方案；除了服务既有客户外，亦积极开发新客户，帮助客户达成智慧制造。C公司目前在智能工厂的项目上，边缘端方案推动顺利，云方案亦开始启动推广，已逐渐产生销售收入。现阶段业绩以国内为主，希望以后可陆续通过双方的业务推广到海外地区。以下为C公司5位受访者访谈内容重点摘录。

C1：强强联盟的共创公司，拥有两家母公司很好的资源，是长久的策略合作伙伴。

C2：双方的合作与默契，共同服务好客户，客户有高满意度。

C3：技术研发与技术对接讨论，通过沟通，有更好的选择。

C4：专业团队合作，创造高质量的数字营销。

C5：如同一家公司，感受到强力支持，沟通顺畅，精确且有效率。

五、D公司访谈结果

企业共创的原因是技术合作，并以Y公司在工程控制领域的名气，进行共创，承接大型项目的开发，成为行业的专业系统整合商，提供水务的互联网解决方案。以下为D公司5位受访者访谈内容重点摘录。

D1：聚焦应用需求，创新技术合作，有效资源整合。

D2：有利于承接大型标案与专案，一起协同合作。

D3：投资新技术，看好市场的潜在盈利机会。

D4：与重要伙伴合作落实项目，得到较好的资源与支持。

D5：减少重复投资，缩短技术学习曲线，加速开发。

上述访谈结果整理汇总成表6-3。受访者最常提及的8个因素分别是：相对优势、厂商能力、高级主管支持、转型需求、合作伙伴、政府政策、合作愿景、资源共享。其中尤以高级主管支持、合作伙伴与资源共享最为重要。由此可知，当前业界的主管认为，若能获得企业内部主管人员的支持，平台供应商符合建立合作关系的条件，或是平台能提供互补资源的共享以弥补其所短，是决定企业是否在工业PaaS平台上进行共创的最关键影响因素。

表6-3 访谈资料分析结果

原因	说明	受访者
相对优势	比较利益，双方获利	Y1、Y3、A2、B1、C1、D1
厂商能力	制造、供应或承接能力	Y3、A3、A5、B1、C1、C3、D5

续表

原因	说明	受访者
高级主管支持	高级主管的支持	Y1、Y5、A1、A5、B1、B2、C1、C3、C4、D4、D5
转型需求	发展组织再造与机会	Y1、Y5、A2、A5、B1、C1、C2、D3
合作伙伴	符合合作条件的关系	Y1、Y4、A1、A4、B1、B2、C1、C2、D1、D2
政府政策	政府的鼓励与支持	Y4、A4、B5、C4、D3、D5
合作愿景	合作达成共同愿景目标	Y1、A1、B1、C1、C2、D1、D2
资源共享	资源的互相分享	Y1、Y2、Y3、A1、B1、B2、B4、C1、C4、D1、D5

第四节　实证研究与分析

一、变量选取和研究假说

通过文献回顾，整理科技（T）、组织（O）、环境（E）、合作（C）四个层面的变量。

（一）科技层面

1. 相对优势

Rogers（2003）定义相对优势是使用新的创新科技相较于既有科技会带来更大的优势。本书以此为基础定义相对优势为：公司认为在工业 PaaS 平台共创后，相对于未共创时所能得到的利益，由于共创活动及其结果很难通过竞争模仿，因此这种营销策略可能会给公司带来相对优势，带来更大的组织利益，提供商业机会、更好的客户服务，以及提高组织声誉。因此，本书提出如下研究假设：

H7：工业 PaaS 平台所带来的相对优势越高，则企业在该平台的共创意愿越高。

2. 厂商能力

Svendsen 等（2011）认为厂商能力最重要的策略是厂商的营销策略。本书定义的厂商能力为：工业 PaaS 平台和产品厂商所能带来的客户与市场，以及通过共创带来的影响，如产品与服务创新能力、市场营销能力、市场感知能力等。从平台运营管理的角度来看，集中各项功能以及提供优化的服务是获得市场价值最有效率的途径之一。因此，本书提出如下假设：

H8：提供工业 PaaS 平台的厂商能力越好，则企业在该平台共创的意愿越高。

（二）组织层面

1. 高级主管支持

Premkumar 和 Roberts（1999）定义高级主管支持为：企业决策者支持在 PaaS 平台上进行共创，并且提供组织资源，以达成目的。Ahuja 等（2016）认为在小型企业中，高级主管通常为企业拥有者，亦为重要的决策者。因此，本书提出如下假设：

H9：高级主管支持度越高，则企业在该平台共创的意愿越高。

2. 转型需求

Soliman 和 Janz（2004）提出转型需求的概念：当产业其他竞争者进行共创时，企业会感受到竞争压力，并产生转型需求，以应付外部环境的变化，有利于提升企业的竞争力。Rădulescu 等（2020）认为，利害关系人对共创计划的实施会对个别企业造成压力，从而促使共创策略的推动。为此，本书提出如下假设：

H10：企业面临的转型需求越大，则企业在该平台的共创意愿越高。

（三）环境层面

1. 合作伙伴

Ryu 等（2009）认为，合作伙伴是通过企业间合作与拉近企业之间的关系，创造企业竞争优势并提高客户的满意度。本书定义合作伙伴为：企业愿意与工业 PaaS 平台厂商合作，达到企业预定目标。而企业对客户利益的认知受到许多因素影响，如公司先前使用的协作工具以及合作伙伴之间的信任等（Jouny-Rivier & Ngobo，2016）。因此，本书提出假设：

H11：合作伙伴对工业 PaaS 平台的认同程度越高，则企业在该平台共创的意愿越高。

2. 政府政策

本书定义政府政策为：政府制定的支持和鼓励使用工业 PaaS 平台的政策，包含提供补助、投资抵减方案及人才培育补助计划。一般而言，政府政策越倾向于鼓励采用创新科技，则企业较容易配合政府政策（Lei et al.，2017），进而在工业 PaaS 平台上进行共创。故本书提出如下假设：

H12：政府政策的鼓励越完善，则企业在工业 PaaS 平台共创的意愿越高。

（四）合作层面

1. 合作愿景

本书定义合作愿景为：企业与工业 PaaS 平台厂商有合作意向并且拥有共同

愿景。合作公司之间的一致性须通过策略愿景和创新目标来实施（Roser et al.，2013），而知识共享和工艺创新也能协助合作共愿的创建（Lee et al.，2018）。为此，本书提出以下假设：

H13：企业在工业 PaaS 平台厂商的合作愿景程度越高，则企业在该平台共创的意愿越高。

2. 资源共享

Rabiu（2012）认为资源共享为公司间的资源共享，包含工艺、信息、人力、基础设施及技术能力。这种关系会涉及资源以及风险的安排与共享，以便公司在瞬息万变的商业环境中寻求目标时，还能够承受不确定性与不利改变（Agundu & Olotu，2011）。本书将资源共享定义为：企业愿意与工业 PaaS 平台厂商进行资源共享。资源共享提供了合作公司的经营相关的信息，使企业能够最小化它们的缺点带来的影响（Ateke & Kalu，2016）。为此，本书提出以下假设：

H14：工业 PaaS 平台所提供的共享资源越多，则企业在该平台共创的意愿越高。

综上所述，本书的研究假设可以归纳如表 6-4 所示。

表 6-4　研究假说汇总

维度	研究假说	在工业 PaaS 平台上的共创意愿
科技层面	H7：相对优势	+
	H8：厂商能力	+
组织层面	H9：高级主管支持	+
	H10：转型需求	+
环境层面	H11：合作伙伴	+
	H12：政府政策	+
合作层面	H13：合作愿景	+
	H14：资源共享	+

二、描述性统计

本书收集了 316 份有效问卷，包括 81 份纸质问卷和 235 份网络问卷。纸质问卷来自某工业协会召开会员大会时，现场发放给出席嘉宾邀请他们填写。总问卷数 250 份，回收 128 份，回收率为 51.2%，删除无效样本 47 份，实际有效纸本问卷 81 份，因此有效纸本回收率为 40.5%。网络问卷则来自中小企业高管、公司客户、合作伙伴及系统整合商，实际发放259份，删除无效样本24份，实际有效网络问卷235份，因此，有效网络样本回收率为90.7%。样本的描述性统计如表6-5所示。

表6-5 样本公司信息系统现状情况统计分析

变量	类别	样本数	占比（%）
贵公司有多少信息系统对外与其他机构相连	0	55	17.57
	1~3个	165	52.72
	4~6个	40	12.78
	7~9个	4	1.28
	10个以上	49	15.65
贵公司使用工业PaaS平台是什么时候	无	151	48.09
	1个月以内	24	7.64
	1~3个月	5	1.59
	3~6个月	7	2.23
	6~9个月	18	5.73
	9个月以上	109	34.71
贵公司是否接触过Y公司的PaaS平台	有	143	45.69
	无	170	54.31
贵公司是否使用过Y公司的PaaS平台	有	178	56.69
	无	136	43.31
贵公司是否有自行建构工业PaaS平台的经验	有	174	55.59
	无	139	44.41
贵公司是否有使用过工业PaaS平台的经验	有	159	50.32
	无	157	49.68
贵公司是否满意工业PaaS平台的基础设施建设	非常不满意	9	2.91
	相当不满意	24	7.77
	满意	191	61.81
	相当满意	48	15.53
	非常满意	37	11.97

由表6-5可知，样本公司大多有对外连线的信息系统，且大多数对自己现有的信息科技基础设施感到满意。因此，要改变现状很困难。此外，有过半数的受访企业接触过Y公司的工业PaaS平台，且近半年使用过该平台。由此可知，本

书的结果能够较好地反映各企业对 Y 公司的工业 PaaS 平台的意见，以及能较好地呈现企业在进行工业 PaaS 平台进行共创的影响因素。有关变量的描述性统计见表 6-6。

表 6-6　变量的描述性统计

变量	题项	均值	标准差
相对优势	1. 以该平台进行共创，可以增加本公司的商业机会	4. 025	0. 862
	2. 以该平台进行共创，有助于提供更好的客户服务	4. 079	0. 853
	3. 以该平台进行共创，有助于提升组织竞争力	4. 085	0. 829
	4. 以该平台进行共创，有助于增加客户价值	4. 117	0. 806
	5. 以该平台进行共创，可以提高本公司声誉	4. 142	0. 856
	6. 该平台能为企业带来丰厚的利润	3. 953	0. 866
厂商能力	1. Y 公司在工业互联网产业中有品牌声望	4. 367	0. 800
	2. Y 公司有稳健的财务表现	4. 307	0. 795
	3. Y 公司有专业的技术能力	4. 307	0. 846
	4. Y 公司有良好的售后服务	4. 215	0. 886
	5. Y 公司提供客制化及顾问服务	4. 206	0. 854
高级主管支持	1. 本公司高级主管对该平台共创给予支持协助	3. 940	0. 922
	2. 本公司高级主管对该平台共创很重视	3. 905	0. 924
	3. 本公司主管会通过分配资源与该平台进行共创	3. 848	0. 885
	4. 本公司高级主管鼓励内部员工与该平台共创	3. 867	0. 920
	5. 本公司高级主管考虑与 Y 公司共创，融入公司愿景	3. 835	0. 975
转型需求	1. 因应市场的不确定，本公司有转型需求	3. 867	0. 950
	2. 转型带来的收益，促使本公司产生转型需求	3. 927	0. 932
	3. 对于平台互操作性和互联性的高度重视，本公司有转型需求	3. 880	0. 932
	4. 创新与变革的企业文化，使公司有转型需求	3. 769	0. 943
	5. 产业有使用该平台共创的发展趋势	3. 880	0. 932
	6. 以该平台共创的应用越来越普及	3. 965	0. 885
合作伙伴	1. 本公司愿意将内部重要信息与 Y 公司共享	3. 434	1. 162
	2. 本公司与 Y 公司彼此间相互信任	3. 718	1. 042
	3. 本公司与 Y 公司有共同的目标	3. 715	1. 058
	4. Y 公司的互补性资源对本公司很重要	3. 867	1. 052
	5. 本公司与 Y 公司合作关系紧密，沟通畅通	3. 741	1. 076

续表

变量	题项	均值	标准差
政府政策	1. 政府的补助政策，有助于本公司平台共创	4.152	1.028
	2. 政府的优惠贷款等措施，有助于本公司平台共创	4.168	1.051
	3. 政府人才培训补助计划，有助于本公司平台共创	4.187	1.027
	4. 政府政策支持与推广，有助于本公司平台共创	4.218	1.020
	5. 配合政府政策，有助于本公司平台共创	4.199	1.024
合作愿景	1. 本公司与Y公司有基于该平台共同的共创目标	3.544	1.152
	2. 本公司与Y公司在该平台的共创策略达成共识	3.589	1.144
	3. 本公司与Y公司共同承诺投入该平台共创策略	3.535	1.150
	4. 本公司与Y公司将合作和各自发挥所长的安排	3.604	1.135
	5. 本公司与Y公司的员工对共创使命充满热情	3.589	1.105
	6. 本公司计划参与Y公司该平台的共创	3.623	1.130
	7. 本公司预期深入参与Y公司该平台的共创	3.601	1.121
	8. 本公司将投入大量时间资源参与Y公司平台共创	3.478	1.097
资源共享	1. 本公司愿意与Y公司一起共同营销	3.823	1.193
	2. 本公司愿意与Y公司一起拓展新市场	3.940	1.138
	3. 本公司愿意与Y公司一起开发新的销售渠道	3.937	1.147
	4. 本公司认为与Y公司的协同合作可以挖掘客户	3.975	1.112
	5. 本公司愿意与Y公司共享双方各自拥有的渠道	3.674	1.143

三、变量均值及信度效度分析

（一）信度与效度分析

各变量均值、信度分析的结果见表6-7。均值分析从略。从信度分析的结果可知，由于每个维度的Cronbach's α均大于0.8，因此研究问卷有一定的信度。

表6-7 信度分析

变量	均值	标准差	题项数	变量Cronbach's α	维度Cronbach's α
相对优势	4.067	0.744	6	0.942	0.952
厂商能力	4.280	0.744	5	0.934	

续表

变量	均值	标准差	题项数	变量 Cronbach's α	维度 Cronbach's α
高级主管支持	3.879	0.850	5	0.954	0.958
转型需求	3.881	0.811	6	0.937	
合作伙伴	3.695	0.988	5	0.952	0.980
政府政策	4.185	0.974	5	0.970	
合作愿景	3.570	1.062	8	0.981	0.980
资源共享	3.870	1.093	5	0.975	

（二）验证性因子分析及其结果

为验证本书提出的理论假设，故进行验证性因子分析。在此之前，先进行KMO（Kaiser-Meyer-OlKin）和 Bartlett 球形检验以判断是否适合做因子分析，结果见表 6-8。从中可以看出，科技、组织、环境、合作四个构面的 KMO 值均大于 0.9，表明非常适合进行因子分析。此外，由于四个构面的 Bartlett 球形检验的显著性水平均小于 0.05，说明原始变量之间存在相关性。因此，就总体而言，问卷适合进行因子分析。

表 6-8　验证性因子分析检验

		科技构面	组织构面	环境构面	合作构面
KMO 检验		0.932	0.932	0.936	0.957
Bartlett 球形检验	卡方分配	3410.86***	3708.71***	4080.90***	7009.13**
	自由度	55	55	45	78
	显著性	0.000	0.000	0.000	0.000

注：*、**、*** 分别表示 10%、5%、1%显著性水平。

（三）结构效度分析

效度是指问卷能够衡量或拟合理论模型的能力，通常包括收敛效度和区别效度。以收敛效度为例，收敛效度用以判断相关题项或变量是否属于同一维度或构面。利用主成分分析法得到厂商能力和相对优势两个公共因子。对各构面进行结构效度分析（见表 6-9），所有变量的因子负荷量均大于 0.5，对其他因子的负荷量则小于主要的因子负荷量，具有良好的结构效度。

表 6-9　验证性因子分析结果

科技维度因子分析结果					
变量	问项	厂商能力	相对优势	解释方差	累计解释方差
相对优势	RA1	**0.809**	0.341	42.39	78.71
	RA2	**0.847**	0.342		
	RA3	**0.852**	0.338		
	RA4	**0.869**	0.312		
	RA5	**0.766**	0.340		
厂商能力	SC1	0.327	**0.846**	36.31	
	SC2	0.223	**0.867**		
	SC3	0.421	**0.810**		
	SC4	0.424	**0.769**		
	SC5	0.421	**0.767**		
组织维度因子分析结果					
变量	问项	厂商能力	相对优势	解释方差	累计解释方差
转型需求	EP1	**0.816**	0.308	40.35	80.25
	EP2	**0.844**	0.360		
	EP3	**0.826**	0.402		
	EP4	**0.798**	0.297		
	EP5	**0.755**	0.443		
	EP6	**0.670**	0.465		
高级主管支持	TM1	0.391	**0.809**	39.89	
	TM2	0.380	**0.867**		
	TM3	0.362	**0.867**		
	TM4	0.336	**0.843**		
	TM5	0.427	**0.796**		
环境维度因子分析结果					
变量	问项	厂商能力	相对优势	解释方差	累计解释方差
政府政策	GR1	**0.861**	0.349	45.24	87.13
	GR2	**0.904**	0.304		
	GR3	**0.893**	0.351		
	GR4	**0.885**	0.355		
	GR5	**0.871**	0.333		
合作伙伴	CP1	0.211	**0.854**	41.89	
	CP2	**0.359**	**0.874**		
	CP3	0.330	**0.881**		
	CP4	0.440	**0.791**		
	CP5	0.389	**0.848**		

续表

合作维度因子分析结果					
变量	问项	厂商能力	相对优势	解释方差	累计解释方差
合作愿景	CV1	**0.847**	0.408	50.78	89.49
	CV2	**0.871**	0.392		
	CV3	**0.870**	0.404		
	CV4	**0.835**	0.413		
	CV5	**0.839**	0.441		
	CV6	**0.811**	0.461		
	CV7	**0.833**	0.398		
	CV8	**0.830**	0.433		
资源共享	CM1	0.426	**0.860**	38.71	
	CM2	0.424	**0.882**		
	CM3	0.429	**0.875**		
	CM4	0.375	**0.875**		
	CM5	0.495	**0.760**		

四、路径回归结果及分析

（一）回归结果

利用多元回归分析，依次考察各维度变量对共创意愿的影响（见表6-10）。

表6-10　各维度对共创意愿的影响

科技维度的回归结果（被解释变量：共创意愿）						拟合优度
	系数估计值	标准误	标准化系统	T值	P值	
常数	-0.091	0.322		-0.283	0.777	0.247
相对优势	0.612	0.103	0.425	5.946	0.000	
厂商能力	0.134	0.103	0.093	1.299	0.195	
组织维度的回归结果（被解释变量：共创意愿）						拟合优度
	系数估计值	标准误	标准化系统	T值	P值	
常数	0.99	0.254		0.388	0.698	0.323
高级主管支持	0.639	0.091	0.507	7.039	0.000	
转型需求	0.101	0.095	0.077	1.064	0.288	

续表

环境维度的回归结果（被解释变量：共创意愿）						拟合优度
	系数估计值	标准误	标准化系统	T 值	P 值	
常数	0.491	0.220		2.236	0.026	0.364
合作伙伴	0.628	0.067	0.579	9.411	0.000	
政府政策	0.038	0.068	0.035	0.565	0.572	
合作维度的回归结果（被解释变量：共创意愿）						拟合优度
	系数估计值	标准误	标准化系统	T 值	P 值	
常数	0.325	0.166		1.962	0.051	0.478
合作愿景	0.503	0.069	0.499	7.319	0.000	
资源共享	0.220	0.067	0.224	3.291	0.001	

（二）假说检验

H7：工业 PaaS 平台所带来的相对优势越高，则该企业在该平台的共创意愿越高。由路径回归结果可知，相对优势对共创意愿的意愿路径系数为 0.425、T 值为 5.946，达到显著性水平（$p<0.05$），说明 H7 成立。

H8：厂商能力越高，则在工业 PaaS 平台的共创意愿越高。由路径回归结果可知，厂商能力对共创意愿的路径系数为 0.093、T 值为 1.299，未达到显著性统计水平（$p=0.195>0.05$），表示 H8 不成立。

H9：高级主管支持程度越高，则企业在该平台共创的意愿越高。由路径回归结果可知，高级主管支持对共创意愿的路径系数为 0.507、T 值为 7.039，已达到统计显著水平，说明 H9 成立。

H10：企业面临的转型需求越大，则该企业在该平台的共创意愿越高。由路径回归结果可知，转型需求对共创意愿的路径系数为 0.077、T 值为−1.064，未达到统计显著性水平，H10 不成立。

H11：合作伙伴对工业 PaaS 平台的认同度越高，则企业在该平台的共创意愿越高。由路径回归结果可知，合作伙伴对共创意愿的路径系数为 0.579、T 值为 9.411，达到统计性显著水平，说明 H11 成立。

H12：政府政策的鼓励越完善，则企业在工业 PaaS 平台共创的意愿越高。由路径回归结果可知，政府政策对共创意愿的系数为 0.035、T 值为 0.565，未达到统计显著性水平，H12 不成立。

H13：企业与工业 PaaS 平台的合作愿景越好，则企业在该平台共创的意愿也越高。由路径回归结果可知，合作愿景的回归系数为 0.499、T 值为 7.319，显然达到统计显著性水平，说明 H13 成立。

H14：工业 PaaS 平台提供的共享资源越多，则企业在该平台的共创意愿越高。由路径回归结果可知，资源共享对共创意愿的路径系数为 0.224、T 值为 3.291，已达到统计显著性水平，说明 H14 成立。

将上述回归结果，汇总整理如表 6-11 所示。

表 6-11　假说检验结果

假说	检验结果
H7：相对优势对共创意愿有正向影响	成立
H8：厂商能力对共创意愿有正向影响	不成立
H9：高级主管支持对共创意愿有正向影响	成立
H10：转型需求对共创意愿有负向影响	不成立
H11：合作伙伴对共创意愿有正向影响	成立
H12：政府政策对共创意愿有正向影响	不成立
H13：合作愿景对共创意愿有正向影响	成立
H14：资源共享对共创意愿有正向影响	成立

第五节　本章小结

本书从科技、组织、环境、合作四个维度探讨工业 PaaS 平台共创业务发展的成功因素，研究结论如下：

过去几年里，企业间的共创已从企业内容和企业与客户共同创造价值的过程，转变和深化为 B2B 服务平台，将价值创造转变为与平台生态系统中其他参与者共同创造的过程。为此，本书深入了解国内企业在工业 PaaS 平台上的共创意愿与现况，并探讨对上述共创意愿有影响的关键因素。根据这些目的，本章探讨了三个问题：第一，工业 PaaS 平台共创的因素；第二，建构企业共创影响因素模型；第三，以问卷调查验证本章提出的研究模型。

经过文献探讨，本书发现 TOE（Technology-Organization-Environment）模型是一个有效的企业参与共创行文的分析框架。此外，为了针对共创意愿进行探讨，本书加入合作维度，将 TOE 模型完善为 TOEC 模型，以探讨企业在工业

PaaS平台上共创的关键因素。研究结果表明，科技层面的相对优势、组织层面的高级主管支持、环境构面的合作伙伴以及合作构面的合作共愿与资源共享，均会对共创意愿产生显著而正向的影响。各层面的主要结论如下：

1. 科技层面

根据本书提出的研究假设H7与H8，相对优势会正向影响企业在工业PaaS平台上的共创意愿，而厂商能力则不会对此有显著影响。其可能的原因是：品牌声誉、财务表现、技术能力、售后服务、客制化等因素对共创企业的认知与认同度不一定有强烈的感受。此外，可能因为产业差异，不同产业提供的服务感受度不到满足点所致。而且，因为企业互补性带来的相对优势，不同竞争优势产业的强强联盟，能增加彼此的组织竞争力，提升对客户的服务，增加双方的商业机会。

2. 组织层面

根据本书提出的研究假设H9与H10，高级主管支持会正向影响企业在工业PaaS平台上共创意愿，而转型需求则对此不会有显著影响。其原因可能是，企业间的共创是重大投资，需要高级主管的支持才会成功，由上而下的决策比自下而上的提议力度更大且更迅速。新冠疫情期间虽然加速了企业转型意愿，然而为数众多的中小企业的数字化程度和信息能力不足，转型的需求对于有些企业而言并不那么急迫，而长期建立的客户关系，反而让彼此有更多的耐心一起面对商业的挑战。

3. 环境层面

根据本书提出的研究假设H11与H12，合作伙伴正向影响企业在工业PaaS平台上的共创意愿，而政府政策则不会有显著影响。其原因可能是，工业互联网的产业中，存在着高度碎片化的问题：一个是工业场景里面设备分散导致的数据无法共享的资料碎片化，另一个是业务流程不同的碎片化。在此背景下，企业有强烈需求寻求合作伙伴，共同创建传统系统。至于政府的奖励政策，因为资源有限，中小企业并不能雨露均沾，可能因为能力不足而导致资格不符，无法成功申请得到政府补助，导致此变量没有影响现状。

4. 合作层面

根据本书提出的研究假设H13与H14，合作愿景与资源共享均会对企业参与工业PaaS平台上的共创产生正向影响。其可能原因是，共同营销的趋势会产生市场影响力，有影响力就会有话语权，有话语权就能引领市场方向。在资源共享方面，如业务合作与产品共同营销，能实际带动公司业绩，一起开发新市场、渠道，可以协同合作挖掘客户潜在需求，获得更多的商机。

第七章　工业物联网满意度影响因素研究

第一节　引言

数字时代，客户是公司成功的关键因素，建立良好客户关系的企业其利润可增加60%以上，企业需对消费者更全面的了解，精准的顾客满意度是公司成功关键因素。回顾有关物联网开发的重要文献，多数聚焦于顾客满意度或策略选择等单一研究方向。同时考虑顾客需求与经营策略两大维度的研究却很少见，而这正是值得深入研究的地方。故本书以物联网平台顾客需求要素为导向，发掘企业经营策略选择关键因素优先顺序，进而发展物联网平台服务创新策略评价模型，以提升顾客满意度、强化企业竞争力为研究动机。

本书以顾客需求要素为基础，分析影响物联网平台策略选择的关键要素及服务创新设计。通过文献分析及官产学研专家咨询，运用Kano二维模式、模糊德尔菲法（Fuzzy Delphi Method，FDM）、熵权权重、灰关联（Grey Relational Analysis，GRA）、品质技能展开（Quality Function Deployeement）及萃取法（TRIZ）等分析方法，据以系统性创新方法建构顾客导向的物联网平台服务创新策略分析评估模型。具体而言，本章的主要目的有三点：

第一，了解国内外物联网发展趋势及市场特性，针对物联网应用的顾客需求及经营策略等重要文献，归纳分析影响物联网平台顾客需求的要素及策略选择的关键评估要素。

第二，针对物联网平台顾客需求要素进行属性归类，以及经营策略选择关键要素筛选，分析以顾客需求为基础的策略选择关键要素评估执行优先顺序，据以作为物联网平台未来经营策略制定的参考。

第三，依据物联网平台经营策略评估关键要素研发 TRIZ 服务参数，并参照 TRIZ 的 40 项创新法则，建构平台经营策略服务创新设计分析模型，以作为研发服务创新策略制定的参考，有效提升物联网平台服务品质及顾客满意度。

第二节　物联网平台顾客需求要素

随着物联网产品和服务增加，顾客随时面临私人信息泄露的风险，有学者认为物联网提供异构连接、服务创新，其安全性和隐私性是顾客满意度的关键，包括数据机密、认证、访问控制、存取信任及设备的扩展性。例如，Weinberg 等（2015）分析了物联网的便利性、隐私性及保密性对消费者相关利益及潜在风险的显著影响；Chang 等（2014）分析了连接性、互动性、远程监控、便利性、智能及安全性六个方面对物联网顾客购买意愿的影响。然而，因社会和商业模式的服务创新，物联网对个人、企业和社会均产生重大影响。Afzal 等（2019）探讨新兴物联网应用，包括各种物联网及社交物联网应用；Huang 等（2018）则针对可访问性、可靠性、互动性、易用性/实用性、回应/效率、安全/隐私六个方面，分析物联网线上顾客服务品质满意度的影响；Sayar 和 Er（2018）认为制造业通过物联网设计应用，产品、服务和即时数据可满足顾客需求，创造重大商机；Hsu 和 Lin（2016）从外部性和隐私性探讨持续使用物联网的动机，物联网服务点越多，顾客感知越有价值、越实用，而能跨平台提供互补性服务，也会增加实用价值；Asghari 等（2019）研究物联网应用服务品质（QoS），比较医疗保健、环境监测及智慧城市的物联网应用。汇集聚焦于物联网顾客满意相关重要研究，发现顾客需求要素着重在安全性、隐私性、便利性及其他应用功能。

本书以安全性、隐私性、便利性及其他应用性（如数据分析及管理、互动性等）为物联网顾客需求要素作为实证基础。根据相关文献，归纳出包括安全性（5 项准则）、隐私性（5 项准则）、便利性（6 项准则）及应用性（6 项准则）四个维度，含 22 项评估准则，其定义及相关参考文献汇整于表 7-1 和表 7-2。

表 7-1　物联网安全的维度及定义

维度	定义说明
安全性（Security）	在服务中免除危险、风险及疑虑，设备和软件之间的网络连接需要使用强大的加密机制进行加密，以避免被窃听，如入侵攻击侦测与拥塞延迟监控、顾客访问监控、控制协议、网络共享权限及平台存取信任验证
隐私性（Privacy）	指的是物联网平台网站资料安全及顾客交易信息的保障程度，交换信息时的保护程度，即消费者数据、使用功能、地点、验证及执行程序等隐私，包括信息隐私、数据管理和授权、使用信息、区位隐私以及验证与程序信息保护
便利性（Convenience）	顾客进入平台可方便快速找到需求的信息，如自动化及信息化平台资料、顾客个别需求功能与现在的系统整合、平台系统知名度与即时回应顾客询问等便利的服务，可开发不同类型产品或帮助管理者做出更合适的营销决策，能够有效管理工作并迅速做出决策
应用性（Applicability）	顾客进入物联网平台应用人工智能与人们互动，涉及跨平台异构连接、智能、扩展性、资料处理、即时显示数据分析，通过使用多个传感器延长网络的应用做出决策，包括设备连接管理、跨系统操作性及投入成本效益分析

表 7-2　物联网平台顾客需求要素汇总

分类/评估准则	定义说明	参考文献
安全性（S）		
入侵攻击侦测（S1）	入侵攻击及流量安全监控	Asghari 等（2019）；Krotov（2017）；Nguyen 和 Simkin（2017）；Restuccia 等（2018）；Talavera 等（2017）
拥塞延迟监控（S2）	防止网络拥塞、传输延迟及资料复原	Afzal 等（2019）；Keshanchi 等（2017）；Restuccia 等（2018）；Souri 等（2017）；Talavera 等（2017）
访问控制协议（S3）	网络资源拜访与资料存取协议	Afzal 等（2019）；Bello 和 Zeadally（2019）；Krotov（2017）；Restuccia 等（2018）；Talavera 等（2017）
网络共享权限（S4）	共享权限范围及应用安全性	Afzal 等（2019）；Asghari 等（2019）；Bello 和 Zeadally（2019）；Krotov（2017）；Nguyen 和 Simkin（2017）
存取信任凭证（S5）	远端资料存取加密验证与使用者信任验证	Afzal 等（2019）；Asghari 等（2019）；Bello 和 Zeadally（2019）；Restuccia 等（2018）；Talavera 等（2017）
隐私性（P）		
数据隐私（P1）	使用者信息与资料数据隐私保护	Asghari 等（2019）；Nguyen 和 Simkin（2017）
使用隐私（P2）	使用产品或服务的信息隐私保护	Krotov（2017）
区位隐私（P3）	客户端使用产品或服务时的位置隐私保护	Krotov（2017）
验证隐私（P4）	访问或存取的信息或数据验证的保护程度	Asghari 等（2019）；Krotov（2017）
程序隐私（P5）	使用系统存取或处理过程的资料隐私	Asghari 等（2019）

续表

分类/评估准则	定义说明	参考文献
	便利性（C）	
自动化（C1）	系统自行判断与提供即时服务功能	Afzal 等（2019）；Sayar 和 Er（2018）；Talavera 等（2017）；Nguyen 和 Simkin（2017）
信息化（C2）	系统提供将资料转换成最优信息	Afzal 等（2019）；Sayar 和 Er（2018）；Talavera 等（2017）
客制化（C3）	系统提供符合个别顾客需求的产品或服务	Afzal 等（2019）；Sayar 和 Er（2018）；Talavera 等（2017）
开放性（C4）	现有系统与他系统及技术相容扩展性	Afzal 等（2019）；Asghari 等（2019）；Nguyen 和 Simkin（2017）
外部性（C5）	系统或服务的创新与流行能吸引更多的用户使用	Asghari 等（2019）；Nguyen 和 Simkin（2017）；Huo 等（2018）
及时性（C6）	系统可即时回应信息并监控回应时间	Afzal 等（2019）；Krotov（2017）；Sayar 和 Er（2018）；Talavera 等（2017）
	应用性（A）	
设备管理（A1）	系统提供远端管理相关设定与设备维护	Afzal 等（2019）；Asghari 等（2019）；Saarikko 等（2017）；Talavera 等（2017）
资料处理（A2）	平台提供云端资料库储存及管理能力	Afzal 等（2019）；Asghari 等（2019）；Huo 等（2018）；Saarikko 等（2017）；Sayar 和 Er（2018）；Talavera 等（2017）；Souri 等（2017）
数据分析（A3）	系统具有事件分析与大数据分析决策支持能力	Afzal 等（2019）；Saarikko 等（2017）；Sayar 和 Er（2018）；Souri 等（2017）；Talavera 等（2017）
异构连接（A4）	具有跨平台功能可将异质系统设备连接互动	Afzal 等（2019）；Asghari 等（2019）；Nguyen 和 Simkin（2017）；Sayar 和 Er（2018）；Talavera 等（2017）
互操作性（A5）	提供跨系统远端互相操作管理维护功能	Afzal 等（2019）；Asghari 等（2019）；Talavera 等（2017）；Metallo 等（2018）
成本效益（A6）	投入成本能产生的效益	Afzal 等（2019）；Asghari 等（2019）；Bradley 等（2017）；Huo 等（2018）；Sayar 和 Er（2018）；Souri 等（2017）；Talavera 等（2017）

第三节　物联网平台经营策略选择要素

一、经营策略要素构成

企业考虑物联网平台时，需根据本身条件，评估连接、服务、覆盖面、数量、安全等方面（Scully，2018）。物联网不是单一技术，而是许多技术相互作用的结果，发展IoT平台将成为业务经营方式的组成部分，未来将是业务成长的一部分。本书汇整学者对物联网平台经营策略选择要素并说明如下：

1. 市场层面（Market，M）

智能手机是全球物联网应用的催化剂，物联网的潜在影响包括产业、市场、公司、产品、服务和消费者，物联网影响客户关系及市场定位和市场关注（Decker & Stummer，2017）。物联网通过创新和创新连接不同观点，创造心得想法即时回应市场新趋势，通过高效的数据管理系统，即时信息随时可用。通过产品持续服务，制造商能有短期交易形成长期客户关系，获得竞争优势。物联网对组织的创新、适应和成功至关重要，尤其是大量连接网络和数据的公司（Nguyen & Simkin，2017）。企业面对顾客少量多样性的需求，需考虑市场定位、可行性、整合型及企业与环境永续性为物联网时代引入创意。

2. 技术层面（Technology，T）

物联网是一个生态系统，包括传感器、网络和处理技术的智能对象，这些技术整合协同工作，供最终用户智能服务环境。提供大量动态性的复合服务，常见于物联网监视应用中。在制药业中，通过物联网提供数字化信息服务日益重要，不过面临的最重要挑战是降低能耗。物联网技术为企业提供产品即时信息，并与客户建立更紧密、更好的关系，包括技术的相关性、适用性、保护性及独特性等都是企业采用平台与否的重要考虑因素。成功的物联网除了产品开发和合适的技术，制造商应建立适当的客户连接点，实施广泛的培训活动，并设计信息材料以满足新的客户服务需求。

3. 实施层面（Implementation，I）

物联网涉及互联设备、系统和服务，通过物联网基础设施中物理对象自主通信，和消费者连接方式也影响消费者对品牌的认知度（Nguyen & Simkin，2017）。制造业企业需进行物联网转型以降低成本、增加利润、提高竞争力，团队合作是物联网转型过程中最关键的问题之一，在团队内部创造协同效应，具有不同和必要的技能及专长是成功的因素。从可持续发展的角度看待物联网和大数据，主要是减少能源和资源信息，制造业由于它们独特地使用非结构化和结构化数据推动提高能源效率、减少资源、降低成本、提高可扩展性和环境可持续性（Bradley et al.，2017）。

综观物联网经营策略主要文献，发现物联网应用创新技术与服务，提供客制化解决方案、异构连接、产销垂直整合，以及创造市场共享经济模式为物联网经营策略共通的关键要素（Hoffmann et al., 2018；Krotov, 2017；Lee et al., 2017；Ly et al., 2018；Metallo et al., 2018；Mineraud et al., 2016；Ng et al., 2015；Prince et al., 2014；Sayar & Er, 2018）。据此，本书归纳物联网平台策略选择要项，包括市场层面（Market, M）、技术层面（Technology, T）及实施层面（Implementtation, I）三个维度，每个维度5项准则，共计15项准则。

物联网平台各维度经营策略如表7-3所示。

表7-3 物联网平台各维度经营策略选择要素

评估准则	说明	参考文献
市场层面（Market, M）		
市场可行性（M1）	平台运用对现在及未来市场是可行有效的	Dechker和Stummer（2017）；Sayar和Er（2018）；Tesch等（2017）
市场定位分析（M2）	平台运用可以对产品或服务的细分市场定位	Dechker和Stummer（2017）；Sayar和Er（2018）
营销和利润规划（M3）	平台运用对企业利润来源有新的依据与发展	Dechker和Stummer（2017）；Nguyen和Simkin（2017）；Sayar和Er（2018）
市场整合程度（M4）	平台运用可通过垂直或横向进行产业链整合	Dechker和Stummer（2017）；Nguyen和Simkin（2017）；Sayar和Er（2018）；Tesch等（2017）
经济永续性（M5）	可以建立长期经营永续发展战略	Dechker和Stummer（2017）；Nguyen和Simkin（2017）；Sayar和Er（2018）；Tesch等（2017）
技术层面（Technology, T）		
技术的攸关性（T1）	采用的新技术符合现阶段要求	Asghari等，（2019）；Sayar和Er（2018）；Souri等（2017）；Talavera等（2017）
技术的实用性（T2）	采用的新技术界面亲和且容易应用于实务	Sayar和Er（2018）；Talavera等（2017）
技术的保护性（T3）	发展的新兴技术被模仿的可能	Restuccia等（2018）
技术的独特性（T4）	开发中的技术稀少且尚无可替代技术	Sayar和Er（2018）；Souri等（2017）；Talavera等（2017）
技术的专属性（T5）	选用的平台技术为开发平台独有	Sayar和Er（2018）；Talavera等（2017）
实施层面（Implementation, I）		
流程优化分析（I1）	平台运用可以使流程达到优化	Lee等（2017）；Sayar和Er（2018）；Talavera等（2017）
人员与团队管理（I2）	平台运作的人力资源与管理	Sayar和Er（2018）；Talavera等（2017）；Cicibas和Demir（2016）
系统维护（I3）	平台推广活动可增加与顾客互动机会	Nguyen和Simkin（2017）；Sayar和Er（2018）；Tesch等（2017）

续表

评估准则	说明	参考文献
企业永续性（I4）	平台经营有利于与利害关系人的维持	Bradley 等（2017）；Cicibas 和 Demir（2016）；Sayar 和 Er（2018）；Nguyen 和 Simkin（2017）
环境永续性（I5）	平台运作有助于企业与环境永续并存	Bradley 等（2017）；Nguyen 和 Simkin（2017）；Talavera 等（2017）；Tesch 等（2017）

二、主要研究方法

（一）Kano 二维模式

Kano 二维模式由日本学者 Kano 提出，认为顾客对产品或服务的满意度无法用一个品质衡量，消费观念已经上升到二维质量模式，并非所有服务均能提高顾客满意度（Kano，1995）。Kano 二维模式的横坐标表示服务提供者对某项品质属性或品质要素的具备程度，纵轴表示顾客满意度，提供的二维方法了解顾客评估产品或服务所重视的属性，品质或质量要素五大类分别为：①当然品质（Must-be quality，M）：不具备此要素时，顾客会非常不满意；具备时，也不会增加顾客满意度。②一维品质（One-dimensional quality，O）：此要素具备程度越高，则顾客满意度会越高，而如果欠缺的话，则顾客会越不满意。③魅力品质（Attractive quality，A）：当此要素缺乏时，顾客不会不满意；但具备此品质要素，则顾客会感到满意。④无差异品质（Indifferent quanlity，I）：无论是否具备此要素，顾客都不会在意。⑤反转品质（Reverse quality，R）：若具备此要素，反而会使顾客不满意，但欠缺时顾客反而会满意，此属性与一元品质正好相反。

本书应用 Kano 二维需求要素模式，将顾客需求要素分为“当然需求”要素（M）、“一元需求”要素（O）、“魅力需求”要素（A）、“无差异需求”要素（I）、“反转需求”要素（R）。①当然需求要素（M）：当此需求要素充足时，不会提升顾客对物联网平台的满意度；然而，若不具备此顾客需求要素，却会大幅增加顾客的不满意度，故物联网平台须具备此需求要素。②一元需求要素（O）：为正斜率直线，当此顾客需求要素具备越充足，顾客对物联网平台满意度越高；反之，当此顾客需求要素越不充足，则顾客对物联网平台不满意度越高，故物联网平台需要重视此需求要素。③魅力需求要素（A）：当此顾客需求要素具备程度越高，可大幅提升顾客对物联网平台满意度；反之，若不具备此需求要素，不会增加顾客的不满意度，故物联网平台必须善加利用此需求要素。④无差异需求要素（I）：具备或欠缺均不会对物联网平台顾客满意度造成影响。⑤反转需求要素（R）：当此顾客需求要素程度越高，顾客不满意度越高，反之，当此需求要素越不充分时，则顾客满意度越高。具体见表7-4。

表7-4 物联网平台顾客需求要素属性归类

顾客满意		要素不充足				
		满意	理所当然	没关系	能忍受	不满意
要素充足	满意	无效	魅力	魅力	魅力	一元
	理所当然	反向	无差异	无差异	无差异	当然
	没关系	反向	无差异	无差异	无差异	当然
	能忍受	反向	无差异	无差异	无差异	当然
	不满意	反向	反向	反向	无差异	无效

资料来源：Matzler 和 Hinterhuber（1998）。

通过以上归类表配对，即可获得各个满意度要素属性。Kano 二维模式可准确分类顾客需求（Zhang et al.，2020），为开发人员提供有价值的信息，但无法提供不同顾客群的满意度差异。Matzler 和 Hinterhuber（1998）提供顾客满意度系数分析，定义"增加顾客满意度指标"（Satisfaciton Increment Index，SII）和降低"顾客不满意度指标"（Dissatisfaction Decrement Index，DDI），借此了解顾客需求要素对顾客满意度的正向或负向影响程度，通过 SII 与 DDI，是了解物联网平台顾客需求要素改善的重点所在。

增加顾客需求满意度指标 $SII=(A+O)/(A+O+M+I)$

降低顾客不满意度指标 $DDI=-(O+M)/(A+O+M+I)$

上述公式中，A=魅力满意要素；O=一元满意要素；M=当然需求要素；I=无差异满意要素，增加正向影响指标越接近1，表示该要素对顾客满意度的正向影响越大，而消除负向指标越接近-1，表示该要素对顾客满意度负向影响越大。

（二）模糊德尔菲法（FDM）

德尔菲法（DM）是 Dalkey 和 Helmer（1963）主要针对多目标、多准则、多方案，利用专家共同参与的一种群体沟通、群体决策模式，希望通过专家的共识来研究对策或方案。德尔菲法以问卷调查方式询问了解该问题的专家，统计专家意见分布情况以求出中位数，即"中间50%"的意见所在，再请各专家参考第一次问卷结果进行第二次问卷，以此步骤重复问卷实施。为求得复杂问题专家意见的共识，反复进行3~5次，直到各专家的意见达成一致为止，通过反复征询、归纳、修正意见渐趋一致，具有广泛采纳及专家独立判断意见的效果，兼具问卷调查与专家共识会议的优点。德尔菲法以平均数作为筛选评估准则依据，专家意见处于中位数及中间50%的意见，实验者可能因为先入为主的观念而将正确的专家意见舍弃，而多次问卷成本的增加、回收率和反应率下降及取中间资料造成的意见失真疑虑是传统德尔菲法的主要缺点。

Ishikawa等（1993）提出以次数累积及模糊积分的概念，解决传统德尔菲法的缺点，称为模糊德尔菲法（Fuzzy Delphi Method，FDM）。相较于传统德尔菲法的优点在于：降低调查次数、专家意见可以完整表达；可将访查过程无可避免的模糊性纳入考虑；时间与成本具有经济效益等。

（三）品质机能展开（QFD）

QFD是日本学者于1960年提出的一种结构方法，能够帮助企业开发出一套系统化制度，以品质展开概念、品质展开表及品质机能等相关报告与研究形成。品质展开表又称品质屋，是品质机能展开基本设计工具，用以建议顾客需求、产品品质特性或工程管理技术的关系矩阵，主要为寻求满足顾客需求的产品特性，结合各项因素建立优先顺序及关联性。品质机能展开包括六个部分：

（1）Whats，即顾客需求（Voice of Customer，VOC）：表示顾客的需求及期望，可通过问卷或市场调查得知顾客需求。

（2）Hows，即工程/技术需求（Voice of Engineering，VOE）：表示通过顾客需求，寻求对应顾客需求的要素，即为企业内部相关部门协调或沟通所发展的技术服务或是策略方法，以作为品质机能展开表。

（3）Whats和Hows，即说明顾客需求（VOC）和工程/技术（VOE）的相关程度，为矩阵中结合顾客需求和工程需求，形成品质机能展开矩阵。

（4）相关分析：为品质屋的屋顶，可显示每个工程需求（VOE）间的关系程度是互补或冲突，以作为产品设计决策的考虑。

（5）竞争者评估：为自身产品与竞争者产品的评估分析，了解竞争者的优势劣势。

（6）优先顺序排定：通过工程需求（VOE）重要程度计算排序，可获知需要提供的产品和服务及最迫切需求技术为何，并借此达成品质目标或超越竞争者的水平。

本书利用品质屋中的顾客需求品质（VOC）、工程技术要素（VOE）、二者关系（Whats vs. Hows）矩阵以及如何进行优先顺序排序共四部分的分析，以建构顾客需求要素为基础的服务创新策略评估分析。其中的关联度（Whats vs. Hows）水平主要采用灰色关联分析和熵值分析法计算。

（四）发明问题解决理论（TRIZ）

TRIZ是俄文音译成英文Teoriya Resheniya Izobreatatelskikh Zadatch的缩写，

而英文是 Theory of Inventive Problem Solving（TIPS），即发明问题解决理论。它运用高度结构化的创新思考，成为一个解决创意创新问题的工具。Altshuller（1999）分析数十万件专利数据，找到了一系列解决矛盾问题的方法。他发现不同时期、不同工程系统与技术都有共同演化模式，解决问题有些规则可以依循，系统的演化是有脉络可循的。

TRIZ 不仅是方法论，更是工具集。它是一套用于检测矛盾并消除或减弱设计过程中冲突分析的工具，以问题特征可归纳成 39 个工程参数，再通过工程参数归纳出 39×39 项工程用参数组合的矩阵即矛盾矩阵，以便于使用者找出矛盾点；再将矛盾矩阵对应到 40 项创新法则，探索出较好的创意想法和创新思想，进而解决问题。近年来许多学者将其思考模式成功应用到非技术领域的创新或改善议题上，随着服务经济兴起，通过服务创新以维持和提高顾客满意度至关重要，在此方面 TRIZ 可以发挥用武之地。

本书利用 TRIZ 工程参数转化为服务参数，对应到物联网平台策略选择关键要项，找出物联网平台服务创新解决方案。具体而言，本书运用 TRIZ 中的矛盾矩阵及 40 项创新法则，进行物联网平台服务品质的改善及创新，以进行创意的激发，找出更好的服务创新。

三、资料收集与问卷设计

本书设计四阶段专家问卷进行调查。为使研究结果具有代表性，本书设定专家筛选条件为“具备物联网产业相关知识或具有三年以上经验的产官学研专家学者”，包括：①产业界参与物联网产业计划或经营管理等具有相关经验者；②政府相关单位负责规划或执行物联网产业计划相关工作经验；③教育或研究机构从事物联网研究或具有相关知识的专家学者。有关研究问卷内容设计详细说明如下：

第一阶段为“物联网平台顾客需求要素的 Kano 二维属性分类”问卷调查，问卷方法对象则以使用物联网平台的管理或负责人、政府单位或物联网相关研究学者为调查对象。本书问卷以修正后的物联网平台顾客需求要素 Kano 二维属性来设计，问卷内容包括“基本资料”和“物联网平台顾客需要要素评估分析”两部分。问卷以正反两方面题型了解受访者关于物联网平台顾客需求要素对其满意度的影响意见；回答选项包括“满意”“理所当然”“没关系”“能忍受”“不满意”五种，借此分析物联网平台顾客需求要素属性分类。

第二阶段为“物联网平台策略选择关键要素”评估选择项的模糊德尔菲法

问卷调查，主要以物联网开发平台从业者中的高级主管人员或政府单位物联网发展推动人员及物联网相关研究学者及专家为调查对象。此问卷内容包括“基本资料”和“物联网平台策略选择关键要素评估”两部分。问卷内容请专家以个人实务经验，针对各项“物联网平台策略选择关键要素”评估，以1～10为尺度评选，由专家选择该要素的最小可能值及最大可能值的范围，借此分析物联网平台策略选择关键要素。

第三阶段为“物联网平台策略选择的品质机能展开（QFD）关系矩阵专家问卷”，发放对象条件与第二阶段相同，问卷包括“基本资料”和“物联网平台品质机能展开QFD关系矩阵调查”两部分，关系程度以数字9表示高度相关、5表示中度相关、1表示低度相关、0表示完全无关。专家针对物联网平台经营策略“顾客需求（CR/VOC）”与“技术需求（TR/VOE）”的相互影响关系程度，选择适合的相关尺度（0、1、5、9），进行以顾客需求为导向的策略选择要素相关程度调查。

第四阶段为“物联网平台创新经营策略选择关键要素的服务参数配适度分析”专家问卷调查，主要以物联网产业相关从业者或政府单位及物联网相关研究学者专家，且具有TRIZ创新问题解决专业及从事或执行相关议题专家为调查对象。问卷包括“基本资料”“TRIZ服务参数”“创新经营策略选择关键要素”三部分。整理有关文献，归纳原始TRIZ“工程参数”与商管“服务参数”配适表，针对10项“物联网平台选择关键要素准则”与“服务参数”的配适结果填写“同意”或“不同意”意见，并针对分析结果的适用性，以Cochran's Q test进行一致性检验。

四、描述性统计及信度分析

本书考察物联网平台顾客需求要素与物联网平台策略选择关键要素评估准则的信度、效度、专家属性分析、第一阶段的Kano二维模式问卷调查结果、第二阶段模糊德尔菲法FDM问卷调查结果、第三阶段QFD专家问卷调查结果及第四阶段TRIZ专家问卷调查服务参数配适度及运用TRIZ创新法则，开发物联网平台服务创新模式。

（一）信度分析

进行物联网平台顾客需求要素（包括安全性、隐私性、便利性及应用性）的信度分析，以及物联网平台策略选择关键要素（包括市场、技术及执行）的信度分析，主要在于衡量题目之间的一致性，检验问卷整体的可靠程度，分析结果见表

7-5。各个维度的 Cochran's α 值为 0.61～0.94。一般 Cochran's α 值至少要大于 0.6，若大于 0.7 则属于高信度，检验结果表明问卷具有良好的一致性。

表 7-5　顾客需求要素及策略选择关键要素评估准则

物联网平台顾客需求要素评估准则					物联网平台策略选择关键要素评估准则				
		平均数	标准差	Cochran's α 值			平均数	标准差	Cochran's α 值
安全性 S	入侵及攻击 S1	1.68	0.59	0.8	市场层面 M	市场可行性分析 M1	7.46	2.00	0.93
	拥塞延迟监控 S2	1.97	0.97			市场定位分析 M2	6.62	2.15	
	访问存取协议 S3	1.74	0.71			营销和利润规划 M3	7.14	2.29	
	网络共享 S4	2.15	0.86			市场整合程度 M4	7.18	2.31	
	信任和验证 S5	1.79	0.88			经济永续性 M5	7.32	2.15	
便利性 C	自动化 C1	1.68	0.68	0.69	技术层面 T	技术的攸关性 T1	7.54	2.00	0.94
	信息化 C2	1.50	0.51			技术的实用性 T2	7.60	2.06	
	客制化 C3	1.82	0.94			技术的保护性 T3	6.68	2.39	
	开放性 C4	1.79	0.88			技术的独特性 T4	6.60	2.24	
	外部性 C5	1.91	0.87			技术的专属性 T5	6.70	2.18	
	即时性 C6	1.68	0.81		执行层面 I	流程最优化分析 I1	7.08	2.13	0.94
隐私性 P	数据隐私 P1	1.65	0.65	0.83		人员与团队管理 I2	7.10	2.24	
	使用隐私 P2	1.94	0.81			系统推广 I3	7.06	2.20	
	区位隐私 P3	1.76	0.74			社会永续性 I4	6.68	2.10	
	验证隐私 P4	1.68	0.59			环境永续性 I5	6.74	2.19	
	程序隐私 P5	1.88	0.73						
应用性 A	设备管理 A1	1.62	0.60	0.61					
	资料处理 A2	1.68	0.68						
	数据分析 A3	1.53	0.79						
	异构连接 A4	1.47	0.66						
	互操作性 A5	1.79	0.84						
	成本效益 A6	2.00	1.02						

（二）背景资料分析

为使研究结果具有代表性，专家筛选条件为具有 3 年（含）以上参与物联网相关研究、计划、活动或经营等经验或具有相关知识的产官学研专家，包括政府单位负责推动或研究物联网产业相关单位、物联网联盟会员信息、参与物联网研讨会或论坛、参与物联网相关展览的产业专家或学者，共111位。研究问卷采用线上线下相结合的方式。各阶段的专家背景资料如表7-6所示。第一阶段Kano二维模式问卷回收39份，有效问卷34份；第二阶段FDM问卷收回28份，有效问卷25份；第三阶段QFD问卷回收41份，有效问卷40份；第四阶段TRIZ问卷收回15份，有效问卷12份。

表7-6 专家背景资料分析

单位：人

		Kano问卷（34份）	FDM问卷（25份）	QFD问卷（40份）	TRIZ问卷（12份）	合计（111人）
1. 性别	男	30	23	38	11	102
	女	4	2	2	1	9
2. 工作背景	产业界	21	13	29	6	69
	政府及研究单位	2	2	7	1	12
	学术界	11	10	4	5	30
3. 职称职务	中高级经理	19	12	30	8	69
	工程师、分析师	5	3	5	0	13
	教学研究人员	10	10	5	4	29
4. 工作年限	3~5年	15	9	15	2	41
	6~10年	12	9	13	1	35
	11年以上	7	7	12	9	35
5. 年龄	40岁及以下	7	4	8	0	19
	41~50岁	16	12	20	8	56
	51岁以上	11	9	12	4	36
6. 受教育程度	高中及以下	2	1	0	0	3
	大学	8	6	4	0	18
	硕士	12	7	21	1	41
	博士	12	11	15	11	49

由专家背景分析发现，本书问卷调查专家中产业界占比最大，分布在物联网"开发平台""软硬件开发""智慧运用"及新创应用等产业；而受访者无论是产业界、学术界还是政府及相关研究单位，男性均多于女性；受访专家担任中层管理人员与高级管理人员的接近70人，表明参与专家60%以上位居产业发展的重要岗位；目前物联网平台相关工作者年龄在40岁以上的占比超过80%，投入物

联网相关工作者超过60%的工作年龄在5年以上；另外，受访者具有硕士学位者占比37%，具有博士学位者占比44%。

第四节　实证结果与分析

一、Kano二维分析结果

本书物联网平台顾客需求要素共计22项指标，经由Kano二维模式分析，有4项归属于一元需求（O）要素、10项归属于当然需求（M）、3项归属于魅力需求（A）、5项归属于无差异需求（I），详细情况见表7-7。

表7-7　顾客需求要素Kano属性归类　　单位：%

	顾客需求要素	一元（O）	当然（M）	魅力（A）	反向（R）	无效（Q）	无差异（I）	属性归类	增加满意度（SII）	减少不满意度（DDI）
安全性（S）	S1	32.35	50.00	5.88	0.00	0.00	11.76	当然M	38.24	-82.35
	S2	23.53	35.29	5.88	2.94	2.94	29.41	当然M	31.25	-62.50
	S3	23.53	32.35	14.71	0.00	0.00	29.41	当然M	38.24	-55.88
	S4	23.53	20.59	0.00	0.00	0.00	55.88	无差异I	23.53	-44.12
	S5	29.41	35.29	8.82	2.94	0.00	23.53	当然M	39.39	-66.67
隐私性（P）	P1	29.41	44.12	14.71	0.00	0.00	11.76	当然M	44.12	-73.56
	P2	17.50	35.29	8.82	2.94	2.94	32.35	当然M	28.13	-56.25
	P3	20.59	35.29	17.62	0.00	0.00	26.47	当然M	38.24	-55.88
	P4	35.29	35.29	2.94	0.00	0.00	26.47	一元O	38.24	-70.59
	P5	17.65	35.29	14.71	0.00	0.00	35.35	当然M	32.35	-52.94
便利性（C）	C1	23.53	35.29	17.65	2.94	0.00	20.59	当然M	42.42	-60.61
	C2	38.24	17.65	11.76	2.94	0.00	29.41	一元O	51.52	-57.58
	C3	20.59	17.65	32.35	0.00	0.00	29.41	魅力A	52.94	-38.24
	C4	20.59	20.59	17.65	2.94	2.94	35.29	无差异I	40.63	-43.75
	C5	23.53	11.76	11.76	0.00	2.94	50.00	无差异I	36.6	-36.36
	C6	29.41	23.53	14.71	0.00	2.94	29.41	一元O	45.45	-54.55

续表

	顾客需求要素	一元（O）	当然（M）	魅力（A）	反向（R）	无效（Q）	无差异（I）	属性归类	增加满意度（SII）	减少不满意度（DDI）
应用性（A）	A1	23.53	35.29	20.59	0.00	0.00	20.59	当然 M	44.12	-58.82
	A2	35.29	26.47	8.82	0.00	0.00	0.00	一元 O	44.12	-61.76
	A3	26.47	17.65	32.35	0.00	2.94	20.59	魅力 A	60.61	-45.45
	A4	26.47	17.65	38.24	0.00	0.00	17.65	魅力 A	64.71	-44.12
	A5	26.47	17.65	17.65	0.00	0.00	38.24	无差异 I	44.12	-44.12
	A6	26.47	26.47	8.82	2.94	0.00	35.29	无差异 I	36.36	-54.55

（1）当然需求要素（M）包括入侵攻击侦测（S1）、拥塞延迟监控（S2）、访问存取协议（S3）、存取信任验证（S5）、数据隐私（P1）、使用隐私（P2）、区位隐私（P5）、自动化（C1）、设备管理（A1）等共计 10 项，是物联网平台必须具备的要素，这些要素充足虽然对满意度无明显影响，但若欠缺，则会对顾客满意度造成负面影响，故属于物联网平台不可或缺的要素。

（2）一元需求要素（O）包括隐私验证（P4）、信息化（C2）、即时性（C6）、资料处理（A2）共计 4 项，是影响顾客满意度的关键，值得认真对待。这些要素越充足，越会对顾客满意度产生正向影响，缺乏这些要素，则会对顾客满意度产生负向影响。

（3）魅力需求要素（A）包括客制化（C3）、数据分析（A3）、异构连接（A4）3 项，这些要素是增强顾客满意度的重要关键因素，若不具备这些要素，虽不至于影响顾客满意度，但若具备这些要素，对提升顾客满意度具有重大影响。

（4）无差异需求要素（I）包括网络共享权限（S4）、开放性（C4）、外部性（C5）、互操作性（A5）、成本效益（A6）5 项，这 5 项要素均不会对顾客满意度产生任何影响。

由 Kano 二维模式分析物联网平台顾客需求要素的满意度属性归类后，通过满意度系数 SII 与 DDI，可以了解物联网平台顾客需求要素需改善的重点之处。由表 7-7 可以看出，“增加满意指标（SSI）”排前 5 位的是“异构连接 A4”（64.71%）、“数据分析 A3”（60.61%）、“客制化 C3”（52.94%）、“信息化 C2”（51.52%）、“即时性 C6”（45.45%）；而“减少不满意指标（DDI）”排前 5 位的分别是“入侵攻击侦测 S1”（-82.35%）、“数据隐私 P1”（-73.56%）、“验证隐私 P4”（-70.59%）、“存取信任验证 S5”（-66.67%）、“拥塞延迟监控 S2”

(-62.50%)。

二、FDM 分析结果

问卷调查是通过汇整物联网经营策略选择要素评估构面及准则，进行 FDM 分析以汇整专家共识意见，具体结果如表 7-8 所示。由问卷分析结果可知，各因子分布于 6.5~8.0。本书从物联网平台策略选择关键要素评估架构的三大构面 15 项评估准则中，以 FDM 分析挑选共识值大于或等于门槛值 7.0 者予以保留，经由 25 位专家共识值筛选出物联网平台策略选择共有 10 项准则为关键要素，包括"市场层面 M" 4 项准则、"技术层面 T" 3 项准则及"执行层面" 3 项准则。其中重要性程度排序如下：打分 8.0 的有两项，"市场整合程度 M4"和"技术的实用性 T2"；打分 7.5 的有 7 项，"市场可行性 M1""营销和利润规划 M3""经济永续性 M5""流程最优化分析 I1""人员与团队管理 I2"和"系统推广 I3"；得分 7.0 的有一项，"技术的保护性 T3"。

表 7-8 各准则因子的模糊德尔菲法重要性得分值

构面	准则	C1	C2	D1	D2	X*
市场层面（M）	M1	8.0	5.0	10.0	7.0	7.5
	M2	7.0	5.0	9.0	7.0	6.5
	M3	8.0	4.0	10.0	7.0	7.5
	M4	8.0	4.0	10.0	8.0	8.0
	M5	8.0	5.0	10.0	7.0	7.5
技术层面（T）	T1	8.0	5.0	10.0	7.0	7.5
	T2	8.0	5.0	10.0	8.0	8.0
	T3	7.0	4.0	9.0	7.0	7.0
	T4	7.0	4.0	9.0	6.0	6.5
	T5	7.0	4.0	9.0	6.0	6.5
执行层面（I）	I1	8.0	5.0	9.0	7.0	7.5
	I2	8.0	5.0	9.0	7.0	7.5
	I3	8.0	5.0	10.0	7.0	7.5
	I4	7.0	5.0	9.0	6.0	6.5
	I5	7.0	4.0	9.0	6.0	6.5

三、QFD 分析结果

本书使用的品质机能展开（QFD）专家问卷，是以第一阶段 Kano 二维模式

“物联网平台顾客需求要素”属性归类，删除“无差异需求 I”要素后，共筛选出 4 大构面 17 项准则作为顾客需求要素（CR/VOC）；再以第二阶段 FDM 筛选出“物联网平台策略选择关键要素”四大构面 10 项准则作为“技术执行（TR/VOE）”，建构关系矩阵（Whats vs. Hows），并用 9、5、1（高、中、低）表示彼此关联性。再运用熵值法权重计算，获得顾客需求要素客观权重，再结合灰关联分析（GRA）评选出顾客满意导向的物联网平台策略选择关键要素相对重要性排序。

（一）以熵值法计算权重

本书以 QFD 问卷调查结果进行权重计算，采用熵值法对顾客需求（VOC）进行客观权重值运算，即以算术平均数汇总 40 位专家针对物联网平台顾客需求要素（VOC）与策略选择关键要素（VOE）的相关性评分（0、1、5、9），并运用熵值法计算权重，结果分别见表 7-9 和表 7-10。

表 7-9　策略选择关键要素相关性算术平均数

VOC \ VOE		市场可行性 M1	营销和利润规划 M3	市场整合程度 M4	经济永续性 M5	技术的攸关性 T1	技术的实用性 T2	技术的保护性 T3	流程最优化分析 I1	人员与团队管理 I2	系统维护 I3
安全性（S）	S1	5.650	5.125	4.975	4.650	6.975	6.550	6.375	4.850	4.650	5.325
	S2	6.275	4.875	5.500	5.400	6.900	6.500	4.525	6.275	3.850	5.375
	S3	6.475	4.050	6.600	4.875	6.200	6.300	4.900	5.400	3.700	5.375
	S5	7.400	5.700	6.800	5.600	6.800	6.700	7.000	5.000	5.000	6.175
隐私性（P）	P1	7.100	5.475	5.500	5.875	7.200	6.800	6.500	4.775	5.200	5.950
	P2	7.300	6.300	5.600	5.250	6.500	6.275	6.275	5.050	5.150	6.250
	P3	5.275	4.250	4.675	4.750	6.075	5.825	5.450	4.750	4.050	4.875
	P4	6.400	5.175	6.100	5.275	6.300	6.000	5.700	4.575	4.550	5.250
	P5	4.875	4.225	5.150	4.900	6.400	5.875	6.400	4.875	4.150	4.675
便利性（C）	C1	7.500	6.700	7.200	6.700	7.200	7.400	5.375	6.700	5.800	6.275
	C2	7.700	6.500	7.200	6.200	7.000	7.000	5.875	6.675	5.775	6.375
	C3	6.675	6.300	5.800	4.875	6.475	6.475	5.650	5.875	5.075	5.200
	C6	6.900	6.000	6.375	5.400	7.000	6.800	5.200	6.400	4.900	5.300
应用性（A）	A1	6.800	5.005	6.100	5.775	6.100	6.200	5.675	5.600	5.200	5.275
	A2	7.200	6.500	6.200	6.000	6.600	6.400	6.400	6.400	4.800	5.600
	A3	7.600	7.700	7.100	6.700	7.600	7.400	6.400	6.900	5.200	6.400
	A4	6.175	5.375	6.500	5.175	5.975	5.775	5.475	4.650	4.150	5.075

表 7-10 顾客需求要素的熵值权重分析

构面	评估准则	权重值	排序	构面	评估准则	权重值	排序
安全性（S）	S1	0.077	4	便利性（C）	C1	0.038	14
	S2	0.103	2		C2	0.028	16
	S3	0.124	1		C3	0.041	13
	S5	0.065	5		C6	0.057	9
隐私性（P）	P1	0.064	6	应用性（A）	A1	0.023	17
	P2	0.048	11		A2	0.038	15
	P3	0.057	8		A3	0.044	12
	P4	0.051	10		A4	0.059	7
	P5	0.083	3				

分析结果表明，各专家认为物联网顾客平台需求要素（VOC）的前 10 项评估准则依序为："访问控制协议 S3"（0.124）、"拥塞延迟监控 S2"（0.103）、"程序隐私 P5"（0.083）、"入侵攻击侦测 S1"（0.077）、"存取信任验证 S5"（0065）、"数据隐私 P1"（0.064）、"异构连接 A4"（0.059）、"区位隐私 P3"（0.057）、"即时性 C6"（0.057）、"验证隐私 P4"（0.051）。以上准则包括安全性构面 4 项、隐私性 4 项、便利性及应用性各 1 项。安全性构面所有准则均为顾客需求要素最重要的前 5 项，隐私性构面的"程序隐私 P5"为顾客需求的第三重要准则，便利性构面的"即时性 C6"和应用性构面的"异构连接 A4"是其构面中唯一进入前 10 名的重要评估准则。

（二）使用灰关联分析进行

依据各专家对各项物联网平台顾客需求要素（VOC）与策略选择关键要素项（VOE）的相关性评分结果，顾客需求要素准则的相关性程度分数越高，表示物联网平台顾客需求要素（VOC）与策略选择关键要素项（VOE）之间相互影响的重要程度越高。计算结果见表 7-11。

表 7-11 策略选择关键要素的灰关联分析

(TR/VOE) (CR/VOC)		市场可行性 M1	营销和利润规划 M3	市场整合程度 M4	经济永续性 M5	技术的攸关性 T1	技术的实用性 T2	技术的保护性 T3	流程最优化分析 I1	人员与团队管理 I2	系统维护 I3
安全性（S）	S1	0.036	0.030	0.028	0.026	0.077	0.057	0.051	0.027	0.026	0.032
	S2	0.073	0.044	0.054	0.052	0.103	0.082	0.040	0.073	0.034	0.052
	S3	0.114	0.045	0.043	0.026	0.043	0.041	0.049	0.022	0.022	0.032
	S5	0.065	0.027	0.043	0.026	0.043	0.041	0.049	0.022	0.022	0.035

续表

(TR/VOE) (CR/VOC)		市场可行性 M1	营销和利润规划 M3	市场整合程度 M4	经济永续性 M5	技术的攸关性 T1	技术的实用性 T2	技术的保护性 T3	流程最优化分析 I1	人员与团队管理 I2	系统维护 I3
隐私性（P）	P1	0.059	0.07	0.027	0.031	0.064	0.048	0.041	0.021	0.024	0.032
	P2	0.048	0.025	0.019	0.017	0.028	0.025	0.025	0.016	0.016	0.025
	P3	0.032	0.020	0.024	0.025	0.057	0.046	0.035	0.025	0.019	0.026
	P4	0.051	0.022	0.038	0.023	0.046	0.035	0.029	0.017	0.017	0.023
	P5	0.035	0.028	0.039	0.035	0.083	0.056	0.083	0.035	0.028	0.033
便利性（C）	C1	0.038	0.022	0.029	0.022	0.029	0.035	0.013	0.022	0.015	0.018
	C2	0.028	0.013	0.019	0.011	0.016	0.016	0.010	0.014	0.009	0.012
	C3	0.041	0.029	0.021	0.014	0.034	0.034	0.019	0.022	0.015	0.016
	C6	0.052	0.029	0.036	0.023	0.057	0.048	0.021	0.036	0.019	0.022
应用性（A）	A1	0.023	0.009	0.012	0.010	0.012	0.013	0.009	0.009	0.008	0.008
	A2	0.038	0.024	0.021	0.019	0.025	0.023	0.023	0.023	0.013	0.016
	A3	0.041	0.044	0.030	0.024	0.041	0.035	0.022	0.027	0.015	0.022
	A4	0.046	0.030	0.059	0.028	0.041	0.037	0.032	0.023	0.020	0.027
加权后的灰关联度		0.820	0.468	0.623	0.441	0.854	0.733	0.558	0.479	0.340	0.460
排序		2	7	4	9	1	3	5	6	10	8

分析结果表明，物联网平台策略选择关键要素项的相对重要性排序为：“技术攸关性 T1”（0.854）、“市场可行性 M1”（0.820）、“技术的实用性 T2”（0.733）、“市场整合程度 M4”（0.623）、“技术的保护性 T3”（0.558）、“流程最优化分析 T6”（0.479）、“营销和利润规划 M3”（0.468）、“系统维护 I3”（0.460）、“经济永续性 M5”（0.441）及“人员与团队管理 I2”（0.340）。

过去有关策略选择相关研究多以个案进行讨论，一般偏重于构面或指标间的关联检验；而个案探讨仅针对少数研究进行分析，构面和指标会因为研究对象属性不同而产生差异。本书有别于以往的策略选择研究，尝试运用 Kano 二维模式进行顾客需求要素归类，并以模糊德尔菲法（FDM）整合专家对策略选择关键要素的意见，后以品质机能展开（QFD）的视角结合灰关联分析，找出了基于顾客需求的物联网平台策略选择关键要素。总之，报告以专家问卷为主，通过逻辑性分析，可提供给业者优先顺序改善方案的重要参考。

四、TRIZ 分析结果

本阶段的 TRIZ 分析，是先依据上一阶段即 QFD 关系矩阵分析出以顾客需求为导向的“执行要素”（TR/VOE）优先顺序，再参考相关文献，进行 TRIZ 参数拟合，具体而言：参考相关文献，先将工程参数转换为商管服务参数，再通过商管服务参数映射到本书的物联网平台策略选择关键要素参数，最后依照 TRIZ 的分析步骤，进行物联网平台策略选择关键要素服务创新评估。

为确证本书参数拟合的合理性和恰当性，本书进行“物联网平台策略选择关键要素”原始的 TRIZ“工程参数”与商管 TRIZ“服务参数”对应与拟合的专家问卷调查，依据拟合结果，建立物联网平台策略选择关键要素服务参数矛盾矩阵，并参考 TRIZ40 项创新法则，提出符合顾客需求的物联网平台策略选择关键服务创新法则。TRIZ 的工程参数与服务参数二者的对应关系如表 7-12 所示。

表 7-12　TRIZ“工程参数”与管理“服务参数”拟合表

原始 TRIZ			商管服务参数匹配		IOT 平台策略选择	
编号	工程参数	说明	服务参数	说明	关键要素	说明
09	速度	行动所需时间	反应性	处理顾客需求的回应效率	流程最优化分析 I1	提供作业流程最优化分析
11	张力/压力	单位面积受力	需求变动	策略的可行性	市场可行性 M1	平台策略的市场适用性
13	稳定性	抵抗改变的能力	功能性	具备必要的知识、能力、信息，并有效提供服务	经济永续性 M5	开发平台的长期经营
14	强度	物体回应力量	专业能力	提供专业服务的知识，以提高信任和信誉	技术保护性 T3	应用开发平台提供技术难以模仿的保护
21	动力	整体运作时所需要能量	付出的努力	提供顾客解决问题的能力	人员与团队管理 I2	应用开发平台可以有效管理人力资源
27	可靠度	准时准确可靠地提供顾客需求服务的能力	可靠度	公司的形象足以提供可靠服务	技术攸关性 T1	开发平台提供的技术符合顾客发展策略需求
28	量测精度	测量误差	沟通	沟通和倾听确认客户/员工/代理商需求	系统维护 I3	开发平台倾听确认顾客/员工/代理商的需求
33	使用便捷性	操作中的容易程度	可得性易用性	提供顾客便利的服务	技术实用性 T2	开发平台技术符合顾客的实务应用

续表

原始 TRIZ			商管服务参数匹配		IOT 平台策略选择	
37	控制难度	物体操作元件的顺畅程度	经营策略	顺畅的经营策略	市场整合程度 M4	开发平台客制化弹性经营并能整合市场开发
39	生产力	单位时间的报酬	绩效	顾客对服务的满意程度	营销和利润规划 M3	开发平台的经营和财务绩效

将 12 位专家的意见以 1 表示赞成，0 表示不赞成，对参数 Cochran's Q 进行检验，计算出统计量 T 为 14.987，对应 P 值为 0.183>0.05，表示在 95%的置信水平下，Cochran's Q 检验结果无法拒绝虚无假设，表示 12 位专家对此 10 项参数拟合的结果意见趋于一致（见表 7-13）。至此，本书物联网平台策略选择关键要素与 TRIZ 服务参数的拟合得以完成。

表 7-13　TRIZ 策略选择关键要素对应拟合的专家问卷汇总

策略选择关键要素	TRIZ 服务参数	TRIZ 工程参数编号	专家（编号）												合计
			1	2	3	4	5	6	7	8	9	10	11	12	
市场可行性 M1	需求变化	11	1	0	0	1	0	0	0	0	1	1	1	1	6
营销和利润规划 M3	绩效表现	39	1	1	1	1	1	1	1	1	1	1	1	1	12
市场的整合度 M4	经营策略	37	0	1	1	1	1	1	1	1	1	1	1	1	11
经济的永续性 M5	功能性	13	1	1	1	1	1	1	1	1	1	1	1	1	12
技术攸关性 T1	信赖度可靠度	27	1	1	1	1	1	1	1	1	1	1	1	1	12
技术的实用性 T2	易用性	33	1	1	1	1	1	1	1	1	1	0	1	1	11
技术的保护性 T3	反应性	14	1	1	1	1	1	0	1	0	1	0	1	1	9
流程最优化分析 I1	反应性	09	1	1	1	1	1	1	1	1	1	1	1	1	12
人员与团队管理 I3	付出的努力	21	1	0	1	0	1	0	1	1	1	0	1	1	8
系统维护 I3	沟通	28	0	1	1	1	0	0	0	1	1	1	1	1	8

建立物联网平台服务矛盾矩阵。参考上述 QFD 专家问卷，评选物联网平台策略选择关键要素执行的相对重要性排序，如表 7-14 所示。针对物联网平台策略选择关键要素前 5 项重要策略（包括：技术的攸关性 T1、市场可行性 M1、技术的实用性 T2、市场整合程度 M4 及技术的保护性 T3），依据有关文献的做法，对应矛盾矩阵，建构适用于物联网平台的 TRIZ 服务品质矛盾矩阵表，此矩阵纵轴为原问题中“计划改善的参数”，横轴为在改善过程中“避免恶化的参数”，经由两轴垂直交叉找出解决问题的创新法则。

表 7-14　物联网平台策略选择关键要素的策略矛盾矩阵

避免恶化的参数 / 计划改善的参数	27 技术攸关性 T1	11 市场可行性 M1	33 技术的实用性 T2	37 市场整合度 M4	14 技术的保护性 T3
27 技术的攸关性 T1	—	10/24/35/19	27/17/40	27/40/28	11/28
11 市场可行性 M1	10/13/19/35	—	11	02/36	09/18/03/40
33 技术的实用性 T2	17/27/09/40	02/32/12	—		32/40/03/28
37 市场整合程度 M4	17/40/28/08	35/36/37/32	02/05	—	27/03/15/28
14 技术的保护性 T3	11/03	10/03/18/40	32/40/25/02	27/03/15/40	—

建立 TRIZ40 项服务创新法则。在 TRIZ 矩阵列表中，针对问题点参考类似问题，找出主要矛盾点。各交叉方格内的数字，即代表 TRIZ 的 40 次创新法则。参考 Lin 和 Su（2007）从各服务参数/准则中挑选出频率较高（至少 3 次）的服务创新法则，结果见表 7-15。分析结果表明，至少出现 3 次的服务创新法则有：技术攸关性 T1 准则（包括可抛弃原理 27 计 4 次、复合材料 40 计 4 次、取代机械系统 28 计 3 次）；市场可行性 M1 准则（包括预先动作 10 计 3 次、特性转换 35 计 3 次）；技术的实用性 T2 准则（包括复合材料 40 计 4 次、分离原理 02 计 3 次、改变颜色 32 计 3 次）；市场整合程度 M4 准则（包括可抛弃原理 27 计 4 次、复合材料 40 计 3 次、取代机械系统计 3 次）；技术的保护性 T3 准则（包括局部特性 03 计 6 次、复合材料 40 计 5 次、取代机械系统 28 计 3 次）。

表 7-15　物联网平台策略选择关键要素服务创新法则次数

服务参数	服务创新法则														
技术的攸关性 T1	10 10	24	35 35	19 19	27 27 27 27	17 17	40 40 40 40	28 28 28	11 11	13	08 08	03			
小计	2	2	1	4	3	3	1	1	1	1	1	1			
市场可行性 M1	10 10 10	13	19 19	35 35 35	11	02 02	36 36	37 37	09	18 18	03 03	40 40	24	32 32	12
小计	3	1	2	3	1	2	2	2	1	2	2	2	1	2	1
技术的实用性 T2	17 17	27 27	08	40 40 40 40	02 02 02	32 32 32	12	03	28	11	05	25			

续表

服务参数	服务创新法则													
小计	2	2	1	4	3	3	1	1	1	1	1	1			
市场整合程度 M4	27 27 27 27	40 40 40	28 28 28	08	35	36 36	37 37	32	02 02	05	03 03	15 15			
小计	4	3	3	1	1	2	2	1	2	1	2	2			
技术的保护性 T3	11 11	03 03 03 03 03 03	10	18 18	40 40 40 40 40	32 32	25	02	27 27	15 15	28 28 28	09			
小计	2	6	1	2	5	2	1	1	2	2	3	1			

依据表 7-15 中创新频率较高的服务创新法则（不小于 3 次），参考相关文献根据商管服务业为观点所提出的创新法则，再依据 TRIZ40 创新法则与次法则，针对物联网平台特性加以设计，建立适用于物联网平台的 TRIZ 服务解决方案，再与专家讨论并确认。最后，以物联网平台实务问题适用的原则，针对物联网平台策略选择关键要素进行“计划改善的策略或参数”和“避免恶化策略或参数”的制定及分析，即多方面考虑以建立物联网平台关键要素项的服务创新解决方案。

下面以分析结果第 1 项“技术的攸关性 T1”为例，说明基于 TRIZ 服务创新法则与次法则的物联网平台服务创新解决方案。从表 7-15 可以看出，技术的攸关性 T1 中，至少出现 3 次的服务创新法则有“可抛弃原理 27”计 4 次、“复合材料 40”计 4 次、“取代机械系统 28”计 3 次，依据 TRIZ40 创新法则与次法则，拟定符合物联网平台的 TRIZ 服务创新法则解决方案并举例说明。

以创新法则“可抛弃原理 27”的次法则“a. 提供简单系统或服务的模组功能”为例，相关文献举例多个廉价物品代替昂贵物品或租赁昂贵物品，对应本书物联网平台顾客需求要素，以具有安全性、隐私性为基础，拟定如下策略：模块化开发取代整合系统开发（如搜集、传输、分析功能，应用于 PaaS、SaaS）、开发简易跨平台介入功能模组（如即时传输介接服务，应用于 PaaS）、访问验证介接服务（如跨系统整合，应用于 SaaS）以及提供标准功能增加整合弹性（如平台流量即时监控，应用于 Paa、SaaS）。

以“技术攸关性 T1”为例，由表 7-16 可知，通过两轴交叉处找到解决问题的创新法则，可以看出其对应避免恶化的参数为编号 27、40、28 的创新法则。“技术攸关性 T1”与“技术的实用性 T2”的创新法则包括编号 17、27 及 40；“技术攸关性 T1”与“市场整合程度 M4”的创新法则编号包括 27、28 及 40；“技术攸关性 T1”与“技术保护性 T3”的创新法则包括编号 11 及 28。再依据欲改善的参数“技术攸关性 T1”的服务准则中至少出现 3 次的创新法则即编号 27、28、40，与避免恶化的参数（准则）“技术的实用性 T2”“市场整合程度 M4”“技术的保护性 T3”进行创新法则综合评估。

表 7-16　物联网平台策略选择关键要素服务创新解决方案

策略要素	创新法则	次法则操作性定义	本书定义举例说明
技术的攸关性 T1	27. 可抛弃原理	a. 提供简单系统或服务的模组功能	1. 模组化开发技术取代整合系统开发，如收集、传输、分析功能（PaaS、SaaS） 2. 开发简易跨平台介接功能模组，如即时传输介接服务（PaaS） 3. 访问验证服务，如跨系统整合（SaaS） 4. 提供标准功能增加整合弹性，如平台流量即时监控（PaaS、SaaS）
	40. 复合材料	a. 整合技术取代系统或服务	1. 跨系统整合技术，如异构连接及整合数据分析（PaaS、SaaS） 2. 提供跨领域咨询团队服务
		b. 产业技术取代普遍性技术	3. 平台异质系统整合隐私技术（PaaS、SaaS） 4. 提供多元线上智能服务 5. 整合分析信息，如入侵侦测、访问记录及存取验证（SaaS）
	28. 取代机械系统	a. 模组组合取代系统或服务	1. 差异化模组，如区分安全、隐私及应用需求等级
			2. 产业专属模组，如依产业特性提供即时数据分析
			3. 提供职能服务
		b. 运用网络、蓝牙及无线功能，进行系统服务交互作用	4. 支持远端即时连线，如异构系统介接服务（PaaS、SaaS）
			5. 整合前台信息系统（PaaS、SaaS）
			6. 支援跨系统即时传输（PaaS、SaaS）
		c. 提供动态需求的系统或服务	7. 提供即时回馈系统，如多媒体或视觉化分析（SaaS）
			8. 提供整合信息，如产业生态系统整合信息（SaaS）
			9. 提供上下游信息，如供应链信息整合（PaaS、SaaS）
		d. 运用客制化特色功能	10. 提供客制化模组系统或服务整合技术

参考物联网平台策略选择要素定义，“技术攸关性 T1”是指提供的新技术能符合顾客现阶段发展需要；而“技术的实用性 T2”是指新技术界面亲和且容易应用于实务；“市场整合程度 M4”则是指平台可提供顾客垂直供应链或横向产业链；而“技术的保护性 T3”是指新技术不容易被模仿。以此定义，以推荐顾客引进物联网平台应用为例，根据表 7-16，将计划改善的参数“技术攸关性 T1”分别与避免恶化的参数即“技术的实用性 T2”“市场整合程度 M4”及“技术的保护性 T3”三项策略的 TRIZ 服务创新法则综合分析矩阵见表 7-17。

表 7-17　物联网平台策略关键要素的服务创新法则综合分析矩阵

避免恶化参数 计划改善参数	技术的实用性 T2 T21 跨平台转介服务 T22 专业跨域开发团队 T23 标准化模组功能 T24 标准化线上服务 T25 系统整合服务	市场整合程度 M4 M41 跨平台市场整合服务 M42 专业市场整合顾问 M43 即时市场整合分析 M44 多元跨系统加密服务 M45 策略联盟整合服务	技术的保护性 T3 T31 系统专属服务 T32 专职负责人员 T33 即时侦测及加密服务 T34 专属整合服务 T35 专属云端服务
技术攸关性 T1 T11 整合简化系统 T12 任务型开发团队 T13 专属回馈服务 T14 专属加密服务 T15 专属异构整合 T16 专属线上服务	1. 开发简易跨平台介接（T11，T21：27. a）	1. 产业市场整合模组（T11，M41：27. a/40. b）	1. 专属系统局部模组（T11，T31：27. a）
	2. 跨领域整合咨询小组（T12，T22：40. a）	2. 跨领域市场整合模组（T12，M42：40. a）	2. 物联网开发专责团队（T12，T32：28. a）
	3. 智能服务模组（T13，T24：40. b）	3. 产业即时分析模组（T13，M43：28. a）	3. 客制化即时分析整合模组（T13，T33：28. b. c）
	4. 局部功能介接模组（T14，T21，T23：27. a）	4. 异构加密整合模组（T14，T15，M44：28. b）	4. 客制化安全模组（T14，T34：28. a. d）
	5. 跨系统整合模组（T15，T23，T25：40. a）	5. 多媒体市场整合模组（T16，M41，M45：28. c）	5. 客制化异构整合系统模组（T15，T34：28. b）
	6. 产业分析整合模组（T16，T25：40. b）	6. 系统整合顾问及教育训练（T12，T16，M42：40. b）	6. 客制化云端整合模组（T16，T35：28. d）

汇整分析表 7-17 发现，计划改善参数“技术攸关性 T1”与同时实现避免恶化参数“技术的实用性 T2”，可以“可抛弃原理（原则 27）”及“复合材料（原则 40）”的创新法则进行综合分析评估，但须以顾客现有的或熟悉系统为基础，成立跨领域咨询小组，开发简易跨平台介接模组、智能服务模组及产业分析整合模组等。

第五节　本章小结

以往研究很少同时整合 Kano 二维分析模型、模糊德尔菲法、灰色关联分析及 TRIZ 分析，且应用于经营管理方面的文献相对较少。故本书尝试以顾客需求为导向，建构物联网平台经营策略选择关键要素及服务创新评估模式，主要结论及研究价值如下：

一、主要研究结论

（一）Kano 二维模式分析的主要结论

物联网平台顾客需求要素中，归属于"魅力需求"的包括"客制化""数据分析""异构连接"三项，为大幅提升顾客需求的重要参考依据。归属于"一元需求"中的大部分要素（除"验证隐私""信息化""即时性"及"资料处理"4 项之外）均属于增加满意度的指标要素，是重要且不可忽视的要素。而"入侵攻击侦测""拥塞延迟监控""存取信任验证""数据隐私"及"验证隐私"则属于减少顾客不满意度的指标，显示具备隐私及安全功能是避免顾客不满意的重要条件。此外，"异构连接""数据分析""即时性""客制化"及"信息化"均是增加顾客满意度的重要指标。物联网平台经营者应优先落实安全性及隐私性、减少顾客不满意度的务实策略，再推出具有增加便利性和应用性的服务以及增加顾客满意度的客制化的魅力策略。

（二）运用 FDM 筛选策略选择关键要素

物联网平台策略选择关键要素中，"市场整合程度"与"技术的实用性"的专家共识值最高，是物联网平台经营者最重要的策略，以实用性的技术，开发物联网平台应用，促进市场整合，是促使顾客引进物联网的关键策略。就市场层面而言，物联网平台经营者的关键策略首先着重于市场整合度；其次是市场可行性、营销和利润规划、经济永续性。就技术层面而言，关键策略为技术的实用性；再次是技术的攸关性及技术的保护性，物联网经营者应以技术的实用性为主要策略吸引顾客，再以顾客特性与需求提出最攸关的技术策略；最后是顾客专业技术保护策略。而就执行层面而言，流程最优化、人员与团队管理及系统维护是同等重要的策略，顾客针对物联网平台应用，系统流程再造最优化及成立专案任务团队是物联网应用推动的主要策略，而系统维护的策略有助于物联网应用资料的可利用性及推广性。

（三）利用QFD取得以顾客需求为导向的策略选择关键优先顺序

以顾客需求为导向的物联网平台策略选择关键要素前五项应为“技术的攸关性”“市场的可行性”“技术的实用性”“市场的整合程度”及“技术的保护性”。据此，物联网平台应着重发展各产业或领域的专属技术，以顾客特性及技术需求的攸关性作为物联网应用发展的策略重点，再以物联网应用开发新市场为策略吸引顾客，其后依序导入顾客实用的技术强化物联网层面，继而由物联网平台逐步进行新旧市场整合，同时发展客制化的专业技术保护功能。综上所述，物联网平台应根据顾客对物联网应用的需求，以攸关顾客的现有技术为基础，评估经由导入物联网平台新技术开发新市场的可行性，进而汇整现有系统与物联网平台系统信息开展市场整合，并积极通过共创模式，吸引相关企业加入，进一步发展基于物联网平台的产业生态系统（联盟），并积极发展产业生态系统技术保护模组。

（四）以TRIZ建构物联网平台策略关键要素服务创新法则综合分析矩阵

以制造业物联网的导入为例，针对计划改善的“技术的攸关性”为关键策略要素时，经营者应视其制造特性与需求，以顾客现有的生产系统或熟悉的技术，提供具有安全性感测器、模组化生产功能、预知保养功能及弹性整合与分析等基础的生产物联网为服务策略，并且应避免恶化“技术的实用性”“市场的整合性”及“技术的保护性”，即避免导入实用性不佳、保护性不强的技术，同时避免开发市场无法整合的物联网应用制造系统。另外，物联网平台经营者可以专业顾问模式与顾客进行策略合作，共同开发跨平台异构系统整合分析模组，并以整合产业系统或开发生态系统服务创新方案为策略，不仅可以深化物联网平台自身专业、提升顾客专业层面，更可拓展与顾客的合作面向成专业的策略伙伴。

二、主要贡献

（1）近年来不少学者利用多准则决策方法分析云端平台，然而多数文献较关注于物联网或云端平台评选准则或优先顺序分析，而基于顾客的角度探讨物联网的文献却较少见，更遑论策略选择要素的研究，而有关物联网平台服务创新的研究则更少。本书主要以顾客需求为导向，建构相关分析模式，评价物联网平台服务创新关键要素的优先顺序，是对以往研究的拓展和补充。

（2）不同于以往大多数研究局限于使用定性分析、专家访谈或单一维度的分析，本书的分析模型整合了 Kano、FDM、QFD 及 TRIZ 四种分析模式，兼具质性与量化分析，其主要贡献在于突破了传统物联网相关研究偏重量化结果或个案的质性讨论，建构了以顾客需求为导向的物联网平台经营策略服务创新模式的分析框架，有助于提升物联网平台顾客满意度与服务品质，更具实务应用价值。

（3）本书以顾客需求为主轴，建构了评估物联网平台提供服务创新的策略选择关键要素的分析模型。该模型首先通过 TRIZ 分析经营策略选择关键要素，以“物联网平台矛盾矩阵表”匹配 TRIZ 服务创新法则，作为构思服务创新的依据，开发整合“欲改善参数或策略”与“避免恶化参数或策略”的物联网平台服务创新法则 TRIZ 综合分析矩阵，以期能让物联网平台在提供各产业服务时，完善服务创新的一个思考程序。

第八章　政府政策对物联网产业发展的影响

第一节　引言

我国物联网相关产业的发展大致分为三个阶段：第一阶段为产业萌芽期（2009~2011 年）。此阶段主要是公共领域导入期，包括智能交通、智能节能与智能城市；第二阶段为技术创新与标准形成期（2012~2015 年），从公共领域跨入相关产业，主要表现为物流管理与智能制造的应用；第三阶段是服务创新与产业成长期（2016 年至今），这一阶段物联网开始进入家庭。

IOT 是新一代信息技术的高度集成和综合运用。智能机器人、智能家电、智能联网汽车等数以万亿计的新设备接入网络，形成巨量数据，促进生产生活和社会管理进一步迈向网络化、智能化、精细化方向转变，经济社会发展更加高效智能。对新一轮产业变革和经济社会绿色智能、可持续发展具有重要意义。创新是引领发展的第一动力，我国将进一步促进 IOT、大数据等新技术、新业态广泛应用，培育和壮大经济发展新动能。

2020 年，我国 IOT 的出现与发展已历经了 10 年，同时，也是我国 IOT 下一个 10 年发展的起点；然而，目前针对这 10 年我国 IOT 产业经营效率及政策推行成效的研究较为缺乏，不少研究仍属于定性分析和案例研究，未能从整体上考察我国 IOT 产业的经营效率及政策推动成效。为此，本书运用 2010~2020 年的数据，实证考察我国 IOT 产业的运行绩效和政策成效。

第二节　研究设计

一、研究对象

本书以我国具有IOT概念的上市公司为研究对象（样本），共筛选出32家公司（见表8-1），研究期间为2010~2020年。

表8-1　我国主要IOT上市公司信息

产业类别	企业名称	股票代码
计算机及相关设备制造业	新北洋	002376
	航天信息	600271
	方正科技	600601
计算机应用服务业	卫士通	002268
	达实智能	002421
	华力创通	300045
	世纪瑞尔	300150
	万达信息	300168
	同方股份	600536
	中国软件	600536
	东软集团	600718
计算机软件开发与咨询	恒生电子	600570
电力、蒸汽、热水的生产和供应	国电电力	600795
电子元器件制造业	上海贝瑞	600171
	士兰微	600460
	长电科技	600584
	太极实业	600667
电器器械及器材制造业	泰豪科技	600590
其他电子设备制造业	精伦电子	600355
其他社会服务业	清新环境	002573

续表

产业类别	企业名称	股票代码
制造业	海康威视	002415
	达华智能	002512
	中航电测	300114
	新国都	300130
	聚光科技	300203
通信及相关设备制造业	光迅科技	002281
	辉煌科技	002296
	合众思壮	002383
	佳讯飞鸿	300213
	大唐电信	600198
	烽火通信	600498
通信服务业	杰赛科技	002544

二、研究方法

（一）动态 DEA

传统 DEA 模型可以处理多投入多产出的决策单元的相对效率，但忽略了内部活动连接的接续性。虽然之前的窗口分析和 Malmquist 生产力指数可以进行动态分析，但也忽略了连续两个时期的结转活动的影响（Tone & Tsutsui，2010）。为此，本书使用动态 DEA 模型分析我国 IOT 上市公司的效率。动态 DEA 模型基本结构如图 8-1 所示，其中 Carry-over 为结转项，在会计分析中，结转项目为永久账户，其账户余额在财政年度 t 结束时累积，并结转到下一财政年度 t+1，属于结转项目的有资产和负债。在本书中，我们将不动产、厂房及设备作为结转变量（Carry-over）。以下是本书使用的投入变量、产出变量和结转变量。

1. 投入变量

当年研发投资（RD）：为公司的当年研发费用。

研发资本（RK）：当年度创新产出所消耗的资源，并非只限于当年度的研发费用，过去研发投入的积累也可能产生效应，即本年度的研发投资在以后年度也可能产生影响。为此，参考有关文献做法，并考虑到物联网产业的产品生命周期短的特点，设定研发费用每年递减 15%，滞后两年，计算研发资本，其公式为：

$$RK_{it}=RD_{it}+(1-15\%)RD_{it-1}+(1-15\%)^2RD_{it-2} \tag{8-1}$$

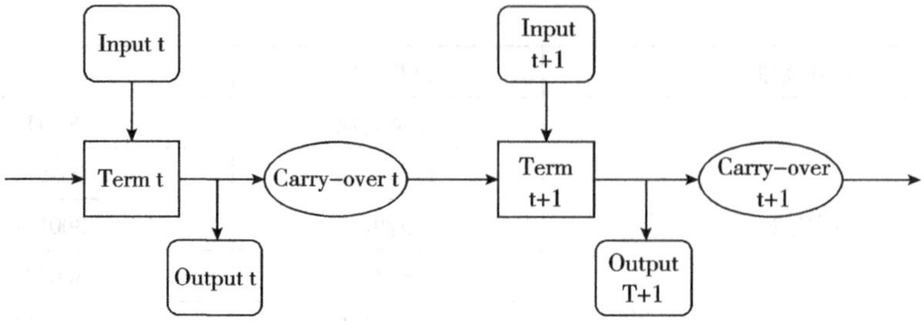

图 8-1 动态 DEA 模型的基本结构

式（8-1）中，i 表示个体别（上市公司），t 表示年度别。

2. 产出变量

专利数量（patent）：专利权对公司未来竞争力有很大影响，不少文献使用专利权数量衡量创新产出。本书以公司在美国、中国的专利核准数量计算。

专利被引次数（cited）：是衡量专利质量的重要指标之一。专利被引次数越高，代表专利质量越高。本书以公司在中国、美国核准的专利权截至 2020 年的被引数量作为衡量创新产出的质量指标之一。

专利权请求项数（claims）：权利请求项数越高，则专利的价值越高。本书以公司在中国、美国核准的专利权所宣告的请求项数作为衡量创新产出的质量指标之一。

此外，处理上述产出变量以衡量创新效率产出外，本书在额外加入其他变量衡量经营效率，包括营销费用及不动产、产房及设备作为投入变量，产出变量为市值及营业收入。

营业费用（operating）：指销售商品或提供劳务发生的费用，包括工资、水电费及销售费用。属于投入变量。

营业收入（sales）：公司因销售商品或提供劳务等经常性活动而获得的收入，属于产出变量。

市值（mvalue）：公司年末发行的股票的市场价格，等于股票总数乘以股价。

3. 结转变量

不动产、厂房及设备（constant）：包括房屋及建筑、机器设备、运输设备与其他不动产、厂房及设备。属于投入变量。

（二）脉冲响应分析

在使用动态 DEA 模型评估我国 IOT 产业的创新效率、经营效率及整体效率后，本书将 2009 年的"感知中国"、2011 年及 2016 年颁布的两次五年规划出台作为政策冲击事件，运用脉冲响应分析政策效果，分析政策的延迟效果。

本书的专利核准数量来自 Incopat 全球专利检索系统，公司各项财务数据来自 Wind 数据库及新浪和东方理财网等网站。

（三）描述性统计

表 8-2 为各变量的描述性统计，从中可以发现我国 IOT 相关产业除了专利权被引用次数，当年研发投资等变量均呈正增长，其中又以研发资本增长最多；而专利权被引次数呈现负增长，主要是因为引用次数为逐年累积，因此较新的专利会因为年数较少可能导致被引次数少。

表 8-2　我国 IOT 相关产业变量的描述性统计　　单位：百万元

变量		样本容量	均值	标准差	最小值	最大值
投入变量	研发投资	11	69. 17727	26. 14238	30. 4	119. 11
	研发资本	11	171. 0482	93. 41011	64. 3	410. 79
中间投入	专利权项数	11	17. 90909	9. 038302	7. 0	35. 00
	专利被引用次数	11	9. 727273	4. 941476	2. 0	18. 00
	专利权请求项数	11	119. 9091	73. 80712	44. 0	251. 00
外部投入	营业费用	11	357. 2455	158. 4266	110	533. 30
结转项	动产、厂房及设备	11	372. 0045	185. 4054	114. 2	606. 43
产出变量	营业收入	11	6970. 7	3757. 652	2334. 7	12520
	市值	11	93463. 01	53484. 27	3311. 7	153403. 1

第三节　产业效率及脉冲分析

本部分包括两方面内容：一是使用动态 DEA 方法分析我国物联网产业的效率，包括创新效率、经营效率及整体效率；二是使用脉冲分析（IRF）评估政策变动对上述效率的影响。

一、产业效率实证结果及分析

（一）我国 IOT 产业创新效率、经营效率及整体效率

长期来看，创新效率、经营效率及整体效率均呈现正增长。这可能是由于美

国、日本及欧洲在2008年及之前推动IOT发展，而我国政府于2009年提出"感知中国"，略晚于欧美日等发达国家，已不占先机，故而一开始效率并不佳。2011年后，我国IOT产业的创新效率逐年上升，代表政策成功带动产业发展。

如表8-3所示，2011~2015年，我国创新效率逐年上升，而经营和整体效率无明显变化，主要是因为"十二五"时期，我国重点推动IOT产业的高端核心技术，在此期间，在感知、传输、处理和应用等技术领域取得了500项以上的研究成果，故创新效率不断上升，至2017年达到最高峰。同年，IOT产业的经营和整体效率也开始上升，其原因可能是技术的成功研发带动了产业的经营发展，促使经营效率提升。不过，创新效率在2017年达到峰值后，开始下降，并逐渐趋于平稳。经营效率和整体效率在2019年开始下降。

表8-3　2010~2020年我国IOT产业经营绩效

项目	2010年	2011年	2012年	2013年	2014年	2015年	2016年	2017年	2018年	2019年	2020年	平均
创新效率	0.287	0.207	0.224	0.258	0.252	0.302	0.272	0.512	0.161	0.152	0.162	0.254
经营效率	0.132	0.174	0.162	0.153	0.163	0.151	0.162	0.212	0.223	0.202	0.172	0.173
整体效率	0.132	0.163	0.154	0.152	0.149	0.152	0.163	0.223	0.201	0.193	0.143	0.166

2010~2020年，无论是研发资本还是研发投入，均呈现持续上升趋势。根据"十二五"规划纲要，战略性新兴产业与产业创新能力为建设重点，其中IOT产业为重点推动产业，政府提供相关的税收优惠措施，鼓励创新研发人才培养、流动，建立IOT基地，为推动IOT开发提供示范区，通过创业、研发辅导、资助启动资金、税收减免等多种方式，支持IOT产业开发。在此期间，IOT企业的研发投资逐年增加，表示政府扶植政策起到了积极作用。

"十三五"规划纲要明确提出，"夯实互联网应用基础，积极推进云计算和物联网发展"和"实施农业物联网区域试验工程，推进农业物联网应用，提高农业智能化和精准化水平"，可见物联网已成为行业应用的基础，并开始向各行业加速渗透，融合集成创新能力愈发强大。

"十四五"规划明确指出，将物联网产业作为七大数字经济重点产业之一，并"将物联网感知设施、通信系统等纳入公共基础设施统一规划建设，推进市政公用设施、建筑等物联网应用和智能化改造"，"推动物联网全面发展，打造支持固移融合、宽窄结合的物联接入能力"。

在有关政策的推动下，我国IOT产业在信息传输、感应等技术领域取得了

500项以上的重要研发成果，制定了200项以上的国家和产业标准。专利权数量、专利被引次数在2010~2015年逐步缓慢上升，专利请求项数在同一时期急剧上升；而专利权数量只是在2016年之后才有明显增加，表示研发投资需要有一个滞后期才能带来创新产出。故而无论是国家的研发政策还是企业的创新能力提升，均需要克服短视病，展望长远，久久为功，方能后来居上。

专利权数与专利请求项数自2016年逐年上升，其原因可能是，由于2016年开始实施“十三五”规划，国家强调要加强IOT产业协议与标准的研究，推动IOT不同产业之间的互联互通，我国IOT的跨界融合和集成创新开始加速，因此这两个变量即专利权数和专利请求项数呈逐年上升趋势。根据美国2019年度的发明专利报告，我国企业在美国获批的专利数量排名第一，比上年同期增长超过34%，增速位列全球主要经济体之首。

（二）我国IOT产业效率分析

我国IOT产业效率分层情况见表8-4。

表8-4　我国IOT产业效率分层情况

效率值	创新效率		经营效率		整体效率	
	DMU数量（个）	占比（%）	DMU数量（个）	占比（%）	DMU数量（个）	占比（%）
等于1	31	8.81	14	3.98	7	1.99
[0.9，1)	22	6.25	26	7.39	22	6.25
[0.8，0.9)	2	0.57	5	1.42	0	0.00
[0.7，0.8)	4	1.14	7	1.99	0	0.00
[0.6，0.7)	6	1.70	10	2.84	0	0.00
0.6以下	287	81.53	290	82.39	323	91.76
合计	352	100	352	100	352	100

由表8-4可以看出，在我国IOT企业中，有效率（效率值=1）的上市公司（即决策单元DMU）占比分别是：创新效率8.81%、经营效率3.98%、整体效率1.99%。创新效率的表现比经营效率及整体效率的表现要好。以效率值为0.6以下的作为极低效率的划分标准，则2010~2020年极低效率的上市公司占比分别是：创新效率81.53%、经营效率82.39%、整体效率91.76%。无效率的上市公司DMU占比很大，推测这可能与上市公司的股权性质有关：国有企业或国有控股企业可以得到更多的资源和政策支持。

二、政策脉冲效应

政策对我国 IOT 产业造成的冲击效果，本书以 2009 年、2011 年及 2016 年的三个主要事件即“感知中国”“十二五”规划及“十三五”规划作为政策冲击，考察政府政策对 IOT 产业上述三种效率的影响。实证结果如表 8-5 所示。

表 8-5 我国 IOT 产业的脉冲效应分析

政策冲击年份	2009 年“感知中国”		
	创新效率	经营效率	整体效率
1（2009）	6.0248*	-1.0081	-0.2995
2（2010）	0.3277	0.6447	0.9662
2011 年冲击点（“十二五”规划出台实施）			
1（2011）	5.8675***	-1.0829	-0.4317
2（2012）	0.4073	1.0369	1.3578
3（2013）	2.8012***	-0.02462	-0.1147
4（2014）	-2.0857**	2.3627**	1.9675*
5（2015）	-0.1755	-2.6573**	-2.3232*
2016 年冲击点（“十三五”规划出台实施）			
1（2016）	1.1492*	0.7530	1.4112*
2（2017）	1.5343*	-1.2017*	-0.8952
3（2018）	1.7727*	0.5973	0.2525
4（2019）	0.4026	-1.9971*	-1.4001
5（2020）	-2.0091***	-1.5858*	-1.5699*

注：*、**、***分别表示 10%、5%、1%的显著性水平。

由表 8-5 可知，2009 年“感知中国”实施后的第一年，创新效率显著增加 6.02%，表示政策实施确实对产业有立即的影响，不过经营效率与整体效率无显著变化，其原因可能是因为该政策主要是以提升企业研发实力为主，且研发成果要转化成营运资源并产生效果，却非短期可以实现。

2011 年为实施“十二五”规划第一年，2012 年创新效率增加 5.88%，表示政策实行对产业有即刻的影响，不过在第四年后开始下降，推测可能是因为政府即将开始推行“十三五”规划，将着重于硬件基础设施建设，导致创新效率下降，而经营效率与整体效率在政策实施 4 年后分别上升 2.40%、1.98%，与以往文献的研究大致一致，即政策有滞后效应。这可能也说明创新研发的投入开始有了回报，导致经营效率从而整体效率提升。

2016年，我国开始推行“十三五”规划，实施后的第一年其效率增加1.15%，后续2~3年则分别增加1.53%、1.77%，代表该政策实施立即产生效果。2016~2020年，经营效率不升反降，推测原因之一是过往投入的成本过于庞大（投资于厂房设备的投资过多等），降低了经营效率，还有可能是与这一期间发生的中美贸易摩擦等有关。

上述结果从整体而言符合国际IOT产业的政策推广经验，即制度或政策的推行会经历阶段性的演变过程，对IOT产业效率的改善有滞后效应。另外，政府早期推行的政策以研发创新政策为主，因此早期的创新效率提升较快，不过由于研发具有延迟效应，不会立即反映在企业的经营上，因此经营效率并不高，至少早期是如此。因此，研究结论的一个启示在于，政府政策制定者及企业决策者均应有前瞻性的长远眼光，避免短视趋利效应。另一个启示在于，政府政策对IOT产业的经营效率确实有很强的效果，一般而言是正向的显著影响。因此，一般而言，在推动产业升级特别是新兴产业的发展上，政策的出台实施确实有其必要性。

第四节　本章小结

经过10余年的发展，我国IOT在全球物联网产业排名已经靠前，具有强大实力和影响力。展望未来，我国IOT产业仍有广阔的发展前景，并为增强国家创新动能和发展后劲注入强大活力。本章使用动态DEA模型，评估我国IOT产业的创新效率、经营效率及整体效率，并在此基础上，使用脉冲响应分析主要政策如“感知中国”、“十二五”规划、“十三五”规划出台的冲击效果。研究结论及政策建议分述如下：

一、研究结论

（一）产业创新效率、经营效率与整体效率分析

我国IOT产业创新效率在2010年小幅下降，主要是由于美国、欧盟及日本等发达经济体早在2008年及之前已经推动IOT政策，取得了市场先机，而我国政府则是在2009年才进行追随，并适时提出了“感知中国”战略。政策实施后，

IOT 产业的创新效率随之提升。到了 2011 年，我国政府开始实施“十二五”规划，重在推动高端核心技术的发展，而 IOT 产业赫然在列，是重中之重，故此导致 IOT 产业的创新效率逐年提升，在此期间整个产业的经营效率及整体效率无明显变化，2016 年整个产业的创新效率上升到峰值，与此同时经营效率及整体效率也开始呈现上升趋势，可能是由于前期研发投资的滞后效应所致。至“十三五”规划，政府政策有了新的聚焦，强调发展通用协议及标准制定，推动 IOT 不同产业不同领域的互联互通，创新效率达到了最高峰，不过后续其值开始下降，仅经营效率提升。整体而言，我国 IOT 产业无论创新、经营及整体效率均与政府政策有很强的联动效果。如我国 IOT 企业在美国申请专利数量近年来不断增加，至 2019 年其权利数量已上升到第 4 名，增长幅度位居主要发达经济体之首，不过以专利请求权数量及专利被引次数衡量的专利质量有所下降。在三大效率方面，整体而言创新效率表现较好。

我国 IOT 产业的发展绩效其内部差异还是很大的。2010~2020 年，在 352 个决策单元中，有效率的决策单元（其效率值为 1）中创新效率有 31 个、经营效率为 14 个、整体效率为 7 个，占比分别是 8.81%、3.98%、1.99%。其比例还是非常低的，其余效率值小于 1 的均是无效率的单元。而在无效率单元中，效率值为 0.6 以下的占比较大，分别是创新低效率（占比 81.53%）、经营低效率（占比 82.39%）、整体效率（占比 91.67%）。整体而言，国有或国有控股企业的有效率决策单元占比较高，而无效率的决策单元中，民营企业的占比较高。推测这可能与国有企业受到了更多的政策资金支持有关系。

（二）政策对 IOT 产业效率影响的脉冲效果分析

在 IOT 产业效率分析的基础上，本书使用脉冲效应分析了政策事件的效果。分别以 2009 年的“感知中国”、2011 年的“十二五”规划、2016 年的“十三五”规划为政策事件，考察其对 IOT 产业创新效率、经营效率及整体效率的影响。2009 年“感知中国”实施后的第一年，创新效率显著增加，不过经营效率及整体效率无显著变化，推测这一政策事件主要侧重点在于推进产业研发，故对产业产生了即时性的影响，所以创新效率立即上升，而研发成果要转换为企业的营运资源，为企业带来额外收入，短期内将无法立即显现效果。

在 2011 年的政策事件冲击后，实施后的第一年，创新效率显著增加，表示政策事件对产业研发立即发生了效应，而只是到了第四年，产业经营效率及整体效率才得以显著上升，政策延迟效果较长，这一结果与其他文献的研究并无二致。

在2016年的政策事件中，实施后的第一年，创新效率依然显著增加，而经营效率却在第二年显著下降。推测是由于“十三五”规划强调了硬件基础设施的建设，投入成本巨大，对产业经营效率产生不利影响，还有可能是因中美贸易摩擦而使产业经营环境变得更为严峻，导致效率降低。

二、政策建议

（一）推进产业发展，IOT产业专利质量和数量应兼顾

自2009年我国政府推出“感知中国”政策以来，我国的IOT产业获得长足发展，尤其是在创新效果方面成效显著。从专利数量看，截至2020年，我国的IOT产业在美国专利局的核准数量已经在主要发达国家经济体中位列前茅。不过，以专利请求权项数和专利被引次数为指标的专利质量并未随数量增加而提升，导致创新效率下降。故本书建议政府及有关产业在努力提升专利数量时，应积极提升专利质量，增强发展后劲。

（二）推进产业发展，政府和企业应站高望远久久为功

政府政策和规划对产业特别是IOT产业的发展均具有重要作用。在几次的政策实施后，我国IOT产业的创新效率都能即时提升，不过营运效率和整体效率的提升需要假以时日，存在滞后效果。因此建议决策者无论是政府还是企业，应以长远眼光看待产业的发展，打好基础，积极创新，久久为功，必能有长远回报。一言以蔽之，政府和企业的政策制定，不可短视，均应以弃近利、图远功为指针。

（三）推进产业发展，应更加重视发挥民企作用

实证分析表明，在IOT产业中，从股权性质方面看，有效率和无效率的企业分布并不均匀。整体而言，有效率的企业大多是国有或国有控股企业，而民营企业占比较低；反之，在无效率或极低效率的企业中，呈现相反的情况，后者占比较高，而前者占比较低。建议政府在今后推动IOT相关产业的发展中，应给予民营企业更多的资金或政策倾斜，以激励民营企业发展，从而有利于带动整个行业效率的提升。

路径篇

第九章　我国城市互联网产业发展的路径与借鉴
——以深圳和杭州为例

第一节　引言

互联网产业在地理空间上的发展呈现非均衡状态，特别是有的城市互联网产业发展快速，引领一个地方甚至全国的发展风潮，如北京、广州、上海、深圳、杭州等城市，不仅孕育了互联网产业的龙头企业，而且其他互联网公司在这些地方也设有分部。尤其是杭州和深圳的互联网产业发展尤为突出：杭州在 2008 年被授予“电子商务之都”，而深圳被称为“创新之都”。很显然，这两个城市在互联网发展与创新上具有卓越成就，且目前我国互联网产业影响力最大的龙头企业阿里巴巴与腾讯分别位于杭州与深圳，它们对我国的互联网产业发展具有风向标的作用。为此，本书将对比这两个城市互联网产业的发展路径及其发展模式的不同，探索其中的发展规律，期望能为其他城市或地方的互联网发展提供借鉴或启示。

对于杭州与深圳互联网产业发展的异同，《2016 年中国独角兽企业发展报告》曾指出，“杭州的独角兽以电子商务和互联网金融为主，另一半围绕阿里生态圈展开”；而深圳则主要是以技术驱动型产业为主，分布在大健康、人工智能、云服务和智能硬件四个行业。

综上，深圳的互联网发展偏向于将互联网与硬件技术制造业相结合，而杭州的形态则更偏向于商业性的互联网发展。那么，为何两市的互联网发展形态有上述不同？其影响因素为何？这些对其他城市或地区的互联网发展有何种启示意义？不同的城市或地方如何定位自身的互联网产业发展？

本书拟从市场方面（两个因素）与政府方面（两个因素）共计四个因素探讨两市互联网产业发展的不同形态。市场方面的因素包括龙头企业的集聚效应（产业结构）、产业多样性及分叉。政府方面的因素包括地方政府的产业发展战略、地方政府的竞争压力。

第二节　相关理论基础

一、经济发展与地方政府的角色

（一）地方政府与企业及市场的互动

Blecher（1991）将地方政府介入经济发展的方式分为两类：发展型政府与企业家型政府。“发展型政府”是指地方政府通过产官合作、财政安排、政府采购及基础设施建设等方式助力地方经济发展；“企业家型政府”是指官员扮演企业家的角色，直接参与经济行为寻求获利。Richard Baum 和 Alexei Shevchenko（1999）进一步进行了划分，以“国家机构是否有促进经济增长的动机”和“国家机构与企业是否有关联”两个标准，将地方政府划分为四类：“企业家型”、“发展型”、“侍从型”（Clientelist）及“掠夺性”（Predatory）。无论如何划分，地方政府在地方经济发展过程中所扮演的角色不可忽视，地方政府甚至直接扮演经营管理者的角色。

（二）地方政府的竞争

地方政府之间的竞争也会影响地方的经济发展。在我国，地方政府之间及各部门之间整体上呈现“条条”“块块”“条块”的图像。“条条”的上下级之间资源流动、“块块”存在水平之间的竞争、“条块”之间缺乏分工与协同，从而导致各层级的政府与部门均可能为了追逐自身利益最大化而彼此形成竞争关系。而地方企业为了发展，势必与地方政府紧密合作。就此来看，在互联网产业的发展上，地方政府的作用或政企关系的影响必然不可忽视。

二、演化经济地理学与产业分叉

新古典经济学强调市场机能的重要性，更加强调理性主体的自利行为和市场出清现象。不过，新古典经济学的想法过于天真，与真实的经济运行情况有着明显的差距，而演化经济地理学是在有限理性的假设下，以“新奇”（novel）（类似于基因突变）作为经济演化的契机，经过时间的积累，现在的组织惯例（类似生物体的基因）由过往的多样化的“新奇”所演化而来，强调特定时空背景对（异质性）企业惯例的影响和养成，经济活动的地理空间化、空间异质性、区域社会制度的影响、创新的出现等，均会影响经济变迁的过程，从动态视角考察具体时空背景下的经济变迁。

（一）产业分叉

演化经济地理学认为，区域经济增长或产业发展并非从零开始或在真空中发展，而是根植于既有的经济结构，即以往的经济活动会对当下及之后的经济产业发展造成影响，产业创新往往有着高度的空间地理（城市、区域等）特征。MacKinnon 指出，区域资产是区域路径创造的重要基础。区域资产包括自然资产、基础设施、产业基础（技术与企业能力）、人力资产（劳动技能与知识）、制度资产及经济参与者（企业、政府、高校、中介机构、金融媒介等）的作用。

从产业发展路径看，Isaksen（2015）归纳了四种可能的路径发展模式：路径拓展（path extension）、路径枯竭（path exhaustion）、路径重组（path renewal）、路径创造（path creation）。路径拓展是在既有的路径基础上进行调整与创新；路径枯竭是指地区产业由于地区资源枯竭或者面临新技术的竞争，慢慢丧失优势，逐渐衰退；路径重组是指产业或企业在发展良好的情况下，转移到与既有产业相关的不同产业，即区域产业分叉（industry branching），而产业分叉往往会选择分叉到相关的技术产业；路径创造主要是指研发成果的商业化，出现新的商业模式形成新的发展路径。

（二）相关多样性

传统理论认为产业知识与技术的外部性流动可以分为两种模式：专业化与多样化。前者聚焦于产业的专业性，认为单一产业的集中有利于企业间的知识外溢，从而促进地区的经济增长，被称为地方化经济（专业化外部性），或 MAR（Marshall—Arrow—Romer）外部性，即专业化外部性；后者聚焦于城市空间的产业多样性，认为多样化的城市产业有助于知识的交流、模仿与创新，从而形成经济增长，这种基于城市空间内所有企业形成的多种产业的外部性，是整座城市均可共享的外部性，因此被称为城市化经济（多样化外部性）或 Jacobs（雅各布斯）外部性。

演化经济地理学认为，即便产业间地理上邻近，也未必能够产生知识或技术溢出，因而更加重视产业间的认知距离（cognitive distance）。若产业间具有较近的认知距离，彼此享有共同或互补的知识、技术基础时，较容易形成技术关联性。Frenken 等（2007）提出了“相关多样性”（related variety）的概念，指基于相关、相邻或互补的产业所形成的产业多样性。这一多样性介于专业化和多样化之间，可能更有助于知识的外部性流动。在地区之间形成产业间的相关多样性的情况下，产业间的技术关联会强化彼此的知识转移与共享，在彼此的技术交叉与产业融合下，从而出现产业分叉。需要强调的是，知识与惯例的溢出并非自然而然发生，而是通过某种机制才可以转移，如企业间的合作、网络的形成、劳动力流动等，此外，除了基于多样性的知识转移，公司分拆等“企业衍生”，也是地方企业、产业间转移知识的重要途径。

总之，演化经济地理学认为，地区新产业的出现与既有的地区产业有重要的关联性。在有限理性的作用下，新产业的创新更可能是基于当地的相关多样性产业结构，与既有的产业具有技术关联性，从而得以在当地发展。除了地区的产业相关多样性，MAR 外部性和 Jacobs 外部性也会在不同阶段对产业的发展产生影响。因此，相同的产业在不同的地理空间下，可能有不同的发展。本书将城市的政企关系与互联网产业相关的产业多样性进行探讨，以便更好地理解两市互联网产业的发展路径。

第三节　杭州互联网产业的发展——以点带面型

一、阿里的成长与产业分叉

阿里巴巴（以下简称阿里）属于杭州乃至我国最早的一批互联网企业，其成长被认为明显受到浙江经济环境的影响。一般认为，阿里成功的三大法宝分别是电商、金融和物流。其中淘宝电商模式借鉴了义乌的批发市场，支付宝模式借鉴了温州的私人信用市场，其菜鸟网络信息平台也是基于桐庐发家致富的“三通一达”（申通、圆通、中通及韵达）。阿里能从互联网产业中脱颖而出，成为互联网巨头，可以说是借鉴了浙江的经济模式，它深受杭州市经济市场环境与社会文化的影响，在许多方面其发展可能都深受本地独特条件的形塑。本书接着分析杭州的城市发展环境，以此理解杭州的互联网产业发展。

（一）杭州的互联网产业发展优势

1. 地理区位优势

尽管杭州不如上海、北京等具有悠久发展历史的“经济优势”，但作为长三角的重要节点、浙江省会和国际旅游城市，相比于其他城市，更能够集中外部要素和信息优势，包括高端技术人才、风险资本及融资市场。

2. 企业发展环境

阿里成立之初，具有繁荣的民营企业市场环境、充足的大学毕业生人才资源，在距离上海远、当时交通不方便的条件下，想要在互联网公司发展的年轻工程师更可能留在阿里及其所在城市杭州。

3. 经济发展环境

以中小企业为主的产业结构且没有庞大支柱性产业的杭州，其实恰恰又为了阿里提供了极大的增长空间。淘宝的商家中很多正是中小企业，甚至很多就是自产自销的家庭工作坊。

由 B2B 转向 B2C，是阿里系淘宝网发展的转折点。2008 年的世界金融危机为这一转向又增加了极大的助力，淘宝网顺势崛起，发展迅速，由 2006 年的 3000 万用户飙升到 2009 年的 1.7 亿用户，淘宝网的市场占有率近 80%，成为阿里系的骨干。可以说，大约 2008 年金融危机之后不久，我国的互联网三巨头（百度、阿里巴巴、腾讯，即 BAT）就形成了，而其市值规模远超过北京的三大门户网站（搜狐、网易、新浪）。在北京、上海、广州、深圳之后，杭州奋起直追一线城市。

综上所述，杭州与浙江的中小企业为经济发展主体的模式，是造就阿里得以成功发展的关键。阿里电商基础的 B2B、C2C 其发展壮大离不开杭州市场、浙江中小企业的帮助，而中小企业的发展与转型升级也离不开阿里巴巴的帮助。

（二）杭州的产业转型升级

杭州的互联网产业发展路径，在某种意义上是在既有的高新技术产业与新兴技术的交叉下逐渐发展起来的。尽管马云不懂技术，但阿里从网页的架设发展，到后来越来越多的产业与业务内容，都离不开技术的支持，而相关的技术、硬件、人才与高新区和文教区具有极大的关联性。通过高新区“现有产业”提供的技术、人才与相关知识，加上企业、高校、科研院所带动的知识流动，可能会促进融合与交互作用，进而造就产业分叉，为杭州互联网发展提供了一定的技术转型优势。

1. 杭州市高新区的沿革

改革开放初期，我国政府在地区经济发展上占据主导地位，当时的杭州也不例外。1990年，时任国务委员、国家科委主任宋健提出将杭州建设为“天堂硅谷”，奠定了杭州发展信息化的方向，进而深远影响了以互联网产业为支柱的经济产业结构。

初期高新区主要位于杭州市建成区内，大概相当于现今的西湖区，1991年被认定为“国家级高新区”。1996年滨江区成立，高新区开始在钱塘江南“跨江发展”，2000年高新区已初具规模，以现代通信设备制造业为主导的电子信息产业已成为第一支柱产业。2000年4月，杭州市政府以“两港三区”（信息港、新药港、国家级高新技术开发区、国家级经济技术开发区、杭州高教园区）为重点的“一号工程”启动，积极推进天堂硅谷建设。2010年高新区转型，“两港一城”成为杭州建设高新区的新规划思路，至此互联网经济产业已经是高新区的重要产业。直到2014年，“发展信息经济、推进智慧应用”已经成为杭州新“一号工程”，互联网经济、数字经济等创新驱动的经济模式，成为杭州新的发展路径。

综上所述，高新区的设置奠定了杭州互联网产业技术创新与发展环境的基础。一方面，为杭州提供了新创企业基础设施、资源聚集与知识外溢效应，容易出现产业分叉。另一方面，产业园区提供了人才流动的标的，人才受政策配套及优惠吸引更加容易流入。

2. 阿里与杭州高新区的关系

一方面，阿里受益于高新区的优惠政策与产业集聚优势，便于管理与业务交流；另一方面，由于高新区良好的成长土壤，让阿里与一批同期的大型高科技企业茁壮成长，如大华股份、海康威视、中控集团、网盛科技等。区位优势与大企业的集中造就人才磁吸效应与进一步资源集聚外溢，也带动了一批中小企业科技创新的发展，相关多样性产业的集聚带来了创新效益与技术关联。

阿里成为龙头后，成为杭州互联网产业第二阶段发展的重要推动力量。尽管杭州市的产业分叉在初期并没有特定走向，但由于阿里成为新的互联网代表性企业，进而塑造了杭州的互联网思维。由于示范效应与企业衍生，出现了大量的电商、互联网金融公司的模仿者。尽管阿里或许有很强的技术，但其企业发展更多是靠商业模式的创新而不是纯粹技术的创新突破，由于其城市的龙头地位与示范效应，带动了很大一批互联网企业的做法与它一样，导致高新开发区的互联网产业（以技术为发展路径）形成分叉，转而走向模仿阿里以运营为主的“商业模式创新，科技技术关联”的路径，形成了“杭州是互联网带动了高科技，高科技塑造了杭州，阿里改变了杭州”的局面。

总之，杭州的优势与环境造就了阿里，阿里的影响力形塑了杭州的互联网乃至新兴高科技产业，改变了杭州的经济发展走向，以下重点分析后者。

二、阿里对杭州互联网产业的形塑

文献资料和受访人士都表明，人才是杭州互联网成功的关键因素之一，当前杭州的人才可以分为四类：阿里系、浙商系、浙大系、海归系。在产业分叉后，阿里通过企业衍生的方式，对杭州的互联网产业产生影响。

（一）阿里隐形生态系

尽管近年来阿里的技术发展走在产业前沿，但起源于电商平台的阿里始终重视"运营"的能力。它相当重视"六脉神剑"（客户第一、团队合作、拥抱变化、诚信、激情、创业）的企业文化与人才培训，因此，阿里人往往被认为较具有灵活变通能力；而"毕业的阿里人"（意指衣食无忧，熟悉阿里的运作，有一定人脉而离开阿里自行创业者）或"前阿里人"形成的创业或投资版图，就被称为"阿里的隐形生态"。他们的创业版图主要还是在企业服务、电商、金融，承袭了服务商家、客户第一的阿里基因，并且很多创业者选择留在杭州。杭州市相关领导指出，杭州电子商务之所以成长快速，与前阿里人的二次产业分不开。

从演化经济地理学的视角来看，这种由前员工所创建的新公司，可被认为是"被动型的衍生企业"，即不是阿里主动有意为之的衍生企业。早期的前阿里员工创业，多是将改良的产品重新推出，与阿里形成了竞争关系，如蘑菇街、贝贝网，都是对淘宝的挑战，因此形成了阿里早年不对前阿里人投资的不成文的惯例。然而，这种惯例反而促进了市场竞争，打破了阿里在许多领域的垄断，可能为杭州互联网发展带来更蓬勃发展的生机。

（二）阿里的旗下生态系

阿里旗下的生态系，大致可以分为内层与外层。内层是指有阿里培育与战略投资的集团生态系，外层是依附于阿里下的中小企业，借助阿里供应的平台成长，内外层共同形成了阿里体系。

阿里生态系的内层。阿里不仅发展自身的主营业务（如电商、金融、物流、云计算），还不断拓展在其他方面的投资，如医疗领域（阿里健康）、生活服务领域（饿了么、飞猪旅行）、娱乐领域（优酷、阿里影视、阿里文学、虾米音乐）、社交领域（钉钉）、云存储（阿里云盘）等。这些企业在各自领域内许多已经成为互联网巨兽。这种基于阿里主动扩张所设立的公司、相关公司，可以被认为是阿里主动衍生的企业，虽然这类企业数量不多，但发展迅速、竞争力强

(如淘票票、钉钉);从股权结构来看,阿里以股权优势掌控这类企业话语权,从而将阿里的触角不断延伸,增加了阿里的平台垄断力量。

阿里生态系的外层。除了阿里自身培育的阿里系,还有一群业务合作伙伴。以阿里云为例,其合作伙伴一般是“注册资金不低于100万元,团队规模不低于20人的企业法人单位”,即基本上中小企业就具有申请合作伙伴的资格,一旦成为合作伙伴,这些企业便可以基于“阿里品牌、丰富产品、专业渠道、完善平台”等资源开展业务。一位代理运营商说道,阿里凭借“人流、资金流、物流、数据流、服务流”搭建的第三方平台,打造了一个生态圈。

总之,阿里的内层是阿里业务的拓展,从发展战略而言,属于战略多样化,用意在于拓展用户接触到阿里平台的可能性与依赖性。阿里的外层则是与阿里有业务往来,并受益于阿里扶助而成长的企业。阿里支持这些外层合作伙伴外的成长,合作伙伴的需求也强化了阿里的市场地位,形成了“自回路和自我生长的生态系统”。阿里将这种模式称为“多物种共同生存”。可以想见,在阿里主动与被动的企业衍生下,杭州的互联网产业发展明显受到其影响,进而导致杭州互联网产业发展路径与阿里的生态系统发展出现高度重叠的现象,并逐步形成了杭州互联网产业相关多样性的集聚,进而成为互联网产业的集群现象。

三、杭州市政府与阿里的互动关系

杭州市政府与互联网的互动关系,经历了一个发展过程,大致可分为政府不干涉(1999~2008年)、积极配合(2008~2014年)、共生合作(2014年至今)三个阶段的三种互动模式。

(一)政府不干涉,政企互动较弱

杭州互联网出现的时候,一如国内其他城市,政府与阿里互动较弱。此时,阿里的发展,多是凭借其企业文化精神得以发展成功。在取得与eBay的胜利后,淘宝市占率迅速增长;SARS危机之后,阿里员工彼此更加团结,锻炼了企业队伍。2007年阿里于香港上市,标志着第一阶段政企关系的结束以及BAT时代的来临。

(二)政府发布政策规划,积极支持发展

2008年全球金融危机后,杭州市相关负责人表示,杭州市政府应该用电子商务突破“中小企业、大学生就业、拓市场、促转型”的困境,研究了阿里在这些方面的模式,用以应对杭州当时所受的冲击。此时杭州市政府已经转而直面阿里与互联网的发展优势,并开始进入独立推动时期,大力出台各种相关政策与

产业规划，积极扶助互联网产业发展，尤其是支持电商的发展。

（三）政企共生

2013 年，阿里集团与杭州达成战略合作协议，合作内容包括双方共同打造电子商务服务业、互联网金融产业、现代智慧物流、跨境电子商务、云计算和大数据等产业集聚区，推进信用杭州“诚信体系建设”，加速推进杭州“全国电子商务中心”和“国际电子商务中心”建设。杭州市政府则通过如下措施支持阿里发展：在资源要素保障、基础设施配套、新业务应用推广、研发教育等方面加强服务，大力支持阿里集团在杭州打造电商全球总部与相关产业，对其在杭州投资布局的重大项目予以重点支持，希望借此推动杭州智慧经济发展。至此，阿里不再单纯是城市建设的受益者，已经转而成为城市协同建设的参与者，与杭州市政府成为“利益共同体”。2019 年，进一步签订“全面深化战略合作协议”，双方合力建设杭州的数字经济生态体系，打造政企关系命运共同体，向共同建设“我国数字经济第一城”奋斗。

第四节　深圳互联网产业成长路径——代际转型

深圳的互联网产业是在不断转型过程中形成的。本书将这种不断转型的模式概括为“代际转型”模式，而深圳的互联网产业发展路径，正是在深圳这种不断的产业转型和既有产业的基础上形成和发展的。

本书从市场和政府两个角度考察深圳的互联网产业发展。首先说明高新产业与互联网产业的关联性，以及互联网龙头企业腾讯与其他龙头对本地互联网产业的影响作用。其次说明深圳市政府在互联网产业发展中所扮演的角色。

一、深圳经济特区的发展与转型

深圳是一座改革开放后发展起来的城市，自 2012 年起，其 GDP 总量已位居全国城市三甲。究其高速发展原因，一方面是较早实行了市场化的发展方向，另一方面也是其城市的企业家创新精神氛围浓厚。初期发展受益于地理优势与政策优惠，使全国大量资源涌入深圳寻求发展，奠定了深圳特区起步的经济基础。

回顾深圳的产业发展历史，大约从 1985 年开始，大概每 10 年会出现一次经济转型（见表 9-1）。40 年产业发展历史，大致经历了商贸开发、轻工业、精细代工、高科技创新的产业转型。这一接续不断的产业经济转型，本书称为代际转型。代际转型的出现，不仅是因为深圳自身的经济条件与经济发展底蕴的不足，也与其试验田的角色有关，使其始终在经济产业发展上走在全国前列，并且弥漫着浓厚的拓荒牛创业精神和拼搏精神。

表 9-1 深圳产业转型历程

时期	1986 年之前	1986 年至 20 世纪 90 年代中期	20 世纪 90 年代中期至 21 世纪 00 年代中期	21 世纪 00 年代中期至 21 世纪 10 年代中期	21 世纪 10 年代中期至今
经济产业发展的主要特点	城市经济建设：基础设施、内地贸易； 对外经济建设：前店后厂、三来一补	以工为主，工贸结合的外向型经济；三来一补开始走向三资企业	开始产业转型，通过模仿与代工发展高新技术产业；1995 年开始步入高新技术产业，电子信息产业逐渐成为核心支柱产业	城市负载力不足，产业结构再一次转型升级；模仿制造与自主研发同时交错发展，劳动密集型向技术知识密集型转型	创新驱动与现代服务业

资料来源：唐杰、王东：《深圳创新转型的理论意义》，载于《深圳社会科学》2018 年第 1 期。

从演化经济地理学角度来看，深圳的代际转型形成了深圳制造业的相关多样性产业集聚，其中更以高新技术产业主体，这不仅有利于深圳互联网产业的发展，并使深圳互联网产业的发展具有明显的制造业痕迹。对于这一特征，以下将以腾讯为例加以展开论述。

二、深圳的互联网产业发展优势

（一）深圳创业奋斗的城市精神

“敢闯敢试、敢为人先、艰苦奋斗”“敢闯敢拼、不言放弃”等通常作为深圳的拓荒牛精神，使深圳成为当时的创业热土。沐浴在创业精神下的腾讯创始人马化腾、华为创始人任正非、中兴创始人侯为贵，都相继于 20 世纪 90 年代在深圳开创事业，显示了深圳浓厚的创业氛围。因此，这座城市带来的浓厚奋斗开拓的创业精神氛围，是造就深圳互联网成功的重要基因。

（二）腾讯发展的重要因素

（1）天时：改革开放释放的制度红利。互联网创造的一夜暴富的神话（不限于国内）。庞大的市场需求。互联网时代的来临和信息技术的迅速发展。

（2）地利：坐落于深圳，受益于本地浓厚的市场环境。西方的互联网产品在我国多数是水土不服，使我国的互联网产业很长的一段时间内免于国际竞争，凭借后发优势不断发展。

（3）人和：深圳的城市社会文化。深圳有强烈的拼搏创业精神，这孕育了深圳第一代互联网人的企业家精神。相关的专业背景，使创业人具有基础技术认知与产品变现能力、用户体验的产品导向策略。

三、深圳的高新技术产业对互联网产业的影响

深圳的城市地位使其产业发展不断升级，不断进行产业转型，大致可以分为四次转型：加工贸易的外向型经济、高新科技模仿制造、高新技术自主研发制造、创新驱动与现代服务业。四个阶段的发展与高新园区有密不可分的关系。

（一）深圳的高新产业发展演变与产业园区的作用

1. 高新技术产业模仿与代工阶段

20 世纪 90 年代，由于政策优惠的普及化和国际市场劳动密集型产业开始转移，促使深圳制造业（“三来一补”等）向高科技领域转移，经由模仿与代工的方式开展自身的制造业升级，电子信息与机械制造业快速的发展出现规模集聚与产业链。其中，深圳的互联网企业正是在城市转型氛围和世界互联网发展趋势下而出现的。

2. 高新技术产业自主研发与创新驱动产业的推进

2005 年前后，因人力成本上升和土地资源短缺等城市负载力不足所产生的危机，深圳对城市空间进行了一波腾笼换鸟的产业移出与升级。将产业转型推向更高的自主研发层次。2008 年全球金融危机后，《深圳互联网产业振兴与发展政策》的提出表征深圳开始发力推动互联网产业发展。2014 年，深圳市更是将互联网与其他五大产业（新能源、生物技术、新一代信息技术、文化创意、新材料）作为战略性新兴产业，成为深圳重点培养产业。同年，深圳也成为了第一个以城市为主体单元的国家自主创新示范区，显示了深圳在高科技与创新产业发展上的雄厚实力和发展期许。

3. 高新产业园区作为载体的作用

1985 年，深圳市政府与中国科学院创办“深圳科技工业园区”。1995 年，深圳以“二次创业”的口号大力发展高新技术产业。1996 年深圳市政府进一步改建高新技术产业开发区，并以电子信息、生物工程、新材料、光电一体化四个高新技术领域为主体产业，高新产业开始占据深圳工业八成以上的产值。1999 年第一届高新技术成果交易会（以下简称“高交会”）以及虚拟大学园的设立等

政策的推动，加速了深圳高新技术产业的发展，进而吸引诸多一流企业如华为、中兴、联想、创维等进驻深圳高新园区，以之拉动产业发展与集群化，逐步成长为业内龙头企业。高新产业成为深圳的重要经济基础，是培育深圳龙头企业的重要载体，这也将成为互联网产业发展的优势条件。

（二）深圳“代际转型”对互联网产业的影响

从深圳的产业转型路径可以发现，深圳的“代际转型”路径，从轻工业、高科技代工、高科技自主研发再到当前的创新驱动，是以制造业为基础技术，不断进行技术升级的产业发展路径，因此代际之间的产业具有一定的技术关联性。由此，作为高新技术产业分叉而来的互联网产业，一方面会受益于高新产业的蓬勃发展与相关多样性的产业集聚现象，得到初期发展的重要养分；另一方面也会受到深圳“代际转型”传承的制造业“惯例”——深圳创业精神的影响，导致深圳互联网企业往往带有将互联网结合其他产业的实务性取向。对深圳的创业者与企业家而言，互联网更像是一个连接器，而非最终的应用性产品。

1. 代际转型的连续性——以腾讯为例

以腾讯的发展来看，马化腾创业初期的产品就带有这一趋势。马化腾是计算机专业出身，毕业后曾在寻呼机行业就职，其创业初期，便以自身感兴趣的互联网技术结合寻呼机和计算机，试图推出“网络寻呼机”作为腾讯的起步产品。QQ 的研发成功（及后续的微信 WeChat）是腾讯生存与成长的重要基础。代际转型所传承的制造业“惯例”，使腾讯的发展之初就带有与实务相结合的思维或特征。

2. “代际转型”与高新产业相关多样性的环境塑造

认知邻近与技术关联使人才流动速度快。知识并不会在任意产业间传递，只有当企业认知距离“合适”的情况下，才能够有效产生知识溢出与流动。在深圳互联网产业的先驱企业发展的阶段，深圳高新区内电子信息产业的集聚，象征了人才与知识流动上的可能性，提供了互联网先驱企业发展所需要的人才要素，并形成知识间的交互融合流动。举例而言，发展初期的腾讯便曾接受一批在华为工作过的人才。

相关产业的产业链促进企业间协同发展。深圳的电子信息产业在 20 世纪 90 年代就逐渐打造出了产业的上下游产业链。在之后大企业不断转型的过程中，中小企业为追求进入大企业的供应链体系，势必也要不断跟上创新步伐，导致整体产业出现协同创新的发展过程。尽管从深圳制造走向深圳创新，对互联网产业带来不少影响，但由于产业链的协同创新，加之务实思维与制造业思维，深圳互联网的发展仍将重视与实体、技术的结合。

综上所述，城市的创业精神与宽松的市场环境，是深圳互联网产业不断得以发展壮大的土壤。而从不断转型升级的过程中，其代际转型的路径使产业的核心思维（特征）始终与制造业的发展有关，深刻影响了深圳互联网产业发展的特性。高新区的建设及带来的完整产业链和特区的先发优势，以及聚集了一批相关多样性的龙头企业，都是促使深圳互联网产业成长的原因。

四、深圳互联网龙头对产业的形塑

本部分首先说明深圳互联网的龙头企业腾讯的发展战略如何影响深圳的互联网产业发展，其次进一步探讨其他的高新龙头企业对互联网产业的影响。

（一）腾讯的发展战略与深圳的互联网

吴晓波在互联网进化论中，将马化腾团队的核心能力归纳出七项优势：产品极简主义、用户驱动战略、内部赛马机制、试错迭代战略、生态养成模式、资本整合能力与专注创业初心。其中，用户驱动战略被认为是最大核心，生态养成模式、内部赛马机制与资本整合能力则是腾讯对整体互联网产业的主要影响途径。

1. 生态养成模式

从发展历程看，可以将腾讯的发展战略粗分为两个阶段：封闭期与开放期。两个阶段的分割点是2010年的“3Q大战”（360与QQ），标志着腾讯从自我封闭的发展模式，迈向开放共赢的转变。

腾讯封闭期。腾讯的起步期与深圳走向代工的阶段相吻合。恰巧的是，此时的马化腾将腾讯战略称之为“后发跟进”的模式：“我不盲目创新，最聪明的办法肯定是学习最佳的案例，然后再超越。新产品一出来就要保持稳定，不能想怎么改就怎么改，要慎重。”① 后发跟进的模式，使QQ逐渐探索出会员盈利模式，主要在门户、游戏、电子商务、信箱服务、搜寻等领域，在变动快速的互联网浪潮中寻找更多的支撑点。2005年，马化腾提出“线上生活”的概念，为其发展做出解释，“我们一切都是围绕即时腾讯工具QQ为基础形成的社群和平台来做”，“腾讯希望能够全方位满足人们线上生活不同层次的需求，并希望自己的产品和服务像水和电一样融入生活，腾讯已经初步完成了面向线上生活的业务布局”。从中可知，其实在早期，腾讯就形成了类似生态系统的布局，不过其代价是在业内背负着“抄袭大王”的骂名。“模仿不创新、走自己的路让别人无路可走、垄断平台拒绝开放”被视为封闭期腾讯的三宗罪。

---

① 吴晓波．腾讯传1998—2016：中国互联网公司进化论［M］．杭州：浙江大学出版社，2024.

腾讯开放期。2010年"3Q大战"之后，腾讯开始转变。马化腾曾提及："电商做不过人家、卖掉了；搜索也一样。还有很多的小业务，我们发现竞争不过外面的公司，它们更专注，更有冲劲，更有创新性。所以我们思考，如何让各种物种在大树下成长？如何让大树变成森林？我们希望做生态，大家的关系其实是平等的。"① 腾讯开始转向以"资本+流量"两项为核心业务的发展，并宣布公司资源向第三方合作者无偿开放，封闭开始走向开放。随着移动互联网时代的来临与微信的爆炸式增长，2013年马化腾更是提出"连接一切"和"互联网+"的概念，以微信公众平台以及其后的小程序，作为连接用户与实体商家的平台。此外，也通过"云"的方式连接各领域的合作伙伴，并以"云服务"作为企业谋求商业合作发展的机会，发展"森林"。总之，目前腾讯的业务是在"资本+流量"两项核心能力的前提下，主要集中在"社交平台、数字内容及互联网金融"这两个半业务。由于互联网金融还在成长中，且为求专业性只发展半个（互联网金融），实际上，也不限于金融领域，在自己的非专业领域，腾讯与合作伙伴的互动模式基本如此。

2. 内部赛马制

腾讯内部分为数个事业群。每当战略调整之际，事业群也会相应进行调整。当前的主要事业群包括："微信""社交网络""企业发展""互动娱乐""移动互联网""网络媒体""技术工程"等。"各事业部以产品为单位，专案开发，分工运营"。从此，腾讯一分为多，"兄弟爬山，各自努力"。同一项产品甚至会有不同的事业群竞相开发。为什么自己打自己？往往自己打自己，才会更努力，才会不让公司丢失一些大的战略机会。正是这种机制下，尽管业务内容庞大，腾讯维持了一家"总公司"为核心的发展模式，内部则以赛马机制为主要的激励途径，没有主动以企业衍生的方式创设子公司等。各地分公司（分部）的设立可能是出于对各城市地点重要性的考虑。进入开放期后，腾讯更是通过与合作伙伴的协力发展去跑马圈地。因此，尽管整个集团的实际接触领域很多，但腾讯并未直接涉及相关领域的开发，保留了合作企业的主导权与独立性，并维护了腾讯核心发展的重点目标。

3. 资本整合能力

进入开放期后，投资更多的业务领域成为腾讯的一大发展路径。腾讯总裁刘炽平曾指出：腾讯不可能涉足所有的互联网产品，尤其是内容领域……今后的资本运作方式将是参与式的，只求共生，不求拥有。腾讯通过集中自身业务，并以

① 吴晓波．腾讯传1998—2016：中国互联网公司进化论［M］．杭州：浙江大学出版社，2024.

流量结合资本的方式进行投资，迅速扩展各种领域的市场版图，减少了自身孵育新创事业的风险。从腾讯的投资方式看，其偏向于“联营”“合营”与“投资”方式为主。进一步观察腾讯对互联网产业的影响，由于尊重包容的路线与自身宽松的“联邦自治”的产品经理体制，致使腾讯对旗下的项目赋予更多的独立分割性，加上优势的社交产品以及深圳与生俱来的创业精神，腾讯在深圳市尽管作为龙头，其企业文化与内部的赛马机制，造就其并没有“主动”通过企业衍生的方式，在深圳扩散其实际影响力。腾讯对深圳产业的直接影响力可能性较低，这点明显与杭州的阿里有所区别。尽管如此，但从人才角度的培养来说，腾讯的人才孵育还是为深圳互联网产业带来相当大的帮助。“毕业的腾讯人”创办的企业有接近32%留在深圳（高于北京的30%），其发展也集中在互联网金融、游戏、企业服务、文娱传媒、生活服务、教育培训、社交社区、电商八个类别上。就此而言，尽管腾讯并未通过投资合作带动本土的互联网产业发展，但通过自身培养的人才外溢，也为深圳互联网产业带来了新兴企业的活力。

（二）多元龙头下的深圳互联网

腾讯半条命的理念使其与企业的合作始终保持包容和合作至上，这种不强势的风格使其与领导者的定位相去甚远。深圳还有许多其他龙头，如华为、中兴，新能源汽车的比亚迪，无人机的大疆科技、显示器的柔宇科技、机器人的优必选等高科技企业，再加上平安集团、招商集团等金融企业，很多企业均有龙头资质。此外，还有许多高科技企业巨头在深圳设立总部，如阿里巴巴、百度、联想等企业均在深圳设有区域总部、国际总部或职能性总部以利布局。腾讯仅是本地龙头，在不限于互联网的情况下，华为以硬件为主、软件为辅的发展道路及狼性企业奋斗精神的文化，或许更能代表深圳。同时，“互联网+”与“工业互联网”的发展使深圳其他相关产业与传统产业也逐渐走向互联网的上下游产业链，这一发展趋势也对深圳互联网产业产生了影响。以此来看，深圳尽管有互联网方面的龙头企业腾讯，然而腾讯的规模效应除了人才方面外，似乎没有对深圳的互联网造成更大的影响与引领作用。

五、深圳市政府与互联网产业之间的关系

以腾讯为例，深圳市政府与互联网产业的关系（政企互动），大致也经历了与杭州市相似的三个阶段：政府不干涉（不支持不反对）（1999~2007年）、积极发展（2008~2014年）、政企合作（2015年至今）。其中阶段的划分，以政府发布产业扶持政策及与腾讯签订战略合作伙伴协议为标志。

（一）政府不干涉

互联网的出现，恰逢深圳市政府对高科技产业的大力推动。虽然政府对于高新技术产业与科技型中小企业有相关扶持政策与补贴，但鉴于政府对互联网产业走向的不确定（观望、无知或者说不熟悉），因此深圳市政府对互联网产业的态度是不介入、不支持、不限制，任其自由成长，为深圳市互联网在发展初期留下了野蛮生长的空间。而从腾讯成长的过程来看，虽然初期深圳市政府没有直接针对互联网产业的帮助，但针对高科技产业的帮助也为腾讯带来了很大的帮助。如1999年的高交会就带给腾讯一次融资的机会。当然，支持高科技支持政策的受惠者不限于腾讯一家企业，但腾讯可能是最值得一提的一个。

（二）政府积极推动

2008年深圳市政府发布《关于加强自主创新促进高新技术产业发展的若干政策措施》，大概是深圳市政府首次将互联网产业纳入高新产业的发展规划中，显示政府关注到互联网产业的重要性。2009年《深圳市互联网产业振兴与发展规划（2009-2015）》正式将互联网作为一个独立的产业进行发展规划，并大量投入资源扶持，其后遇到我国互联网爆发期（移动互联网时代来临），加速了深圳互联网产业的发展。2014年《深圳市战略性新兴产业发展规划与政策执行情况研究》报告中指出，深圳市政府将互联网定位为战略性新兴产业，表明了深圳市政府对互联网产业的期许及发展互联网产业的战略定位。

2013年腾讯提出“互联网+”的概念，整个社会的产业结构开始走向与高科技相结合的发展路径，不少地方产业开始寻求通过“互联网+”进行产业的升级与转型。作为深圳市的龙头，腾讯在生态系统的打造下与更多领域有所接触，对自身企业带来更多可能性，随着互联网对于社会生活影响力的提升，政府也开始重视发展互联网产业，以推进产业与城市的结构升级。

（三）政企合作

2015年，腾讯与深圳市政府签署战略合作协议，合作推进深圳的“互联网+发展”，标志着腾讯与深圳市政府的关系进入新的发展阶段即政企合作阶段。双方合作依托的是深圳成熟的互联网产业基础和政策环境，以及腾讯在移动互联网、大数据、云计算、微信、QQ等领域和平台的领先优势。2019年，深圳工业互联网联盟成立，良好的工业基础促使工业互联网在此开展，并在智能城市等领域与深圳市政府进行合作。可以看出，深圳以互联网产业为基础，作为改造城市，推动产业升级的手段更显示了本地将互联网产业作为连接器的作用。腾讯等互联网产业与其他产业均试图通过互联网与其他产业相结合，进而推动原有产业的转型升级，与传统制造业等实体经济相结合的务实思维，进一步形塑了互联网产业的发展方向。

第五节　深圳与杭州互联网产业发展路径比较

可以看出，深圳与杭州互联网产业发展的特性有明显不同，以下从城市经济体制发展转型、高科技产业发展历程、龙头效应以及政府作用的角色比较两市互联网产业发展路径的异同，以此探讨总结城市互联网产业发展的核心要素。

一、市场体制与创业氛围比较

（一）市场经济体制的转型与建构

从发展环境来看，两市都具有浓厚的创业氛围，但仔细看似乎又可以发现略有不同。杭州是历史悠久的商业城市，同时也是重要的文化旅游城市。在计划经济时期，杭州不是经济发展重镇，国企、重工业发展力度较不明显。改革开放后，市场经济体制逐渐建立，政府与民间的作用均开始发挥：一方面是由于政府主动调整生产关系，打破计划经济体制的壁垒，松绑企业的自主权；另一方面是浙江本地的传统商业文化与思维，民营经济发展迅速活跃。深圳的市场经济是在没有既有产业和制度掣肘的情形下，快速与国际（经贸、投资）接轨，逐渐呈现出民营经济更具优势的结构形态，早期国有企业则逐渐转入城市公共服务与基础设施建设的营造。

两市虽然在市场经济与民营经济方面取得很快的进展，大约在 20 世纪八九十年代就较早地建立框架，但观其发展背景和所依赖的资源基础，仍有较大不同：杭州是在地方政府缺乏中央资源分配与关注下，自发性的改革；深圳是受命于中央“闯出一条血路来”的市场经济试验窗口。

（二）创业精神与环境

从前述情况来看，正因为深圳结构简单，城市发展需求带来各种各样的机会，同时具有移民城市的特性，让这座城市具有更多浓厚的创业精神，且建设过程也带有拓荒牛的刻苦奋斗精神，加上“时间就是金钱，效率就是生命”的效率至上精神，为本地的创业文化植入相当程度的务实精神。而对于杭州乃至整个浙江来说，则是极具草根气息的“小商品大市场”，而与温州商人四处开拓市场一样，浙商的开拓精神也影响到杭州，阿里就是在这种精神和互联网的快速发展下，带来了一次商业模式的转型。从创业精神而言，杭州更偏向市场开拓（销售模式）；深圳更重视“看得见”的技术与实体，具有技术或产业偏好。对于两市经济机制与创业精神的异同见表 9-2。

表 9-2 杭州与深圳的创业精神与市场机制比较

	杭州	深圳	相同之处	不同之处
市场机制	较早建立 发展良好 民营经济发达	较早建立 发展良好 民营经济发达	较早建立 发展良好 民营经济发达	杭州是民间自发倒逼（在先）与政府合力形塑；深圳是政府规划在先，民间发力在后
创业精神	开拓市场的经商精神	刻苦奋斗的务实精神	拼闯的草根特性	经商文化 VS 务实文化
互联网产业类型	以市场拓展的商业创新为主	以技术、实体创新为主	创新突破	商业模式创新 VS 技术创新

二、高新产业与互联网产业的关联性比较

（一）高新产业与互联网产业的发展

两市尽管均以高新技术产业为起点发展互联网产业，然而在前一代产业对互联网产业的影响方面，两市却有极大差异。2018 年杭州市数字经济占 GDP 比重高达 24.8%，连续 4 年数字经济对全市的经济增长贡献率超过 50%，其中 2015~2019 年的高端制造业均占数字经济总量的 35%以上。2017 年深圳新一代信息技术产业的增加值为 4594 亿元，互联网产业的增加值则为 1023 亿元，尽管统计基础有所不同，但深圳更为重视硬件（实体经济）的发展则是确定无疑的。近年来，杭州市推出“1+6”产业集群建设，互联网产业依旧是发展核心（如电子商务、大数据与云计算、互联网金融、数字内容产业等），两市的互联网产业整体上呈现软硬不同的趋势。①

（二）腾笼换鸟层次与方式的影响

两市腾笼换鸟战略的不同，可能是影响互联网产业的又一重要因素（见表 9-3）。杭州市是将制造业为主体的旧有的国企移出市区，搬迁到市郊，而将腾

① 资料来源：《深圳统计年鉴（2018）》《深圳市 2018 年国民经济和社会发展统计公报》《杭州：打开数字经济未来之门》。

出的空间留给高新产业、第三产业与知识密集型产业。因此，企业自主选择转型升级的动力较小。而深圳的腾笼换鸟，则是出于自身土地不足、水资源、环境、人口等难题，试图寻求效率更高、发展模式更为持久、知识密集较高的产业进驻，而将旧有的较落后的产业整体移出本市，此时留在深圳市区的产业面临着转型重组的可能性更大。

表 9-3　杭州深圳两市的产业转型与腾笼换鸟比较

	杭州	深圳	相同之处	不同之处
优势条件	人才、知识技术、高校	人才、知识技术、高校、产业链、制造业思维、风投资金	人才、知识	深圳高校较弱、杭州本地人才多 VS 深圳外地人才多、深圳务实、制造业思维、产业链完善、风投环境好
城市定位	国际旅游城市、文化城市、电子商务之都	经济中心城市 创新型城市	互联网产业发展良好	杭州：互联网产业商业化、应用导向 深圳：技术、实业导向
转型路径	以点带面，阿里改变杭州	代际转型，多龙头并进	相关产业发展良好	杭州：阿里独领风骚 深圳：多龙头企业并存
腾笼换鸟	移往郊区	移出本市	产业转移升级	企业转型升级的必要性与急迫性

三、龙头的生态系统与战略布局比较

（一）内部的业务扩张模式

阿里虽然去了一次中心化，各独立子公司具有独立运作的空间，但实际上所有的业务都还是依托在整个集团的流量与运营、狼性团结文化上，因此被称为“中央集权”式一体化的企业结构。相对而言，腾讯成长伴随的是一个个产品项目与领域，从 QQ 展开不同于移动梦网的盈利点后，腾讯开始实行“产品经理制”文化，2005 年正式确立一分为多的内部运作方式：项目开发、分工负责。其后，不断扩展的事业群也是依照这种逻辑，并以内部赛马制保持团队间的竞争力，从当初有 3 个内部团队竞争开发微信可以发现，腾讯的“大权独揽、小权分散”的模式，一方面维持了一个公司的基本组织架构，另一方面保证了竞争力。腾讯将自身收缩在社交与数字内容的业务发展，提高了自身团队的专注性，并且赋能收购的团队也与腾讯保持“赛马机制”的竞争（如广州张小龙团队、成都王者荣耀团队），这种内部呈现“条块分割”实则统一听从调遣的结构，非常类似于"联邦自治"。

(二) 生态系统的差别与赋能模式

就生态系统而言，以阿里自建为主体的生态系统显得更有持续性，而腾讯合作为主的生态系统则显得更为灵活。上述生态系统的不同，就对产业的影响方面来看，阿里系具有革新既有传统经济模式的动力（如新零售），在并购模式下，对其他业务的投资就较少，而腾讯则以"微创新"迅速扩展业务合作与投资版图。相较起来，阿里更近似于以互联网改变商业模式的创新，腾讯则是小幅度的改良其他企业的产品成为自身的产品，阿里的商业意义更大。而对于仰赖于两个龙头赋能的被投资者而言，由于两家龙头的竞争激烈，往往需要认真考虑投资两家龙头企业的利弊得失：投资阿里，会丧失企业发展的自主权，但能提高企业的效率与执行力，并可能获得阿里系的归属感；投资腾讯，会保持投资者自身的独立自主权，但内部的赛马竞争机制可能导致没有出头的机会。

(三) 龙头企业战略与企业文化对城市互联网产业的影响

从业务方式到生态系的打造可以发现，对于两城市而言，阿里可能有"主动"的企业衍生打造生态系统，为杭州互联网带来了一批互联网的独角兽。此外，通过企业主动或被动的衍生，以及对合作伙伴的"赋能"，将杭州本地的互联网产业与自身的战略发展方针连接起来，形塑了杭州的互联网生态圈，并带给杭州互联网的思维；而腾讯的生态系统，由于自身经营的宽松，加上业务在企业内部分割独立，尽管细分有多种业务，然而却没有独立出其他公司，加上赋能讲究合作模式（与腾讯保持独立），合作伙伴未必处在深圳，因此，腾讯对于深圳市整个互联网产业的影响，相较于阿里对杭州市互联网产业的影响而言较小。

不过，除了业务与生态系统的主动扩张，两龙头对自身员工在产品、运营方面所培养的能力都分别受到业界的认可。员工在离职后，出于对员工自身的关系链与市场的熟悉程度，往往会选择留在原城市继续创业，为城市的互联网产业带来帮助；相应地，龙头的企业文化也会注入该城市的互联网产业。相较于阿里，腾讯的企业文化战略对城市的影响力较弱，同时由于深圳具有其他不少高科技龙头，因此深圳的互联网产业发展所受到的腾讯作用力，相比阿里之于杭州要逊色不少。尽管腾讯对深圳市的互联网发展引领作用要小，但如一位受访者所示："目前的产业可能只有两个龙头不想做或还未来得及做的，任何产业都可能在两者拓展业务的视野内"。诚然，"以点带面"的阿里如此，"代际转型"的腾讯亦如此。通过业务拓展，龙头企业自身的业务领域有了更多的发展空间，也可能给城市产业的发展带来新的发展模式和发展机遇。上述异同的汇总见表9-4。

表 9-4 阿里、腾讯的企业文化、生态战略与领导人风格

	杭州	深圳	共同处	相异处
龙头企业文化	阿里运营较强，狼性文化团结	腾讯产品较强，佛系文化、管理宽松	企业文化影响到商业逻辑与集团建设	文化差异大，企业的步调节奏不同
业务体系管理	中央集权，主动企业衍生	联邦自治，维持一家公司的形态，各产品/项目独立运作	业务的独立性	阿里集团对下属子企业有更强的掌控力
生态系统打造	并购，自循环	联营和合营，共同发展	打造生态、扩张集团业务版图	合作伙伴的独立空间
产品/项目的打造	一体化强化执行力	内部赛马机制	保证产品的产出	团结与竞争的不同效益
领导人风格	做别人没做过的事，提前改革与布局，打拼风格鲜明	后发跟进，低调务实，不盲目创新，微创新	企业领导人风格影响企业布局与风格	马云的创新开拓性较强；马化腾更注重产品技术的成熟与打磨

四、政府对互联网产业的态度比较

（一）两市的政企关系

观察杭州市政府对企业的态度，从改革初期到高新区建设，杭州市政府多是以政策创新与产业政策的方式，营造有利于企业发展的环境，助力民间力量的自发性发展，而非主动介入企业的运作。深圳的政企关系，初期则具有明显的政府规划与行政干预的特征。在市场经济体制建立后，深圳逐渐将发展的主导权还给企业与市场，国企转入基础设施与公共服务领域。然而，从其城市定位可知，其试验田与经济发展中心的定位迫使其具有不断向前发展的压力。因此，对于高新产业，深圳市政府主要通过营造市场环境、发布产业政策进行扶持，也是不主动介入市场与企业的运作。显然两市政府在政企关系上都形成了“小政府、大企业”的模式；但若进一步细分，可以发现，杭州市的不介入更偏向于依赖民间力量的自发性，而深圳市政府更偏向于发展营商环境。

（二）两市政府对互联网产业的态度及演变

两市政府对互联网产业的态度，其轨迹相似，均是沿着不干预、积极推动与共生发展的态度转变。初期的互联网“野蛮生长”阶段是相同的，甚至全国都经历过这两个阶段的发展。这个阶段的政府对互联网没有概念，且不知其未来可能的走向，因此任其自由发展。政府最大的扶持就是不限制，让企业自由发展。在这一方面，杭州市政府对互联网的态度可能是不想管不会管，更多依赖于民间力量自发发展，其背后的深层原因可能根植于浙商文化；而深圳市政府可能是不要管，更多是依赖市场机制，约束自身权限，其背后的深层原因可能是其明显的特区定位。在积极发展阶段，两市政府也有类似的经历，且在时间上也非常接近。2008 年杭州获得电子商务之都的称号；而深圳则是在 2009 年发布《深圳互联网产业振兴与发展政策》，宣示推动互联网产业的发展。在政企合作阶段，阿里的商业模式深刻影响了杭州的商业运作模式，并构筑了此地的互联网思维与氛围，而阿里的平台特性带动了杭州一系列的创业机会，杭州的经济发展明显与阿里息息相关。因此，政府在推动战略合作协议方面，已经达到“全面深化战略合作”，杭州与阿里出现共同治理的状态。相较之下，深圳具有多元龙头，腾讯在其中的作用即便重要，但却并非唯一，即便与深圳市签订了战略合作协议，似乎缺少了“全面”的范围与程度。此外，深圳市政府在既有的高新产业优势下，尽管推动互联网产业发展，但城市更为根本的高新实体产业显然更受到重视，互联网的重要性更多体现在为城市转型升级提供可能性。就此而论，显然杭州市政府更为重视互联网产业发展，而反过来，杭州也更为依赖互联网经济对城市发展的带动，一句话，杭州与互联网的共生性更强，互联网经济标签色彩更明显。

第六节　本章小结

一、研究结论

本章试图回答以下核心问题：深圳与杭州互联网产业的发展类型有何不同？何以杭州更为偏向商业模式上的互联网发展模式与路径，而深圳更偏向于硬件技术制造业的互联网产业发展路径？通过比较两城市互联网产业在市场环境机制与政府层面（包括市场经济环境、高新技术产业、政企互动、政府竞争等五种要素）的异同，回答上述问题。从中得出的基本结论是：在市场环境基本相似的情况下，由阿里带动的商业平台造就了杭州以商业模式创新为主的互联网产业类型，而深圳则经由“代际转型”的路径延续与传承，形成了重视技术与实体经济发展的互联网产业形态。

本章基于演化经济地理学，从企业衍生与产业分叉切入，然后加入城市的经济体制与市场环境，阐释城市化经济带来的外部性环境影响。从中发现，杭州模式更依赖阿里的“以点带面”，龙头公司的企业衍生与产业分叉对杭州市的互联网产业发展起到了关键作用，而阿里的商业模式创新之路也成为了杭州的互联网产业发展路径；深圳互联网发展模式更依赖“代际转型”的硬件制造业思维，其传承的知识、技术与产业链，造就互联网产业的发展与高新技术产业彼此交叉融合，发展路径上更为务实，更重视与实体结合的技术创新。

基于政治经济学的视角，从杭州和深圳两个城市的政企互动模式考察其对互联网产业发展的影响。从中发现，两个城市的政企互动均经历了三个阶段：政府不干涉、政府积极推动产业发展、政企合作。杭州市由于阿里巴巴极具代表性且影响力较大，政企互动进展到“全面战略合作关系”的共生合作，这一政企关系对杭州的互联网产业发展路径带来深刻深远影响；而深圳市由于具有多家不同领域的高科技龙头，形成深圳市的多个支柱，因此深圳市尽管重视与腾讯的合作，但却并非唯一，因此在互联网产业的发展上，形成了以硬件、技术突破性的互联网产业发展路径。

对于城市互联网产业发展的几个要素有市场机制发达、既有产业的基础、龙头产业的带动、政府态度的支持。从本书的研究结果来看，可以做出如下简单划分：杭州与深圳的互联网产业分别受到龙头企业的带动与既有产业基础的高度影响，属于重要的关键变量；市场机制与政府态度虽是两市发展显著的影响变量，但基于两市在此两个变量上较为接近，本书视其为次要变量。

基于此，当前我国城市互联网产业的发展，存在两种基本发展类型。第一种是以点带面发展模式，主要通过产业的龙头企业带动整体城市的协同发展，如杭州市。第二种是无龙头企业带动的路径依赖模式，如深圳市。因此，无龙头企业带动或无相关产业基础的城市将难以发展互联网产业。

二、主要贡献

本书以城市为研究对象，考察其互联网产业的发展，突破了以往聚焦省级互联网的分析，且在案例的选择上不以具特殊地位的北京、上海为标的，对互联网产业发展的探讨更具一般性。

通过结合演化经济地理学与政治经济学的两种视角，建构了分析城市互联网产业发展的框架，并探讨了城市互联网产业发展的要素。从前述研究成果来看，本书验证了演化经济地理学的有关观点，特别是深圳互联网发展的经验历程，更是表明新兴产业的发展并非凭空出现，而往往是基于现有的产业基础，具有一定的路径依赖和传承性。城市的既有产业及相关环境，对新兴产业的发展具有很大影响。

在政治经济学的视角下，考察了地方发展型政府等理论。以往关于地方政府的理论，通常会主张政府介入企业的发展运作，以确保企业的发展，甚至形成企业家型政府或地方保护主义的形态，如软预算约束以及产业的补贴等问题。不过，从本书的考察可以看出，杭州、深圳两个城市在互联网产业的发展上，政府均采用了较为宽松的态度，产业主要依赖市场机制发展，即便经历三个阶段的变化，政府对产业的引导与投入增加，也并未主动打破市场机制。

一方面，互联网产业的技术较为前沿，政府在产业发展不明的情况下，不干涉企业发展，是低成本、高收益的选择；另一方面，杭州和深圳都是民营经济较为发达的城市，民间的市场机制发展良好，任由民间自行发展的成效或许比政府介入更好。两市政府对产业的支持，转而致力于建设有利于产业发展的环境。从两市政府都有向服务型政府转型的趋势可以推测，服务型政府是互联网产业发展的重要环境，也可能是其他高科技产业发展的重要制度环境。这为地方政府转型方向提供了重要启迪。

第十章　研华科技在物联网产业策略布局研究

第一节　个案公司简介

研华科技公司（Advantech）（以下简称研华科技）成立于1983年，是一家全球领先的电子产品平台和服务提供商，是工业电脑全球领导厂商。近年来积极投入物联网智能系统与嵌入式平台产业，并以“智能地球推手”作为公司的企业愿景及品牌形象，研华科技投入大量的资源用于强化垂直市场（纵向一体市场）的能见度，并通过跨产业服务的物联网中介平台（IoT-PaaS）以发展物联网为中心的智能应用。除了深化既有产品与垂直领域的应用，更将推动整合型IoT解决方案为发展主轴。

研华科技在嵌入式运算、工业4.0、智能制造、智能交通、智能医疗、智能物流等领域均是最具影响力的物联网企业，并提供给客户多样性客制化服务。为迎接物联网、大数据与人工智能等大趋势，演化提出以Edge Intelligence WISE（Wireless IoT Solutions Embedded）PaaS为核心的物联网软、硬件解决方案，用以协助业界伙伴串联产业链，积极横跨各个产业与伙伴共创物联网生态圈，加速实践产业智能化目标。

一、主要事业群

研华科技主要有五大事业群如下：

（1）工业物联网事业群（IIoT）。包括工业物联网、智能工厂、工业设备制造、交通、环境与能源、工业网通六大垂直市场领域的产品研发、制造与营销。此外，也提供软硬件整合应用解决方案，以及客户及系统整合商所需要的产品解决方案服务。

（2）嵌入式物联网平台事业群（EIoT）。提供全系列嵌入式计算机板卡、外围模块、智能系统、软件经销及客制化设计导入服务，内容包含全产品研发设计、制造与全球销售与服务，并专注在垂直产业领域发展，提供医疗、交通、博弈、设备自动化等专业设计与制造服务。此外，提供从边缘运算到云端服务的物联网平台服务解决方案以因应物联网市场发展，包含 WISE-PaaS 软件平台及云服务、无线感测模块、IoT Gateway 网关及 EIS 智能终端计算服务器，专注于产业物联网解决方案开发及全球各区域深耕。

（3）智能物联网服务事业群（SIoT）。主要针对智能医疗、智能零售与智能物流及车队管理三大垂直产业，提供应用计算机及软件整合方案的研发、制造、销售与营销。

（4）协同合作设计与生产服务事业群。主要负责 ODM 项目。研华科技执行“两条腿走路”策略，以标准品及 ODM 两种模式同步推进产品及技术。

（5）全球客服事业群（AGS & APS）。负责 RMA 维修、产品售后服务。

研华科技基于物联网架构的组织划分如表 10-1 所示。

表 10-1　研华科技物联网架构与事业群

物联网架构	相关技术与产业	对应的研华科技事业群/单位
感知层	RFID 感测器	嵌入式系统事业群、工业自动化事业群
	感测器节点	
	感测器闸道	
	智慧终端	
网络层	云端运算平台	网络通信事业群、智能系统事业群
	通信网络	
应用层	智慧工厂	应用电脑事业群、服务应用电脑事业群
	智慧医疗	
	智能交通	
	智慧物流	
	智慧零售	
	环境监控	

二、主要产品

一是嵌入式电脑，包含嵌入式电脑模组、无风扇工业电脑、工业级主板系列、工业显示器解决方案以及数字广告牌系统等，主要功能是利用以PC为核心的控制模组，以提供高效能运算并精简优化平台设计，使之可以节省系统整合商产品开发的时间。

二是工业自动化，包括自动化嵌入式电脑、工业通信设备自动化、自动化开放式人机界面和远端数据存储模组等，并通过设备即时监控建立稳定、安全的自动化运作。

三是智能系统。结合工业电脑领导供应商的产业优势，并结合智慧物联网实施后的发展，研华科技致力于各式各样的加值性解决方案，其中包括工业级主机存储装置、资料存取与控制产品、多媒体运算处理平台电脑、智能交通系统等。

四是智能服务。跨产业、多样化物联网应用面的扩展因为产品线的完备而显得更加弹性，如工业级车用电脑、医疗护理车、定点照护POC终端医疗运算平台装置、POS系统、Aall-In-One系统等。

三、资源与能力

（一）资源

1. 有形资源

生产设备与厂房：许多硬件产品（如单板电脑、工业电脑等）可以自行生产、降低外包或购置成本，并更容易控制产品质量与供货时间。

验证设备：可自行测试与验证产品的兼容性与可靠性，降低外包测试的成本。

2. 无形资产

（1）品牌商誉：2018年，研华科技以品牌价值5亿美元获得我国台湾国际品牌第五名，为前十大台湾国际品牌中唯一的B2B企业，使客户对于研华的信赖程度更向前一大步。

（2）合作伙伴：主要包括以下四种类型：第一，策略联盟伙伴。通过全球性的研发与协同合作，无论从物联网软件平台、芯片、机箱、板卡、周边配件甚至系统整合相关软件等，研华均与全球顶尖厂商长期保持互惠的合作关系（如Intel、ARM、Microsoft、IBM等），如此来保持产业的龙头地位。第二，解决方案伙伴。近年来研华科技从过去的零部件销售进入不同产业解决方案的营销模式，持续开拓垂直市场，为了深耕各种垂直领域产业，研华科技在不同的产业中均有不同的解决方案伙伴，通过由伙伴所提供的产业信息与最新科技，满足客户在特定产业所需要的软硬件整合服务。第三，系统整合伙伴。系统整合伙伴能帮助研华提供给客户软件设计以及软硬件整合等的需求，协助研华客户快速将硬件产品导入应用。第四，渠道伙伴。研华与超过50个国家的当地伙伴进行合作，目的是能更便利及快速地服务全球各地客户，且借由渠道伙伴直接与当地的客户接触，能够更实时地掌握客户需求，降低因距离以及时差等障碍造成的损失，并在第一时间获取商机。

（二）能力

1. 产品研发能力

无论是标准化、客制化产品、零组件、整机系统产品、一般通用或特定产业专用产品，均能在“机构设计”“线路设计”“系统整合”等方面优于同业的水平。

2. 产业垂直整合能力

研华科技提供从设备边缘端到云端的完整解决方案，配合研华产品和提供系统整合商物联网方案解决平台，开发针对各产业需求的服务与解决方案。以WISE-PaaS平台为核心，作为设备与应用程序桥梁，研华科技与第三方策略伙伴（如IBM Bluemix、Microsoft Azure）合作形成垂直生态圈，提供大数据分析服务及机器学习模组，以一站式服务提供针对不同产业的SRP（solution ready platform）服务方案，以及各领域的软硬件整合服务。

3. 产品客制化能力

为了实现工业4.0的服务模式，研华科技将“模组化”的概念运用在产品的设计与工艺制程上，将所有生产步骤切割成若干小单元，拆解生产工艺，将半成品、成品建立成一系列标准规格，使这些标准化模组可被大量生产，最后依照各种不同市场需求，抓取各阶段模组加工成最终产品，以实现客制化灵活生产。客制化的关键在于解构线性生产过程，改为以顾客需求为中心，依照不同客制化需求，快速移动加工，以最短时间完成最多样化产品。

4. 多角化能力

以产业细分市场的所发展的多角化事业，研华科技的业务范围相较于同业公司更广，加之拥有自己的品牌和渠道，业务范围广布全球，极大提高了自身市场竞争力。

四、研华科技与工业电脑

研华科技既然是工业电脑龙头企业，为何还要投入物联网产业？在此，简要分析研华科技在工业电脑产业奠定的优势与基础，能为公司在（物联网）转型的过程带来什么样的潜在优势及能力。

工业电脑产业链价值链可以分为上游零组件供应商、中游工业电脑硬件制造商、下游系统整合商。研华主要扮演中游的硬件制造商的角色。下游的系统整合商将运用独到的产业知识将合适的加值软件与硬件整合。纵观全球的工业电脑供应商，全球知名市场研究机构 IHS 发布的报告显示目前以研华科技的市场份额最高，约占整个行业的 29%。2022 年，研华科技、Logic Case、英特尔、营邦企业、美超微电脑五大厂商占有大约 35%的市场份额。不过，由于工业电脑少量多样的特性，运用领域日益广泛，用途也越来越多元化，小厂商也面临很多的成长机会，产业集中度有逐年降低的趋势。

研华科技能够在工业电脑方面成为龙头企业，是因为其拥有的资源与能力正好是行业所需要的。由前文所述，研华科技拥有强大的产品研发与客制化能力，垂直市场领域的合作伙伴较多，使相似产品可以运用在各种产业类别，包括工业、零售业、医疗业、交通业等，其模组化的制造方式使其在面对工业电脑少量多样且高度稳定的特性时亦能无往不利。而在物联网产业中，可以将工业电脑视为自动化设备中的“控制器”，负责汇集掌握感知层中所有感测单元中的信息，并下达指令使机台各部位完成自动工作的目标，而自动化不外乎就是机器零部件自动执行程序中每条指令的过程。研华科技由于在价值链中的角色地位，使其很早就与工业、商业领域的客户或系统整合商维持了非常好的关系，高度客制化能力及良好的售后服务、顾问咨询服务所长期培养的品牌忠诚度等优势，更是为研华科技投入物联网产业提供了非常好的基础。

第二节 研华科技转型物联网产业的原因及商业模式分析

一、成立 WISE-PaaS 平台的原因

嵌入式无线物联网解决方案（Wireless IoT Solutions Embedded，WISE），研

华科技选择成立 WISE-PaaS 物联网平台作为将其资源与能力在物联网产业的运用方式，大致有以下原因。

（一）数据的管理与应用

随着物联网的飞速发展，如何管理物联网装置并将数据转化为有价值的应用，将成为物联网产业中各厂商的重要挑战，而物联网平台正好提供这样的能力，通过收集、利用巨量数据产生价值。

（二）解决标准缺乏及应用场域过于破碎化的问题

感知层收集的数据只有通过网络层才可能够应用，然而现实中传输协定缺乏标准的问题，加之各个应用场域过于破碎化的问题，需要有一个有效沟通的环境，才能开发物联网解决方案以解决。

（三）促进上下游厂商共创

物联网垂直领域之间的技术及应用关联紧密，而物联网产业所涉及的技术与应用层面也相比过去传统产业更加复杂且广泛，行业内的企业必须与各方合作共创，与合作伙伴进行策略联盟以达垂直或水平整合，提高效率并产出更高价值；过程中不同的技术与能力都必须有个可以整合、开发的环境，而若要同时满足不同市场的系统开发商在不同产业环境与产业应用下的需求，就需要一个平台式的架构。

（四）发挥平台综效

通过整合过去庞大的合作伙伴与忠实客户，平台将产生正向同边效应以及正向跨边效应，这将是扩大市场规模的绝佳办法，也将使平台得以长久经营。

（五）持续发挥既有资源与能力优势

可以发现，物联网的每层架构均有研华产品或服务的踪迹。利用平台提供的解决方案带动硬件销售，将再次发挥研华既有的资源与能力优势，以产生正向循环，创造更高的价值，并通过平台收集的数据应用，同时为硬设备加值。

二、WISE-PaaS 平台事业与商业模式分析

（一）WISE-PaaS 功能架构

（1）连接：确保设备和平台间的双向数据交流，从而进行设备配置与管理（如 WISE-PaaS 的 WISE-PaaS/DeviceOn 和 WISE-PaaS/EdgeSense）。

（2）采集：采集和管理设备产生的数据（如 WISE-PaaS/EdgeLink 和 WebAccess/SCADA）。

（3）分析：对平台中的各项数据、影像进行复杂分析运算（如 WISE-PaaS/

VideoSense）。

（4）应用：从杂乱数据中分析获取关键信息，通过 API 回传至装置工作流程，或以通知、仪表板方式呈现，让客户或装置根据数据采取行动（如 WISE-PaaS/Dashboard）。

简言之，WISE-PaaS 主要扮演着物联网中间整合层的角色，向下接受感知层或边缘运算装置端的数据，经过分析整理后，向上传输之应用端即建立在平台上的应用软件（SaaS），以进行解决方案的智能应用。

（二）WISE-PaaS 的商业模式

以下使用九宫格分析 WISE-PaaS 的商业模式，如表 10-2 所示。

表 10-2　WISE-PaaS 的商业模式分析

<table>
<tr><th>◆ Ⅰ. 关键合作伙伴</th><th>◆ Ⅱ. 关键活动</th><th>◆ Ⅲ. 价值主张</th><th>◆ Ⅳ. 客户关系</th><th>◆ Ⅴ. 目标客群</th></tr>
<tr><td rowspan="3">◆ 系统整合商
◆ SRP 合作开发商
◆ 云平台提供商
◆ SaaS 开发工具提供商</td><td>◆ 伙伴关系维系
◆ 开发工具整合</td><td rowspan="3">◆ 与伙伴共创物联网解决方案，创造出各个垂直市场“大量”且“可复制”的标准化 SRP</td><td>◆ 共同开发
◆ 利润共享
◆ 社群经营</td><td rowspan="3">◆ 系统整合商
◆ SRP 合作开发商
◆ 有物联网技术或解决方案导入需求的厂商</td></tr>
<tr><td>◆ Ⅵ. 关键资源</td><td>◆ Ⅶ. 通路（渠道）</td></tr>
<tr><td>◆ WISE-PaaS
◆ 技术人员
◆ 顾问及售后服务</td><td>◆ 平台会员
◆ 合作伙伴</td></tr>
<tr><td colspan="3">◆ Ⅷ. 成本结构</td><td colspan="2">◆ Ⅸ. 收益流</td></tr>
<tr><td colspan="3">◆ 软硬件开发成本
◆ 软硬件维护成本</td><td colspan="2">◆ VIP 订阅费用
◆ 软硬件解决方案费用
◆ 应用软件使用费用</td></tr>
</table>

第三节　WISE-PaaS 平台的 SWOT 分析

一、优势因素

（一）一站式解决方案布局

物联网平台所连接的装置、设备都是各个垂直产业里有关的工业装置。因此，研华科技不仅能通过平台为客户提供软件，也能为客户部署解决方案中涵盖的硬件产品加值；而在解决方案的部署中，一站式服务具有优势，可以为客户大幅减少物联网应用上线的时间以及后续的维护成本。

（二）平台服务建立的标准化、开放性及整合性

市场上的API规范并不相同，开发者需要花时间重新学习；而WISE-PaaS平台选择使用RESTful API作为开发的核心技术，RESTful API具有共同标准规范，可以解决不同产业具有不同协定的问题，开发者仅需依据现有Web基础设施即可开发，并具有学习成本低等优势，吸引更多开发者愿意前来进行解决方案（SRP）开发。

二、劣势因素

研华科技为工业电脑大公司，过去产业知识多集中在制造业；然而，当目标是希望通过物联网平台建置符合不同产业的应用方案时，特定领域的产业知识将显得较为不足。当解决方案的导入需要花更多时间及成本学习时，不利于带动硬件产品成长。

三、机会因素

（一）资料上云为趋势

物联网平台主要目标为数据收集、存储、运算并进一步应用，因此，客户需要有数据上云为先决条件。根据有关统计资料，云端数据有上升趋势，而传统数据存储方式比例不断下降，可以推测传统产业的云存储需求系来自于设备联网及数字化转型，甚至有些厂商对物联网解决方案是有需求的，自然就有更多机会带动硬件成长。

（二）边缘运算市场规模上升

物联网平台为达到对大量数据进行有效实时或批次分析，需要分布式的架构将工作分流，使达到运算负载平衡的并行处理，此时边缘运算/雾计算（edge computing/fog computing）就扮演重要角色。它是一种分布式计算架构，能够避免延迟、提高效率，使得平台运作更加稳定。近年来，基于边缘计算的物联网应用逐年大幅成长，使得平台能导入更加复杂且数据量更庞大的解决方案，进一步提升硬件产品获利的可能性。

（三）物联网装置蓬勃发展

物联网平台为获取数据，必须依赖物联网装置的发展与应用。麦肯锡全球研

究院的报告显示，从 2025 年开始，全球物联网每年均会在工厂、零售、医院、交通以及城市等应用环境创造 3.9 万亿至 11.2 万亿美元的产值，而物联网装置数量预估增长到 754 亿个，相当于全世界每秒增加 127 个物联网装置。物联网的市场潜力不但巨大，其技术的应用层面更是全方位、多层次的。当物联网的装置越来越多，自然就能带动更多的解决方案生成。

四、威胁因素

（一）联网规格标准不一

边缘物联网设备的通信标准尚未统一，使既有的成功解决方案在其他不同领域可能无法应用，资料无法传输。

（二）信息安全问题日益严重

巨量设备与物联网平台相连接，也表明需要处理的信息安全漏洞也在正比例增长。因此，经营物联网平台所需要的信息安全程度远比普通软件应用和服务所需要的要求更高。一般而言，为加强信息安全，物联网设备与平台之间的网络连接需要更强大的加密机制来保障。然而，现代物联网软件平台上充斥着许多低成本、低功率的装置设备，使信息安全面临着很大挑战。

（三）可以提供系统整合服务的产业专家较为缺乏

系统整合商是协助各行各业导入物联网的最终执行者，即使物联网平台能够加速物联网的应用普及，然而，若市场上缺乏一些产业专家比如机床、废水处理、智慧医院等各专业领域的资深人士，仍难以将物联网应用导入各个领域。

综上所述，研华科技通过 WISE-PaaS 平台欲实现“软件充分分享，带动硬件获利”，同时存在不少有利因素（优势与机会）和不少不利因素（劣势与威胁）。那么，研华科技在 WISE-PaaS 上，应当采取哪些核心策略，使其转型物联网平台更加顺利呢？下文将对此进行分析。

第四节　WISE-PaaS 平台事业的核心策略分析

一、WISE-PaaS 采用低廉收费方式

（一）情境

研华科技投入大量成本打造了 WISE-PaaS，每年仅收取 2 万美元的 VIP 费

用，平台收费以正常利润为转移，不企求平台服务方面的额外获利。

（二）目的

1. 促进分享推广

这样做的目的是带动研华产品经济模式迈向订阅解决模式，最终通过解决方案的分享使硬件加值获利。毕竟，使用平台的客户越多，自然会带动研华科技提供的硬件设备增值，而当软硬件客户都做大，最终将有助于制定产业标准。

2. 促进合作共创

通过平台效应，吸引更多使用者使用 WISE-PaaS，共创完整的物联网供应链，而低门槛的参与将促进正向的同边效应与跨边效应。根据同边效应，若有越来越多使用者加入，将会使平台功能越来越完善，解决方案的提供也将越来越多元；而跨边效应则是若越来越多的 SRP 供给者加入，就会吸引更多 SRP 需求者使用平台，反之亦然。

二、推出线上服务市集 WISE-Marketplace

（一）情境

将智慧物联网市场中所需的软件服务打造成专属的应用程式，分门别类放置于 Marketplace 网页。

（二）目的

弹性且快速布建解决方案，提供产业系统整合商解决方案以及模块化程序接口（WISE-PaaS Module Open API）的选择。通过模块化，各个解决方案（SRP）都可能成为其他行业解决方案的基础加以自由组合，只要再加上专业领域知识，即可包装成新的主题，重新在软件服务市集上推出。因此，最终创造一个良好的开发环境吸引系统整合商前来开发使用。

三、推出 WISE-PaaS 联盟以及 WISE-PaaS Certified Developer

（一）情境

WISE-PaaS 联盟是由研华科技推行的物联网合作伙伴计划，联盟成员跨足各种行业，共同深耕垂直应用市场，并进一步将这些应用推向市场。合作伙伴除了可以相互交流产业经验，与研华科技共同进行营销推广活动，研华科技也提供全面的开发服务，其中包括开发工具、技术支援服务、专业顾问以及物联网开发人员 VIP 论坛，并将 WISE-PaaS 定位成"证照式"开发工具，开发者将随着对于平台的熟悉程度划分成Ⅰ、Ⅱ、Ⅲ三种等级，并有相应的课程教学。

（二）目的

健全平台生态系统。针对物联网产业应用多元复杂且快速变化的特性，跨产业间开发者的相互合作成为扩展应用的致胜关键，并使开发者循序渐进学习如何基于 WISE-PaaS 框架和现有应用服务开发、客制化符合自身应用情境的解决方案，此举可以吸引更多使用者来使用或者加入联盟的同时，也能解决研华科技本身对于工业之外的产业知识较为匮乏的劣势。

四、加速投资与并购系统整合商

（一）情境

纵观近年来较为大型的投资案，研华科技大致投向系统整合商。例如 2020 年，研华科技投资智慧制造系统集成商锐鼎科技，并持有 20%股权，共同发展金属加工等智慧工厂商机。类似的收购或并购的原因及方式，也并不少见，近年来大致每年都有。

（二）目的

垂直整合以创造更高价值。系统整合商的角色负责替终端客户建置、维护运营系统，他们是各自产业的专家，是协助各行业导入物联网应用的最终执行者，也是市场中价值贡献最高的，研华科技通过投资或并购的方式，完善平台的解决方案开发，使供应链足够完整，并从中获取更高利益，以此解决平台上缺乏可以提供系统整合服务的产业专家的威胁。

第五节　本章小结

一、研究结论

工业物联网平台及生态系统的建设是一项复杂而又艰巨的系统工程。从设备连接到产业应用、再到系统整合服务，过程中涉及诸多技术标准、人才与能力的组合。研华科技通过在新技术发展、新商业模式融合与新产业生态领域的不断探索，逐渐开辟了一条物联网创新发展与工业 4.0 深度融合的新形态工业物联网平台商业模式。

研华科技从 2010 年开始，推动智慧物联网（AIoT）应用，整个过程并非事事顺遂，而是在跌跌撞撞中摸索发展出自己独到见解与商业模式。一开始还是用过去卖产品的传统思维，一个项目一个项目、一个场域一个场域地推动相关智慧应用，然而每一个新解决方案都需要从头开始，无法复制前面的成功经验，AIoT的应用落地不但推进缓慢且成本高企。

直到研华科技发现AIoT的价值是数据Data，才调整平台架构，开始以数据为导向，并应对产业破碎化的现象，以"解构"与"重构"的概念推出工业App，将场域运用分解成I. App或行业专用App（Domain Apps）并使其可以像积木一样轻易被重新组合重新使用，研华科技的物联网布局才逐步完善。

为了加速推广这些Apps被使用，研华效法手机Apps商店模式，设置Marketplace线上市集，将这些Apps上架到云端市集，让有需要的系统整合商可以直接在线上选用和订阅。

然而平台生态系统的建设逻辑不是靠一家之力，而是与生态圈共生共赢。研华再以"共创"模式邀请上下游合作伙伴共同开发I. Apps，并将其上架到Marketplace线上销售，扩大平台效益。其实，研华的经营思维暗合了美国管理专家柯林斯的经典著作《从优秀到卓越》的经营哲学，遵循"刺猬三环"，专注自己的核心竞争力，以"利他精神"将自己边界能力之外的市场、服务、技术、产品交给合作伙伴，相互信任与合作，构建一个良性循环、共生共荣、利他的平台生态系统，追求卓越，赢得未来。

二、政策建议

（一）鼓励更多的系统整合商将其应用连接到WISE-PaaS上

供应链若要完善且落地应用甚至普及化，其成功的关键在于平台提供商与领域专家的充分合作及整合，以创造出大量且可复制的标准化解决方案。因此，建议妥善运用品牌商誉及合作联盟等资源及垂直整合的能力，与系统整合商共同成立公司或进行专案共同开发等方式，在平台上开发更多的应用App，以吸引更多的平台使用者。

（二）持续深耕特定领域物联网应用，且使其能大量复制

平台产业类别、使用情境必须更加完善，才能有利于吸引更多潜在使用者。通过与产业专家合作或者合并的方式取得各个领域的知识与资源，结合既有物联网解决方案模组，对物联网发展趋势保持高度敏锐高度警觉，开发IoT相关应用的概念性验证（Proof of Concept，POC）。POC除了可以帮助开发者更了解系统概念的全貌外，更有助于后续内部细节的结构分析与设计呈现。

（三）积极着手解决信息安全问题

经营物联网平台服务所需要的信息安全手段，往往比普通软件应用和服务的要求更高，更需要通过强大且安全性能更好的加密机制来保障。然而，许多低成本、低功率的联网设备是无法支持高级存取控制措施的。因此，研华科技除了积极推销自己更为安全强大的联网设备，还需要从 WISE-PaaS 平台自身安全采取替代措施来解决这类问题，如较为可靠的云端资料存储服务商合作、要求使用者定期更新密码、提供信息安全检查顾问服务、定期更新软件以防漏洞等。

结语篇

第十一章 “互联网+”优化路径与政策建议

目前，“互联网+”新经济形态正在进入下半场——工业互联网（物联网）时代。工业互联网通过实现人、机、数据的互联互通，建构起新型智慧制造和服务体系，成为支撑第四次工业革命的基础设施，是产业系统产业链与价值链的整合与延伸，将极大赋能我国经济实现高质量发展。未来，互联网普及和“互联网+”的发展，仍然是我国经济发展实现动力变革、效率变革的重要引擎，而政府的推动和引导对“互联网+”的发展意义依然重大。为此，在结语部分，首先简要介绍我国政府互联网服务能力的发展现状与趋势，供政府部门作为进一步完善互联网服务能力的决策依据；其次提出继续完善“互联网+”赋能产业高质量发展的路径或支撑体系；最后从互联网平台经营者、互联网平台使用者及政府相关部门三重角度提出推动“互联网+”发展的政策建议。

第一节 我国政府互联网服务能力现状及发展趋势

一、政府互联网服务能力的内涵与构成

（一）政府互联网服务能力的内涵

政府互联网服务能力是指政府运用互联网、大数据、云计算、人工智能等新一代信息技术和手段，打造线上线下融合的一体化服务型政府形态，实现科学决策、精准治理、高效服务，增强人民群众的获得感、幸福感的综合能力，是推进国家治理体系和治理能力现代化的体现。

（二）政府互联网服务能力的构成

政府互联网服务能力，其核心内容是政府通过数字化转型，实现服务的主动供给和基于公众服务需求的精准响应，打造泛在可及、智慧便捷、公平普惠的数字化服务体系。因此，政府互联网服务能力可以分为服务供给能力、服务响应能力和服务智慧能力。

1. 服务供给能力

服务供给能力是指政府运用互联网主动提供服务的能力，是政府服务供给规范程度、协同水平和贯通效果的综合体现，主要包括规范供给能力、平台供给能力、融合供给能力。

2. 服务响应能力

服务响应能力是指政府运用互联网渠道持续、敏捷、有效地回应公众和企业服务需求的能力，是线上渠道建设效果和线下服务整体水平的综合体现，主要包括服务诉求受理能力、办事诉求响应能力和互动诉求反馈能力。

3. 服务智慧能力

服务智慧能力是指政府通过互联网渠道以数据为驱动，快捷、智能、高效地满足公众和企业多元化需求的能力，是政府服务应用效果和智能服务水平的综合体现，主要包括应用适配能力、智能交互能力和个性化服务能力。

二、我国政府互联网服务能力现状

根据《中国地方政府互联网能力评价（2022）》（以下简称"2022 年报告"）及其他文献资料，本书对我国近年来的互联网服务能力现状有如下三点判断：

（一）地方政府互联网服务能力发展态势整体积极向好

2022 年报告数据显示，虽然全国地方政府互联网服务能力平均得分率较 2021 年稍有下降，但发展态势仍然整体保持向好。一是处于领先发展的地方政府引领示范作用更加凸显。领先发展类的地方政府数量较 2021 年增加 7 个，最高得分为 91.83 分，为历年最高分。尤其是，在加大评估难度后，北京、上海、广州、深圳 4 个一线城市近年来政府数字化转型之路走得更为坚实，在政府互联网服务的应用深度、广度、便利度等方面的探索成效显著，引领示范作用更加凸显。二是稳步发展和亟待发展的地方政府呈追赶态势。稳步发展类地方政府数量由 107 个减为 97 个，亟待发展类地方政府数量由 15 个减为 13 个，整体呈现积极追赶的态势。

（二）集约化建设仍是缩小地区间差距的主要路径

2022年报告数据显示，在地方政府互联网服务能力方面，东部地区依然保持较为明显的发展优势，中部、西部地区与东北地区三个区域之间的地方政府互联网服务能力发展差异正在缩小，省级集约化建设是缩小地区间差距的主要因素。一是省级政务服务平台对服务规范供给作用明显。各省份均以建成全省统一的政务服务网为发展目标，推行服务清单规范发布、政务服务事项网上办理，上下联动、多部门协同，对所辖地方政府整体服务能力起到显著促进作用。二是省级集约化建设有力提升了省域内各地发展的均衡度。各省份在推进全省政务服务一体化平台建设进程中，统一部署推进“高效一件事”“企业政策兑现”等专项工作，依托全省统一平台搭建服务专区，减少重复建设，提高服务效能。

（三）数字化转型推进地方政府互联网服务响应能力稳步发展

2022年报告数据显示，在增强对应用实效和用户体验考察的前提下，各地方政府服务响应能力平均得分率不降反升。在加快建设数字政府进程中，地方政府以数字化转型为驱动，积极推动线上线下互联互通、融合发展，持续畅通政民互动渠道、完善政府响应机制、提升政府响应能力，政府实践与公众需求高度匹配，互联网服务响应能力得到了充分发展。一是服务响应能力省级间的差距有所增加。各地区政府的互联网服务响应能力均值标准差为3.57分，比上年增长了15.53%。二是各地方政府诉求回应能力得到显著发展。相对于2021年报告，服务诉求受理能力与互动诉求反馈能力有明显的提升，各地方政府已基本实现线上平台与12345热线联动融合、各类线上公众诉求渠道统一整合，更多地方政府积极探索通过公众诉求感知社会发展态势、助力政府优化决策、提高政府为企便民服务水平。

三、我国政府互联网服务发展趋势

（一）集约化建设从平台建设规范向服务应用规范纵深发展

目前，全国31个省份（不含港澳台地区）已构建了覆盖省、市、县三级以上一体化网上政务服务平台，省级政府服务一体化平台建设目标已经基本达成。但同时，各地区也存在平台建设管理分散、服务系统繁杂、事项标准不一、数据共享不畅、业务协同薄弱等问题，办事难、办事慢、办事繁也不同程度地存在，亟须推动各地区集约化建设从平台建设规范向服务应用规范纵深发展，构建全国一体化政务服务体系，提高政府服务整体效能。

1. 标准规范建设与落地实施措施进一步结合

各地依托集约化平台建设出台一系列标准规范清单及配套制度为提升整体服

务质效指明方向、打好基础，之后需要从规范标准建立更多转向规范标准落地应用，更加关注各级政府部门特别是基层政府实际应用效果，同时，加快建立相应效果评估机制，促进政府互联网服务能力进一步提质增效。

2. 线上服务流程再造与线下服务协同办理进一步结合

各地区各部门应依托政务服务一体化线上平台，坚持聚焦企业、群众办事难度大、办事频率高的事项进行业务流程再造，不断推进办事服务减环节、减流程、减材料、减时间，结合线上服务流程再造，构建与之匹配的线下业务协同的体制机制，持续加强体制机制改革与数字技术应用深度融合，不断健全服务应用规范，推动政府运行更加协同高效。

3. 线上政务服务应用与人民群众用户体验进一步结合

持续践行“管理就是服务”的重要理念，立足于用户视角，不断推动办事服务从管理导向向用户体验导向转变，从被动服务向主动服务转变，围绕老弱病残等特殊群体需求，切实解决特殊群体在运用智能技术方面遇到的突出困难，让政府互联网服务尽可能覆盖全体人群。

（二）以数字政府建设的“三融五跨”推动整体政府协同发展

数字政府的建设需要强化系统观念，统筹推进技术、业务及数据融合，提升协同管理和服务水平，推动整体政府协同发展。随着全国一体化政务服务平台基本建立并逐步发挥作用，我国开始迈向以跨层级、跨地域、跨系统一体化政务服务为特征的整体服务阶段。但同时，各地还不同程度地存在数据“碎片化”分布、线上线下服务不协同、区域和城乡政务服务发展不平衡等问题，亟须构建高效运行的整体政府协同服务体系。

1. “跨省通办”扩面增效逐步向“全国通办”整体发展

充分依托全国一体化平台，加快建立权威高效的数据共享协调机制，支撑政务服务和监管平台数据共享需求，提升数据共享统筹协调力度和共享效率，构建上下耦合、协同互促的整体联动体系，打造顶层设计更完备、协同推进更有力、服务质量更高效、服务方式更便捷的全国政务服务“一张网”，推进“全国通办”整体发展。

2. 地方政府从“分散管理”向“协同治理”联动发展

数字化转型将整体驱动政府治理方式变革，地方政府的服务供给、服务响应以及智慧服务推进，都将从原有相对单一业务越来越趋向一体化协同业务，通过统筹各行业各领域政务应用系统集约建设、数据互联互通、业务协同联动，构建政府“感知—服务—监管—评价—反馈”协同治理体系，推进协同高效的政府数字化履职能力体系建设。

（三）数据赋能打造智慧泛在、便捷普惠的数字化服务体系

满足人民对美好生活的向往是数字政府建设的出发点和落脚点。目前，越来越多的地区实现了“网上办、掌上办、一次办”，实现了“接诉即办、未诉先办”，有效解决了群众和企业办事难、办事慢、办事繁的问题。受诸多因素的影响，智慧泛在、便捷普惠的数字化服务体系建设一直都在路上。

1. 政府数字化服务体系更加泛在可及

通过政府数字化转型，强化政府数字化履职理念，打造全时在线、全面融合、渠道多元、服务同质的政府数字化服务体系，缩小新技术快速迭代导致的地区之间、不同群体之间数字设备可及性差异、数字技能与知识获取环境差异，让政府数字化服务体系更加泛在可及。

2. 政府数字化服务体系更加智慧便捷

让数据在政府的履职、运行、决策中发挥基础作用，实现“用数据说话、用数据决策、用数据管理、用数据创新”，基于大数据的精准动态监测和预测预警能力，深化“互联网+政务服务”，提升智慧监管和智能服务能力，实现线上线下服务深度融合，让政府数字化服务体系更加智慧便捷。

3. 政府数字化服务体系更加包容普惠

政府从宏观决策协同到中观政策协调、从微观政策执行到服务资源配给的全过程，将更多通过数据开放、多元参与等方式让各方主体依托城市数字化治理界面实现高质量互动，让创新和智慧充分涌现，推动社会治理模式从单向管理转向双向互动，充分释放数字化发展红利，打造共建共治共享治理新格局。

第二节 完善“互联网+”赋能产业高质量发展的路径

一、完善“互联网+”赋能经济高质量发展的基础设施支持体系

应尽快推动城市地区的智慧化新型基础设施建设，实现智慧交通（智能道路和智能路灯）等各类物联网终端措施的规模化部署和应用，构建覆盖全城市全区域的数字信息感知平台，提升城市系统的治理效能。同时，应当利用物联网技术

实现对农村地区农业生产、交通、水利、电网、社会管理、灾害防治等基础设施的智能化转型，即大规模部署具备信息感知、数据采集功能的物联网传感和监测设备，推广应用人工智能、大数据和云计算等新一代信息技术的增强信息处理和运算能力，大幅提高网络信息传输能力，为推动我国乡村治理能力和产业可持续发展提供物联网技术支持。

二、完善“互联网+”赋能经济高质量发展的产业标准支持体系

在新发展阶段，我国要深入研究和精准预判互联网技术的发展路线和主要应用前景，依据既有的国际互联网标准体系，通过专家、政府、企业、用户等多方协同论证，着眼于前瞻性、原创性、应用性，加快完善互联网产业的技术标准、产业标准和应用标准，最终构筑起以技术标准和产业应用标准紧密结合的互联网产业标准体系，有效规范和积极指导互联网技术的发展和产业应用，促进“互联网+”快速健康地发展。

三、完善“互联网+”赋能经济高质量发展技术支持体系

进入新发展阶段，面对不断变化的经济与技术环境，我国应该聚焦关键环节，攻坚智能感知、高精度定位等前沿技术问题，补齐我国在高端传感器、智能芯片等领域的技术弱项和产业短板，进一步拓展物联网技术在生产流通各环节的应用场景。此外，应建立市场化导向的“政府引导—企业主导—高校和科研机构积极参与”的物联网产业技术创新体系，加大财政和金融支持力度，为物联网产业的前沿技术的突破创新和规模化应用提供创新链、产业链和资金链支持，提高物联网产业技术的经济转化水平。

四、完善“互联网+”赋能经济高质量发展人才支持体系

加快建设和储备一支高水平的互联网（物联网）人才队伍对我国工业互联网的技术创新和发展具有决定性意义。进入新发展阶段，应当鼓励和引导更多高等院校和科研院所开设物联网专业课程，鼓励更多培训机构开展以物联网专业技术人才无目标的实训实习项目，为智慧农业、智慧工业、智慧金融、智慧城市、智慧家庭等物联网应用领域提供源源不断的高水平专业型复合型人才，破解产业发展的人才瓶颈，缓解物联网人才市场的供需矛盾。

五、完善“互联网+”赋能经济高质量发展的公共服务体系

在新发展阶段，我国应进一步增加物联网产业公共服务平台建设，加快资

金、技术、人才、信息等公共服务资源汇集，利用大数据、云计算、区块链和人工智能等新一代信息技术，尽快构建一个覆盖全国及地方的具有高度产业对接性和地区适应性的国家级物联网公共服务平台，增进公共服务的质量控制、质量感知和质量评价的科学性、即时性和精准性，提高政府服务工业互联网（物联网）产业的整体效能，为各类在链企业提供特色化、便利化、品质化的公共服务。

第三节 推动“互联网+”健康发展的主要政策建议

互联网（也适用物联网，下同）平台管理实务需兼具即时、便利、安全及智能等功能特性，且需要通过互联网平台经营者、顾客（互联网平台使用者）、政府相关部门（互联网发展政策制定者）三方合作，以促进产业升级。本书对上述三方的建议分述如下：

一、互联网平台经营者

互联网平台经营者应以顾客为出发点，强化系统整合开发能力，强化顾客辅导培训。建议互联网平台经营者参考本书所开发的互联网平台 TRIZ 服务创新法则综合分析矩阵，通过专业顾问团队的客制化分析，发掘顾客需求要素（评估准则），选定“欲改善参数或策略”及“避免恶化参数或策略”进行综合评估，进而拟定以顾客需求为导向的服务创新策略。如“欲改善参数或策略”为技术的攸关性，则应以顾客现在使用的系统为基础，提供兼具安全性及隐私性的开发环境，以模组化、异构整合的服务创新策略；再针对顾客特性衡量“避免恶化参数或策略”（如技术的实用性、市场的整合度及技术的保护性），同时辅以跨领域专业团队进行顾客开发与教育训练，强化系统整合及线上即时视觉化分析，以拓展顾客的市场触角，提升平台资料多元性，加强大数据整合分析，与顾客实现双赢。

二、互联网平台使用者

越来越多的公司运用互联网平台与云端平台服务，以提高生产或服务效率。通过系统中的大数据，可挖掘潜在有价值的商业信息，故企业导入互联网平台相关技术的策略应用为重要趋势。然而如何维持现有优势，开发互联网新技术与突破异构技术整合是难题，打造安全、简易且高效的互联网系统，已成为互联网平台使用者必须务实面对的重要课题。建议互联网平台使用者面对互联网应用开发，可以现有系统及技术为基础，利用本书所提出的评估模型，针对自身及产业特性，评选适合的互联网平台，尝试共同研发具有安全性及隐私性的互联网应用模组，并利用自动化异构连接系统，整合互联网应用信息，即时进行数据分析回馈，快速回应顾客需求，以创新服务抢占新市场、抢抓新商机。

三、政府相关部门

互联网技术发展方兴未艾，是新技术革命的制高点之一，更是国家重点的发展目标。本书的研究表明，互联网平台顾客需求要素首重安全性及隐私性，虽然互联网生态系统仍在发展中，但信息安全已经成为影响互联网健康发展的重要因素。为此，建议政府相关部门应重视互联网信息安全标准的制定及完善，建立完善的互联网信息环境，以消除企业应用互联网的后顾之忧。此外，研究还同时表明，以顾客需求为导向的策略选择非常重视技术攸关性，故建议政府有关部门，通过协调整合各种资源，促进互联网平台经营者与政府产销机构共同开发互联网服务创新计划，不仅可以促进本地产业通过导入互联网系统进行产业升级，也有助于引导和促进互联网经营者开发具有本地特色的一体化服务创新，促进互联网产业的发展，创造产业发展和互联网发展的双赢。

参考文献

（一）中文部分

[1] 安虎森，季赛卫．演化经济地理学理论研究进展［J］．学习与实践，2014，365（7）：2+5-18.

[2] 白雪洁，李栋，闫文凯．深圳高新区的发展经验与启示［J］．现代管理科学，2014，256（7）：22-24.

[3] 白仲林，金琼．工业企业互联网平台赋能决策的机理与实证研究——基于结构化离散博弈模型的分析［J］．南开经济研究，2022，230（8）：3-21.

[4] 卞亚斌，房茂涛，杨鹤松．"互联网+"背景下中国制造业转型升级的微观路径——基于微笑曲线的分析［J］．东岳论丛，2019，40（8）：62-73.

[5] 卜庆娟．顾客在价值共创互动过程中的行为及其结果研究［D］．北京邮电大学，2017.

[6] 蔡海亚，赵永亮，南永清．中国"互联网+"发展的空间关联网络及其影响因素——基于社会网络分析视角的实证研究［J］．地理科学，2021，41（6）：933-940.

[7] 蔡家昌．平台的价值共创机制之研究：以台湾大车队为例［D］．台湾政治大学，2019.

[8] 蔡宁，贺锦江，王节祥．"互联网+"背景下的制度压力与企业创业战略选择——基于滴滴出行平台的案例研究［J］．中国工业经济，2017，348（3）：174-192.

[9] 蔡万刚．基于大数据的互联网平台企业商业模式研究［D］．东华大学，2019.

[10] 蔡欣怡，魏名．发展型国家理论和市场保护型联邦主义模型在中国缘何没有解释力？［J］．经济社会体制比较，2011，153（1）：57-66.

［11］钞小静，廉园梅，罗鎏锴．新型数字基础设施对制造业高质量发展的影响［J］．财贸研究，2021，32（10）：1-13.

［12］陈广仁，唐华军．供应链管理的开放式创新机制——基于物联网的“零边际成本”的理论假设［J］．中国流通经济，2017，31（8）：105-115.

［13］陈欢欢．“互联网+农业”发展的瓶颈及创新路径［J］．人民论坛·学术前沿，2020，202（18）：124-127.

［14］陈坤，武立．互联网网络外部性内生机制研究——以打车软件为例［J］．财经问题研究，2014，370（9）：39-44.

［15］陈苔青．互联网开发平台经营策略暨服务创新之研究［D］．台湾嘉义大学，2019.

［16］陈武，陈建安，李燕萍．工业互联网平台：内涵、演化与赋能［J］．经济管理，2022，44（5）：189-208.

［17］陈湘舸，盛跃明．杭州模式：构建和谐社会的发展模式［J］．杭州师范学院学报（社会科学版），2006（3）：33-38.

［18］程静．我国互联网平台经济发展的政府监管研究［D］．湖北大学，2022.

［19］程俊杰．工业互联网促进产业链现代化：理论逻辑与突破路径［J］．现代经济探讨，2023，493（1）：93-102.

［20］丛林．基于技术、应用、市场三个层面的我国物联网产业发展研究［D］．辽宁大学，2016.

［21］戴玉．平台经济背景下公共治理转型策略研究［D］．南京信息工程大学，2020.

［22］邓勇志．以脉冲分析评估政府政策对物联网相关产业绩效之影响［D］．台北科技大学，2020.

［23］杜鹏，李庆芳，周信辉，方世杰．“（创）串新”的服务模式：以价值共创观点探索尚品宅配的服务流程与本质［J］．管理学报，2017，34（3）：401-430.

［24］方兴东．浙江网络经济崛起历程考察和未来启示［J］．互联网天地，2017（5）：26-29.

［25］高峻峰，银路．基于生命周期的网络企业商业模式研究——以腾讯公司和金山软件公司为例［J］．管理学报，2011，8（3）：348-355.

［26］高琳，高伟华，周曌．增长与均等的权衡：省以下财权划分策略的行

动逻辑 [J]. 地方财政研究，2019，171（1）：49-58.

[27] 高素英，刘宏波，张烨．基于共享式增长的京津冀物联网产业协同发展 [J]. 中国流通经济，2017，31（10）：119-126.

[28] 耿佳，赵民．论特大城市突破路径依赖、实现转型和创新发展之路——对深圳、广州及天津的比较研究 [J]. 城市规划，2018，42（3）：9-16.

[29] 郭琪，贺灿飞．演化经济地理视角下的技术关联研究进展 [J]. 地理科学进展，2018，37（2）：229-238.

[30] 韩东林，葛磊，程琪．基于 DEA 模型的中国物联网上市公司创新效率评价 [J]. 科技管理研究，2015，35（15）：57-63.

[31] 韩先锋，李勃昕．"互联网+"对企业创新效率影响的时空异质效应 [J]. 统计与决策，2021，37（6）：82-86.

[32] 韩先锋，刘娟，李勃昕．"互联网+"驱动区域创新效率的异质动态效应研究 [J]. 管理学报，2020，17（5）：715-724.

[33] 韩先锋，刘娟，李勃昕．中国"互联网+"水平时空分异及收敛机制 [J]. 科研管理，2022，43（4）：29-36.

[34] 韩先锋．"互联网+"赋能企业创新的异质动态效应研究——政府研发资助的调节作用 [J]. 科技进步与对策，2021，38（17）：97-105.

[35] 郝身永．"互联网+"商业模式的多重竞争优势研究 [J]. 经济问题探索，2015，398（9）：41-44+148.

[36] 贺达，顾江．互联网对农村居民消费水平和结构的影响——基于 CFPS 数据的 PSM 实证研究 [J]. 农村经济，2018（10）：51-57.

[37] 侯登华．网约车规制路径比较研究——兼评交通运输部《网络预约出租汽车经营服务管理暂行办法（征求意见稿）》[J]. 北京科技大学学报（社会科学版），2015，31（6）：96-103.

[38] 胡保亮．基于画布模型的物联网商业模式构成要素研究 [J]. 技术经济，2015，34（2）：44-49.

[39] 胡保亮．物联网商业模式：研究进展与展望 [J]. 科技管理研究，2013，33（11）：124-126+131.

[40] 胡保亮．物联网商业模式的多维构思及其对企业绩效的影响研究 [J]. 科技进步与对策，2015，32（3）：16-22.

[41] 胡著胜．深圳民营经济发展回顾与展望 [J]. 特区理论与实践，2002（12）：49-51.

[42] 纪玉俊，张彦彦．互联网+背景下的制造业升级：机理及测度［J］．中国科技论坛，2017，251（3）：50-57.

[43] 姜杰垚．物联网技术领域的专利合作网络对创新绩效的影响研究［D］．电子科技大学，2022.

[44] 姜启波，谭清美，尹君．"互联网+"创新驱动制造业发展研究［J］．科技管理研究，2019，39（19）：177-182.

[45] 焦媛媛，沈志锋，胡琴．不同主导权下战略性新兴产业协同创新网络合作关系研究——以我国物联网产业为例［J］．研究与发展管理，2015，27（4）：60-74.

[46] 靳毓，文雯，何茵．数字化转型对企业绿色创新的影响——基于中国制造业上市公司的经验证据［J］．财贸研究，2022，33（7）：69-83.

[47] 李波，王金兰．共享经济商业模式的税收问题研究［J］．现代经济探讨，2016，413（5）：29-33.

[48] 李勃昕，董雨，朱承亮．"互联网+"对创新价值链的动态迭代溢出效应研究［J］．管理学报，2023，20（2）：231-239.

[49] 李红．中美互联网企业商业模式创新比较研究［D］．中国科学院大学，2011.

[50] 李辉，谭显春，顾佰和，许保光．物联网环境下碳配额和减排双重约束的企业资源共享策略［J］．系统工程理论与实践，2018，38（12）：3085-3096.

[51] 李雷，杨水利，陈娜．"互联网+"、技术异质性与创新效率——基于省际工业企业面板数据研究［J］．中国地质大学学报（社会科学版），2021，21（3）：125-141.

[52] 李琳，周一成．"互联网+"是否促进了中国制造业发展质量的提升？——来自中国省级层面的经验证据［J］．中南大学学报（社会科学版），2019，25（5）：71-79.

[53] 李旭洋．互联网发展对中国居民消费结构的影响研究［D］．中国地质大学，2021.

[54] 林峰，林淑佳，李宏兵．互联网+、城市智能化与中国企业技术创新——来自腾讯研究院大数据与专利微观数据的分析［J］．南方经济，2022，396（9）：75-96.

[55] 刘备，黄卫东．新型数字基础设施的绿色全要素生产率提升效应研究［J］．求是学刊，2023，50（1）：96-106.

［56］刘航，荆文君，鞠雪楠．2021 年中国互联网经济发展情况与趋势展望［R］．中国互联网经济发展报告，2022.

［57］刘慧慧．平台经济中的共享发展问题研究［D］．浙江大学，2021.

［58］刘建刚，马德清，陈昌杰，余婷婷．基于扎根理论的“互联网+”商业模式创新路径研究——以滴滴出行为例［J］．软科学，2016，30（7）：30-34.

［59］刘建刚，钱玺娇．“互联网+”战略下企业技术创新与商业模式创新协同发展路径研究——以小米科技有限责任公司为案例［J］．科技进步与对策，2016，33（1）：88-94.

［60］刘婕，谢海，张燕，张千友．动态能力视角下平台型企业的价值共创演化路径探析——基于积微物联的单案例研究［J］．软科学，2021，35（5）：138-144.

［61］刘锦，顾加强．我国物联网现状及发展策略［J］．企业经济，2013，32（4）：114-117.

［62］刘汕，张凡，惠康欣，毛弘毅．数字平台商业模式创新：综述与展望［J］．系统管理学报，2022，31（6）：1109-1122.

［63］刘文仲．中国钢铁工业互联网发展现状及思考［J］．中国冶金，2022，32（11）：1-5.

［64］刘鑫，贺灿飞．技术关联与城市产业增长研究［J］．地理研究，2016，35（4）：717-730.

［65］刘雅君，蒋国梁．网络基础设施建设推动了城市数字经济发展吗？——基于“宽带中国”战略的准自然实验［J］．求是学刊，2022，49（3）：61-73.

［66］刘志高，尹贻梅，孙静．产业集群形成的演化经济地理学研究评述［J］．地理科学进展，2011，30（6）：652-657.

［67］刘志高，张薇．演化经济地理学视角下的产业结构演替与分叉研究评述［J］．经济地理，2016，36（12）：218-223+232.

［68］鲁铭，陈玉川．互联网价值网络的结构研究［J］．经济纵横，2011，304（3）：113-116.

［69］栾惠，吕拉昌，黄茹．从腾讯公司的成长看深圳创新型城市建设路径［J］．特区经济，2019，361（2）：31-36.

［70］罗序斌．“互联网+”驱动传统制造业创新发展的影响机理及提升路径［J］．现代经济探讨，2019，453（9）：78-83.

[71] 吕明元，程秋阳．工业互联网平台发展对制造业转型升级的影响：效应与机制［J］．人文杂志，2022，318（10）：63-74.

[72] 马晨，李瑾，赵春江，冯献，范贝贝，郭美荣，曹冰雪．"互联网+"现代种业发展战略研究［J］．中国工程科学，2022，24（4）：44-52.

[73] 马力，臧旭恒．企业衍生效应对高技术产业集群发展的影响与对策研究［J］．云南财经大学学报，2012，28（4）：80-86.

[74] 马晓河，胡拥军．"互联网+"推动农村经济高质量发展的总体框架与政策设计［J］．宏观经济研究，2020，260（7）：5-16.

[75] 马永开，李仕明，潘景铭．工业互联网之价值共创模式［J］．管理世界，2020，36（8）：211-222.

[76] 宁进厅，邱娟，汪明峰．中国互联网产业发展的区域差异及其动态演进——基于生产和消费的视角［J］．世界地理研究，2010，19（4）：58-64.

[77] 欧阳日辉．从"+互联网"到"互联网+"——技术革命如何孕育新型经济社会形态［J］．人民论坛·学术前沿，2015，74（10）：25-38.

[78] 钱吴永，李晓钟，王育红．物联网产业技术创新平台架构与运行机制研究［J］．科技进步与对策，2014，31（9）：66-70.

[79] 秦芳，吴雨，魏昭．网络购物促进了我国家庭的消费吗——来自中国家庭金融调查（CHFS）数据的经验证据［J］．当代经济科学，2017，39（6）：104-114+126.

[80] 秦海涛．共享经济商业模式探讨及在我国进一步发展的建议［J］．商业经济研究，2016，715（24）：124-126.

[81] 秦建群，赵晶晶，刘超．数字经济与制造业高质量发展——基于政府创新偏好调节效应的研究［J］．西南民族大学学报（人文社会科学版），2022，43（10）：104-115.

[82] 秦涛．工业互联网安全分析与应用研究［J］．保密科学技术，2022（3）：26-30.

[83] 任保平，苗新宇．新发展阶段互联网赋能经济高质量发展的路径与支持体系研究［J］．经济与管理评论，2022，38（3）：14-24.

[84] 商孟华．论演化经济学的思维框架［J］．财贸研究，2008，109（1）：20-25.

[85] 邵慰．创新驱动、转型升级与中国装备制造业发展——经济新常态的视角［M］．北京：中国社会科学出版社，2016.

［86］盛亚，戴建新．“互联网+制造”模式下产业政策比较研究——以中国、德国、美国为例［J］．科技进步与对策，2019，36（17）：114-121.

［87］石喜爱，李廉水，程中华，刘军．“互联网+”对中国制造业价值链攀升的影响分析［J］．科学学研究，2018，36（8）：1384-1394.

［88］时佩．基于双边市场理论的打车软件竞争策略研究［J］．中国商贸，2015，635（2）：1-3.

［89］史晋川，郎金焕．中国的民营经济与区域经济发展［J］．山东大学学报（哲学社会科学版），2018，226（1）：7-17.

［90］史晋川，宋学印，朱希伟，叶建亮．再创体制新优势　再造浙江新动力［J］．浙江社会科学，2014，218（10）：34-39+156.

［91］史晋川．温州模式的历史制度分析——从人格化交易与非人格化交易视角的观察［J］．浙江社会科学，2004（2）：14-18.

［92］史晋川．中国民营经济发展报告（2018）［M］．北京：经济科学出版社，2018.

［93］宋逸群，王玉海．共享经济的缘起、界定与影响［J］．教学与研究，2016，455（9）：29-36.

［94］汤志伟，李金兆．中国地方政府互联网服务能力发展报告（2022）［M］．北京：社会科学文献出版社，2022.

［95］唐杰，王东．深圳创新转型的理论意义［J］．深圳社会科学，2018，1（1）：25-36.

［96］唐杰．“新常态”增长的路径和支撑——深圳转型升级的经验［J］．开放导报，2014，177（6）：11-18.

［97］涂科．共享经济模式下的价值共创机理研究［D］．北京邮电大学，2019.

［98］王东，王远．物联网场景下的供应链组织重构整合模式发展研究［J］．商业经济研究，2021，821（10）：39-42.

［99］王健全，李卫，马彰超，孙雷，张超一．5G工业互联网赋能智慧钢铁［J］．钢铁，2021，56（9）：56-61+73.

［100］王竟竟，许民利．考虑消费者损失规避行为的“互联网+”回收平台定价决策研究［J］．管理工程学报，2022，36（6）：106-116.

［101］王娟．“互联网+”与劳动生产率：基于我国制造业的实证研究［J］．财经科学，2016，344（11）：91-98.

［102］王柯懿，王佳音，盛坤．工业互联网平台赋能制造业数字化转型能力评价体系研究［J］．制造业自动化，2021，43（12）：157-162.

［103］王丽平，刘小龙．价值共创视角下众创空间“四众”融合的特征与运行机制研究［J］．中国科技论坛，2017，251（3）：109-116.

［104］王青，王宇璐．工业机器人应用对制造业高质量发展的影响研究［J］．工业技术经济，2023，42（2）：115-124.

［105］王水莲，于程灏，张佳悦．工业互联网平台价值创造过程研究［J］．中国科技论坛，2022，312（4）：78-88.

［106］王晓蕾，杜传忠，刘磊．工业互联网赋能服务型制造网络的演化逻辑与路径优化研究［J］．经济学家，2022，286（10）：108-118.

［107］王征宇，庞然，蔡德发．我国工业互联网产业发展的财税支持政策研究［J］．商业经济，2022，549（5）：129-130+144.

［108］王志凯．中国民营经济发展与区域制度变迁——以江、浙两省为例［J］．浙江大学学报（人文社会科学版），2007（2）：99-109.

［109］魏想明，刘锐奇．服务生态系统视角下可持续性价值共创模式构建——基于拼多多平台的案例研究［J］．学习与实践，2022，458（4）：93-100.

［110］乌力吉图，王佳晖．工业物联网发展路径：西门子的平台战略［J］．南开管理评论，2021，24（5）：94-106.

［111］吴汉洪．互联网经济的理论与反垄断政策探讨［J］．财经问题研究，2018，418（9）：3-18.

［112］吴琴，巫强．“互联网+”驱动传统产业跨界融合的作用机制研究［J］．学海，2020（4）：163-169.

［113］吴晓波．腾讯传：中国互联网公司进化论［M］．杭州：浙江大学出版社，2017.

［114］吴义杰，张仲金，许盛，吴玮．中国物联网产业化商业模式与路径选择［J］．现代管理科学，2014，250（1）：57-59.

［115］武建龙，郝蒙晓，黄静．“互联网+”环境下企业创新生态系统的构建研究——以蔚来新能源汽车为例［J］．软科学，2021，35（5）：70-77.

［116］武健，曹丽霞，黄琪华，许磊，张军．“互联网+”背景下再生资源产业协同创新三方演化博弈研究［J］．中国软科学，2021，372（12）：175-186.

［117］武文珍，陈启杰．价值共创理论形成路径探析与未来研究展望［J］．外国经济与管理，2012，34（6）：66-73+81.

［118］武玉青．制造企业“互联网+”商业模式创新机理研究［D］．北京理工大学，2019.

［119］肖利平．“互联网+”提升了我国装备制造业的全要素生产率吗［J］．经济学家，2018，240（12）：38-46.

［120］谢家平，梁玲，龚海涛．物联网环境下面向客户价值的商业模式变革［J］．经济管理，2015，37（11）：188-199.

［121］谢琳灿，吴沁沁．美德工业互联网发展经验及借鉴［J］．宏观经济管理，2022，461（3）：83-90.

［122］邢纪红，王翔．传统制造企业“互联网+”商业模式创新的结构特征及其实现路径研究［J］．世界经济与政治论坛，2017，321（2）：70-90.

［123］徐嘉徽．共享服务平台双边用户价值共创过程及影响因素研究［D］．吉林大学，2019.

［124］徐梦冉，李振发，贺灿飞，李伟．“互联网+”对我国制造业就业的影响［J］．世界地理研究，2021，30（3）：577-588.

［125］徐伟．工业互联网赋能先进制造业企业转型影响因素——基于山东省先进制造业企业的研究［J］．济南大学学报（社会科学版），2022，32（5）：94-107.

［126］徐伟呈，范爱军．“互联网+”驱动下的中国产业结构优化升级［J］．财经科学，2018，360（3）：119-132.

［127］薛芳，赵晓康，谭云清．乘风破浪还是步步为营——制造企业“互联网+”创新机制研究［J］．山西财经大学学报，2022，44（5）：93-107.

［128］严北战，周懿．“互联网+”对制造业升级的影响——基于供给侧、需求侧双向驱动的分析［J］．科技管理研究，2020，40（22）：124-130.

［129］颜波，石平，黄广文．基于RFID和EPC物联网的水产品供应链可追溯平台开发［J］．农业工程学报，2013，29（15）：172-183.

［130］颜诗桐．财政政策对中国物联网企业全要素生产率的影响分析［D］．吉林大学，2022.

［131］杨德明，刘泳文．“互联网+”为什么加出了业绩［J］．中国工业经济，2018，362（5）：80-98.

［132］杨宏力．巩固和完善农村基本经营制度研究［M］．北京：经济科学出版社，2023.

［133］杨林，陆亮亮．“互联网+”背景下制造企业智能化战略转型路径：

多案例比较研究［J］. 科技进步与对策，2022，39（12）：92-101.

［134］杨林. 以人为中心的工业互联网互操作关键技术研究［D］. 武汉理工大学，2018.

［135］杨世伟，刘戒骄，何瑛. 全球互联网企业发展报告——资本市场、金融创新与可持续发展（2014~2015）［M］. 北京：经济管理出版社，2016.

［136］杨帅. 共享经济类型、要素与影响：文献研究的视角［J］. 产业经济评论，2016，13（2）：35-45.

［137］杨燕红，何大安. 中国物联网产业政策演变、内在逻辑与发展趋向——基于政策文本计量分析的方法［J］. 经济与管理，2022，36（2）：27-35.

［138］姚先国. 浙江经济改革中的地方政府行为评析［J］. 浙江社会科学，1999（3）：22-28.

［139］叶丽莎，戴亦舒，董小英. "移动互联网+乡村"模式的赋能机制：基于"腾讯为村"的案例研究［J］. 中国软科学，2021，371（11）：57-66.

［140］殷利梅，王梦梓. 2022年中国工业互联网发展情况及趋势分析［R］. 中国移动互联网发展报告，2023.

［141］尹贻梅，刘志高，刘卫东. 路径依赖理论及其地方经济发展隐喻［J］. 地理研究，2012，31（5）：782-791.

［142］臧冀原，王柏村，孟柳，周源. 智能制造的三个基本范式：从数字化制造、"互联网+"制造到新一代智能制造［J］. 中国工程科学，2018，20（4）：13-18.

［143］张罡，王宗水，赵红. 互联网+环境下营销模式创新：价值网络重构视角［J］. 管理评论，2019，31（3）：94-101.

［144］张耿. 基于工业互联网的智能制造服务主动感知与分布式协同优化配置方法研究［D］. 西北工业大学，2018.

［145］张国之，王云龙，穆波. 工业互联网在化工企业安全生产中的研究现状和发展趋势［J］. 应用化工，2022，51（5）：1403-1407.

［146］张汉. "地方发展型政府"抑或"地方企业家型政府"？——对中国地方政企关系与地方政府行为模式的研究述评［J］. 公共行政评论，2014，7（3）：157-175+180.

［147］张辉，王庭锡，孙咏. 数字基础设施与制造业企业技术创新——基于企业生命周期的视角［J］. 上海经济研究，2022，407（8）：79-93.

［148］张嘉麟，瞿宛文. 地方保护与市场竞争机制之运作——以中国钢铁业

为例［J］. 经济论文，2015，43（4）：481-533.

［149］张劲松，阮丹阳．“互联网+”背景下湖北制造业创新驱动及实施路径［J］. 中南民族大学学报（人文社会科学版），2021，41（7）：141-149.

［150］张莉娜，吕祥伟，倪志良．“互联网+”驱动下数字经济的增收效应研究——基于中国家庭追踪调查数据［J］. 广东财经大学学报，2021，36（3）：34-45.

［151］张瑞婷．互联网使用对农村居民消费水平及结构的影响研究［D］. 中国农业大学，2022.

［152］张志华，徐昳，赵波．战略性新兴产业协同创新发展的模式与实施路径——以江苏省物联网产业为例［J］. 学海，2015（6）：72-78.

［153］赵璨，曹伟，姚振晔，王竹泉．“互联网+”有利于降低企业成本粘性吗？［J］. 财经研究，2020，46（4）：33-47.

［154］赵伟．浙江模式：一个区域经济多重转型范式——多视野的三十年转型［J］. 浙江社会科学，2009，150（2）：22-31+125-126.

［155］赵岩，赖伟燕．基于 TOE 理论下的我国工业互联网实施能力影响因素分析［J］. 管理现代化，2021，41（5）：25-28.

［156］赵振．“互联网+”跨界经营：创造性破坏视角［J］. 中国工业经济，2015，331（10）：146-160.

［157］郑淑蓉，吕庆华．物联网产业商业模式的本质与分析框架［J］. 商业经济与管理，2012，254（12）：5-15.

［158］郑志来．共享经济的成因、内涵与商业模式研究［J］. 现代经济探讨，2016，411（3）：32-36.

［159］郑志来．互联网金融对我国商业银行的影响路径——基于“互联网+”对零售业的影响视角［J］. 财经科学，2015，326（5）：34-43.

［160］周黎安．“官场+市场”与中国增长故事［J］. 社会，2018，38（2）：1-45.

［161］周黎安．中国地方官员的晋升锦标赛模式研究［J］. 经济研究，2007，471（7）：36-50.

［162］周丽霞．规范国内打车软件市场的思考——基于美国对 Uber 商业模式监管实践经验借鉴［J］. 价格理论与实践，2015，373（7）：21-24.

［163］周念华，余明阳，薛可．物联网平台企业的商业模式研究［J］. 管理现代化，2018，38（4）：53-56.

[164] 祝井亮．物联网商业模式下价值网多元开放平台构建 [J]. 商业经济研究，2016，694（3）：25-26.

[165] 从“+互联网”到“互联网+”[EB/OL]. https：//www. doc88. com/p-0189690214019. html，2016.

[166] 从“+互联网”到“互联网+”——道客巴巴 [EB/OL]. https：//fanwen. chazidian. com/lw/zhengzhi/93197/，2020.

[167] 各省从三方面加快推进“互联网+政务服务”[EB/OL]. http：//www. e-gov. org. cn/article-164889. html.

[168] 工业互联网平台产业生态 [EB/OL]. https：//max. book118. com/html/2020/0201/6102222204002140. shtm.

[169] 工业互联网平台技术白皮书 [EB/OL]. https：//ishare. iask. sina. com. cn/f/AGiTmdCX5b. html.

[170] 工业互联网平台技术体系 [EB/OL]. https：//max. book118. com/html/2020/0201/6102235204002140. shtm.

[171] 广东省网络文化协会主编．2016 广东省互联网+现状与发展大数据分析报告 [M]. 广州：广东人民出版社，2017.

[172] 国务院关于加快推进“互联网+政务服务”工作的指导意见 [EB/OL]. http：//www. mofcom. gov. cn/article/b/g/201701/20170102500956. shtm.

[173] 深化放管服改革推进政府职能转变的实践与思考 [EB/OL]. http：//www. fx361. com/page/2018/0323/3290790. shtml.

[174] 搜狐网．产业互联网和互联网有什么不同？[EB/OL]. https：//www. sohu. com/na/417287520_100280840.

[175] 一文看懂工业互联网与工业物联网 [EB/OL]. https：//iot. ofweek. com/2020-04/ART-132216-8120-30438121. html.

[176] 中国互联网络信息中心（2020），第 45 次中国互联网络发展状况统计报告 [EB/OL]. http：//www. cac. gov. cn/2020-04/27/c_1589535470378587. htm.

[177] 中国信通研究院：工业互联网平台白皮书 [EB/OL]. http：//www. caict. ac. cn/kxyj/qwfb/bps/201804/t20180426_158517. htm.

（二）英文部分

[1] Adner R. Ecosystem as structure：An actionable construct for strategy [J]. Journal of Management，2017，43（1）：39-58.

[2] Adner R.，Zemsky P. A demand-based perspective on sustainable competi-

tive advantage [J]. Strategic Management Journal, 2006, 27 (3): 215-239.

[3] Agundu P. U. C., Olotu O. A. O. Corporate relationship marketing in developing economies: Sustainability tonic for nigerian banks [J]. African Research Review, 2011, 5 (2), 72-86.

[4] Ahuja R., Jain M., Sawhney A., Arif M. Adoption of BIM by architectural firms in India: Technology-organization-environment perspective [J]. Architectural Engineering and Design Management, 2016, 12 (4): 311-330.

[5] Akaka M. A., Vargo S. L., and Lusch R. F. The complexity of context: A service ecosystems approach for international marketing [J]. Journal of International Marketing, 2013, 21 (4): 1-20.

[6] Akaka M. A., Vargo S. L. Technology as an operant resource in service (Eco) systems [J]. Information Systems and e-Business Management, 2014, 12 (3): 367-384.

[7] Alaba F. A., Othman M., Hashem I. A. T., Alotaibi F. Internet of things security: A survey [J]. Journal of Network and Computer Applications, 2017, 88 (15): 10-28.

[8] Alfayad F. S. Huawei and the Gulf Region: Market opportunities despite the ongoing US-China trade war [J]. International Review of Management and Marketing, 2019, 9 (4): 47-53.

[9] Alieva J., Powell D. The automation of lean practices: Digitalized or digitally wasted? [J/OL]. 2021. DOI: 10.1007/978-3-030-85910-7_69.

[10] Al-Turjman F. 5G-enabled devices and smart-spaces in social-IoT: An overview [J]. Future Generation Computer Systems, 2019 (92): 732-744.

[11] Al-Turjman F. QoS—aware data delivery framework for safety-inspired multimedia in integrated vehicular-IoT [J]. Computer Communications, 2018 (121): 33-43.

[12] Alves H., Fernandes C. and Raposo, M. Value co-creation: Concept and contexts of application and study [J]. Journal of Business Research, 2016, 69 (5): 1626-1633.

[13] Amadeo M., Ruggeri G., Campolo C., and Molinaro A. IoT services allocation at the edge via named data networking: From optimal bounds to practical design [J]. IEEE Transactions on Network and Service Management, 2019, 16 (2):

661-674.

[14] Amara N., Halilem N., Traoré N. Adding value to companies' value chain: Role of business schools scholars [J]. Journal of Business Research, 2016 (69): 1661-1668.

[15] Anjala S., Krishen A, Yogesh K., Dwivedi B, Bindu N. C., and Satheesh K. K. A broad overview of interactive digital marketing: A bibliometric network analys is [J]. Journal of Business Research, 2021 (131): 183-195.

[16] Ansari F., Erol S., Sihn W. Rethinking human-machine learning in industry 4.0: How does the paradigm shift treat the role of human learning [J]. Procedia manufacturing, 2018 (23): 117-122.

[17] Armstrong M. Competition in two-sided markets [J]. The RAND Journal of Economics, 2006, 37 (3): 668-691.

[18] Asghari P. Rahmani A., Javadi H. H. S. Internet of things applications: A systematicreview [J]. Computer Networks, 2019 (148): 241-261.

[19] Aslam F., Aimin W., Li M., Ur Rehman K. Innovation in the era of IoT and industry 5.0: Absolute innovation management (AIM) framework [J]. Information, 2020, 11 (2): 124.

[20] Ateke B. W., Kalu S. E. Collaborative marketing and business wellness of global system of mobile-communication (GSM) service providers in nigeria [J]. International Journal of Marketing and Communication Studies, 2016, 1 (1): 14-26.

[21] Balaji M. S., Roy S. K. Value co-creation with Internet of things technology in the retail industry [J]. Journal of Marketing Management, 2016, 33 (1-2): 7-31.

[22] Baldassarre B., Calabretta G., Bocken N. M. P., Jaskiewicz, T. Bridging sustainable business model innovation and user-driven innovation: A process for sustainable value proposition design [J]. Journal of Cleaner Production, 2017 (147): 175-186.

[23] Barney J. B., Hesterly. Strategic management and competitive advantage [M]. Boston: Pearson, 2005.

[24] Baum, Richard and Shevchenko, Alexei. The state of the state, in merle golden, roderick macFarquhar eds., The paradox of China's Post-Mao reforms [M]. Cambridge, MA: Harvard University Press, 1999.

[25] Belk R. You are what you can access: Sharing and collaborative consumption online [J]. Journal of Business Research, 2013, 67 (2014): 1595-1600.

[26] Bello O., Zeadally S. Toward efficient smartification of the Internet of Things (IoT) services [J]. Future Generation Computer Systems, 2019 (92): 663-673.

[27] Bi Y., Wang T., Liu X., Liu Z. Global influence analysis of wuxi world internet of things exposition. International journal of design [J]. Analysis and Tools for Integrated Circuits and Systems, 2019, 8 (1): 24-29.

[28] Bilgeri D., Gebauer H., Fleisch E., Wortmann F. Driving process innovation with IoT field data [J]. MIS Quarterly Executive, 2019 (18): 191-207.

[29] Blachetta M., Kleinaltenkamp M. Dispersion of marketing activities in business-to-business firms [J]. Journal of Business & Industrial Marketing, 2019, 34 (6): 1160-1170.

[30] Blecher, Marc. Development state, entrepreneurial state: The political economy of socialist reform in xinju municipality and guanghan county, in gordon white, ed., The Chinese state in the era of economic reform: The road to crisis [M]. Armonk, NY: Palgrave Macmillan, 1991.

[31] Bocken N. M. P., Short S. W. Towards a sufficiency-driven business model: Experiences and opportunities [J]. Environmental Innovation and Societal Transitions, 2016 (18): 41-61.

[32] Bocken N., Short S., Rana P., Evans S. A value mapping tool for sustainable business modelling [J]. Corporate Governance, 2013, 13 (5): 482-497.

[33] Botsman R., Rogers. R. What's mine is yours: The rise of collaborative consumption [M]. New York: Harper Collins, 2010.

[34] Bowman C., Ambrosini V. Value creation versus value capture: Towards a coherent definition of value in strategy [J]. British Journal of Management, 2000 (11): 1-15.

[35] Boyes H., Hallaq B., Cunningham J., Watson T. The industrial internet of things (IIoT): An analysis framework [J]. Computers in Industry, 2018 (101): 1-12.

[36] Bradley R., Jawahir I. S., Murrell N., Whitney J. Parallel design of a product and Internet of Things (IoT) architecture to minimize the cost of utilizing big data (BD) for sustainable value creation [J]. Procedia CIRP, 2017 (61): 58-62.

[37] Breidbach C. F., Brodie R. J. Engagement platforms in the sharing economy: Conceptual foundations and research directions [J]. Journal of Service Theory and Practice, 2017, 27 (4): 761-777.

[38] Cannon S., Summers L. H. How Uber and the sharing economy can win over regulators [J]. Harvard Business Review, 2014, 13 (10): 24-28.

[39] Caputo F., Garcia-Perez A., Cillo V., Giacosa E. A knowledge-based view of people and technology: Directions for a value co-creation-based learning organization [J]. Journal of Knowledge Management, 2019, 23 (7): 1314-1334.

[40] Carter C. R., Rogers D. S., Choi T. Y. Toward the theory of the supply chain [J]. The Journal of Supply Chain Management, 2015, 51 (2): 89-97.

[41] Cecilia S. L. John D. A. W. Striving for a safer and more ergonomic workplace: Acceptability and human factors related to the adoption of AR/VR glasses in industry 4.0 [J]. Smart Cities, 2020, 3 (2): 289-307.

[42] Cennamo C., Santaló J. Generativity tension and value creation in platform ecosystems [J]. Organization Science, 2019, 30 (3): 617-641.

[43] Chandler J. D., Vargo S. L. Contextualization and value-in-context: How context frames exchange [J]. Marketing Theory, 2011, 11 (1): 35-49.

[44] Chang H., Park G. A study on medical information leakage protection to construct a trustworthy medical service-oriented architecture in IoT environment: Case study of medical tour service in South Korea [J]. International Journal of Services Technology and Management, 2019, 25 (3-4): 215-224.

[45] Chang H. Y., Ma V. C., Liu. J. S., Lin C. W. Examining academic landscape of mobile banking-the lens from main paths [J]. International Journal of Mobile Communications, 2020: 131-157.

[46] Chang S. C., Tein S. W., Lee H. M. Social capital, creativity, and new product advantage: An empirical study [J]. International Journal of Electronic Business Management, 2010 (1): 43-55.

[47] Chatain O. Value creation, competition, and performance in buyer-supplier relationships [J]. Strategic Management Journal, 2011, 32 (1): 76-102.

[48] Chatain O., Zemsky P. He horizontal scope of the firm: Organizational trade-offs vs. buyer-supplier relationships [J]. Management Science, 2007, 53 (4): 550-565.

[49] Chaudhry S. A., Yahya K., Al-Turjman, F., and Yang, M. H., A secure and reliable device access control scheme for IoT based sensor cloud systems [J]. IEEE Access, 2020 (8): 139244-139254.

[50] Chen G., Kang H., Luna-Reyes L. F. Key determinants of online fiscal transparency: A technology-organization-environment framework [J]. Public Performance, Management Review, 2019, 42 (3): 606-631.

[51] Chen T. F. Building a platform of business model 2.0 to creating real business value with web 2.0 for web information services industry [J]. International Journal of Electronic Business Management, 2009, 7 (3): 168-180.

[52] Chen Y., Liu W., Wang T., Deng Q., Liu A., Song H. An adaptive retransmit mechanism for delay differentiated services in industrial WSNs [J]. EURASIP Journal on Wireless Communications and Networking, 2019: 1-39.

[53] Cheng J. H., Huang J. K., Zhao J., Wu P. Open innovation: The role of organizational learning capability, collaboration and knowledge sharing [J]. The International Journal of Organizational Innovation, 2019, 11 (3): 260-272.

[54] Cheng M. Sharing economy: A review and agenda for future research [J]. International Journal of Hospitality Management, 2016 (57): 60-70.

[55] Chepurna M., Criado J. R. Identification of barriers to co-create on-line: The perspectives of customers and companies [J]. Journal of Research in Interactive Marketing, 2018, 12 (4): 452-477.

[56] Cho R. L. T., Liu J. S., Ho M. H. C. The development of autonomous driving technology: Perspectives from patent citation analysis [J]. Transport Reviews, 2021, 41 (5): 685-711.

[57] Choi J., Contractor F. J. Choosing an appropriate alliance governance mode: The role of institutional, cultural and geographical distance in international research, development (R&D) collaborations [J]. Journal of International Business Studies, 2016, 47 (2): 210-232.

[58] Cicibaş H., Demir K. A. Integrating internet of things (IoT) into enterprises: Sociotechnical issues and guidelines [J]. Management Information Systems Magazine, 2016, 1 (3), 106-117.

[59] Cong Y., Zheng Y. Study on operation mode of agricultural supply chain in WeChat business environment [J]. Journal of Service Science and Management, 2017,

10 (3): 330-337.

[60] Constantinides E., Vries S. D., Oliana R. The internet of things: The next big thing for new product development [J]. Journal of Marketing Trends, 2018, 5 (1): 102-117.

[61] Constantiou I., Marton A., Tuunainen V. K. Four models of sharing economy platforms [J]. MIS Quarterly Executive, 2017, 16 (4): 231-251.

[62] Conti M., Dehghantanha A., Franke K., Watson S. Internet of Things security and forensics: Challenges and opportunities [J]. Future Generation Computer Systems, 2018, 78 (2): 544-546.

[63] Cottrell T., Nault B. R. Product variety and firm survival in the microcomputer software industry [J]. Strategic Management Journal, 2004, 25 (10): 1005-1025.

[64] Cova B., Salle R. Marketing solutions in accordance with the S-D logic: Co-creating value with customer network actors [J]. Industrial Marketing Management, 2008, 37 (3): 270-277.

[65] Craighead C. W., Shaw N. G. E-commerce value creation and destruction: A resourcebased, supply chain perspective [J]. ACM SIGMIS Database, 2003, 34 (2): 39-49.

[66] Cusumano M. A. How traditional firms must compete in the sharing economy [J]. Communications of the ACM, 2015, 58 (1): 32-34.

[67] Dabrowski D. Market knowledge and new product performance: The mediating effects of new product creativity [J]. Journal of Business Economics and Management, 2019, 20 (6): 1168-1188.

[68] Decker R., Stummer C. Marketing management for consumer products in the era of the Internet of Things [J]. Advances in Internet of Things, 2017, 7 (3): 47-70.

[69] Dellyana D., Simatupang T. M., Dhewanto W. Managing the actor's network, business model and business model innovation to increase value of the multidimensional value networks [J]. International Journal of Business and Society, 2018, 19 (1): 209-218.

[70] Demir K. A., Döven G., Sezen B. Industry 5.0 and Human-robot Co-working [J]. Procedia Computer Science, 2019 (158): 688-695.

［71］ Dimitrova B. V. , Smith B. , Andras T. L. Marketing channel evolution: From contactual efficiency to brand value co-creation and appropriation within the platform enterprise ［J］. Journal of Marketing Channels, 2020, 26 (1): 60-71.

［72］ Edvardsson B. , Tronvoll B. , Gruber T. Expanding understanding of service exchange and value co-creation: A social construction approach ［J］. Journal of the Academy of Marketing Science, 2011, 39 (2): 327-339.

［73］ Ehret M. , Wirtz J. Unlocking value from machines: Business models and the industrial internet of things ［J］. Journal of Marketing Management, 2017, 33 (1-2): 111-130.

［74］ Eisenmann T. R. , Parker G. , Alstyne M. V. Opening platforms: How, when and why ［J］. California Management Review, 2008, 50 (4): 31-53.

［75］ Eisenmann, T. R. , Parker G. , Alstyne M. V. Strategies for two - sided markets ［J］. Harvard Business Review, 2006, 84 (10): 92-101.

［76］ Etgar M. A descriptive model of the consumer vo - production process ［J］. Journal of the Academy of Marketing Science, 2008 (36): 97-108.

［77］ Evans D. S. , Schmalensee R. Markets with two-sided platforms ［J］. Issues in Competition Law and Policy, 2008, 1 (28): 667-693.

［78］ Flavia F. Do main paths reflect technological trajectories? Applying main path analysis to the semiconductor manufacturing industry ［J］. Scientometrics, 2021: 6443-6477.

［79］ Foerderer J. , Kude T. , Schuetz S. W. , Heinzl A. Knowledge boundaries in enterprise software platform development: Antecedents and consequences for platform governance ［J］. Information Systems Journal, 2018, 29 (1): 119-144.

［80］ Frank A. G. , Dalenogare L. S. , Ayala N. F. Industry 4. 0 technologies: Implementation patterns in manufacturing companies ［J］. International Journal of Production Economics, 2019 (201): 15-26.

［81］ French A. M. , Shim J. P. The digital revolution: Internet of things, 5G, and beyond ［J］. Communications of the Association for Information Systems, 2016 (38): 38-40.

［82］ Frenken, Koen, Oort, Frank Van and Verburg, Thijs. Related variety, unrelated variety and regional economic growth ［J］. Regional Studies, 2007, 41 (5): 685-697.

[83] Friske W. M., Zachary M. A. Regulation, New venture creation, and resource-advantage theory: an analysis of the U. S. brewing industry [J]. Entrepreneurship Theory and Practice, 2018, 43 (3): 1-19.

[84] Frow P., McColl-Kennedy J. R., Hilton T., Davidson A., Payne A., Brozovic D. Value propositions: A service ecosystems perspective [J]. Marketing Theory, 2014, 14 (3): 327-351.

[85] Fu W., Wang Q., Zhao X. Platform-based service innovation and system design: Research opportunities [J]. Industrial Management, Data Systems, 2018, 118 (5): 975-997.

[86] Gatautis R. The rise of the platforms: Business model innovation perspectives [J]. Engineering Economics, 2017, 28 (5): 585-591.

[87] Gawer A., Cusumano M. A. Industry platforms and ecosystem innovation [J]. Journal of Product Innovation Management, 2014, 31 (3): 417-433.

[88] Ge M., Bangui H., Buhnova B. Big data for internet of things: A survey [J]. Future Generation Computer Systems, 2018 (87): 601-614.

[89] Gebauer H., Joncourt S., Saul C. Services in product-oriented companies: Past, present, and future [J]. Universia Business Review, 2016 (49): 32-53.

[90] Ghazawneh A., Henfridsson O. Balancing platform control and external contribution in third-party development: The boundary resources model [J]. Information Systems Journal, 2013, 23 (2): 173-192.

[91] Giessmann, A., Stanoevska-Slabeva K. Business models of platform as a service (PaaS) providers: Current state and future directions [J]. Journal of Information Technology Theory and Application, 2013, 13 (4): 31-54.

[92] Gomez C., Chessa S., Fleury A., Roussos G., Preuveneers, D. Internet of things for enabling smart environments: A technology-centric perspective [J]. Journal of Ambient Intelligence and Smart Environments, 2019, 11 (1): 23-43.

[93] Gu G., Zhu F. Trust and disintermediation: Evidence from an online freelance marketplace [J]. Management Science, 2020, 67 (2): 794-807.

[94] Hagiu A., Wright J. Multi-sided platforms [J]. International Journal of Industrial Organization, 2015, 43 (C): 162-174.

[95] Hamari J., Sjoklint M., Ukkonen A. The sharing economy: Why people

participate in collaborative consumption [J]. Journal of the Association for Information Science and Technology, 2015, 67 (9): 2047-2059.

[96] Hänninen M., Smedlund A., Mitronen L. Digitalization in retailing: Multi-sided platforms as drivers of industry transformation [J]. Baltic Journal of Management, 2018, 13 (2): 152-168.

[97] Hayter C. S. Constraining entrepreneurial development: A knowledge-based view of social networks among academic entrepreneurs [J]. Research Policy, 2016, 45 (2): 475-490.

[98] Hefu Liu, Shaobo Wei, Weiling Ke, Kwok Kee, Zhongsheng Hua. The configuration between supply chain integration and information technology competency: A resource orchestration perspective [J]. Journal of Operations Management, 2016: 1-17.

[99] Hein A., Weking J., Schreieck M., Wiesche M., Böhm M., Krcmar H. Value co-creation practices in business-to-business platform ecosystems [J]. Electronic Markets, 2019, 29 (3): 503-518.

[100] Hein L., van Koppen C. K., van Ierland E. C., Leidekker J. Temporal scales, ecosystem dynamics, stakeholders and the valuation of ecosystems services [J]. Ecosystem Services, 2016 (21): 109-119.

[101] Heinrichs H. Sharing economy: A Potential pathway to sustainability [J]. GAIA, 2013, 22 (4): 228-231.

[102] Helkkula A., Kowalkowski C. Archetypes of service innovation: Implications for value cocreation [J]. Journal of Service Research, 2018, 21 (3): 284-301.

[103] Henten A. H., Windekilde I. M. Transaction costs and the sharing economy [J]. Info, 2016, 18 (1): 1-15.

[104] Ho M. H. C., Liu J. S. The swift knowledge development path of COVID-19research: The first 150 days [J]. Scientometrics, 2021: 2391-2399.

[105] Horbel C. Service-dominant logic and tourism management: Enriching each other [J]. Die Betriebswirtschaft, 2013, 73 (2): 131-142.

[106] Huemer A. K., Vollrath M. Learning the lane change task: Comparing different training regimes in semi-paced and continuous secondary tasks [J]. Applied rgonomics, 2012 (45): 639-646.

[107] Huo Y., Qiu P., Zhai J., Fan D., Peng H. Multi-objective service

composition model based on cost - effective optimization [J]. Applied Intelligence, 2018, 48 (3): 651-669.

[108] Ibarra D., Ganzarain J., Igartua J. I. Business model innovation through Industry 4.0: A review [J]. Procedia Manufacturing, 2018 (22): 4-10.

[109] Iivari M. M., Ahokangas P., Komi M., Tihinen M., Valtanen K. Toward ecosystemic business models in the context of industrial internet [J]. Journal of Business Models, 2016, 4 (2): 42-59.

[110] Ikävalko H., Turkama P., Smedlund A. Value creation in the internet of things: Mapping business models and ecosystem roles [J]. Technology Innovation Management Review, 2018, 8 (3): 5-15.

[111] Im S., Workman J. P. Market orientation, Creativity and new product performance in high-technology firms [J]. Journal of Marketing, 2004 (68): 114-132.

[112] Isaksen, Arne. Industrial development in thin regions: Trapped in path extension? [J]. Journal of Economic Geography, 2015, 15 (3): 585-600.

[113] Jacobides M. G. In the ecosystem, what's your strategy [J]. Harvard Business Review, 2019, 97 (5): 128-137.

[114] Jacobides M. G., Cennamo C., Gawer A. Towards a theory of ecosystems [J]. Strategic Management Journal, 2018, 39 (8): 2255-2276.

[115] Jia K., Kenney M., Mattila J., Seppala T. The application of artificial intelligence at Chinese digital platform giants: Baidu, Alibaba and tencent [J]. ETLA Reports, 2018 (81): 1-14.

[116] Jiao Y., Wu Y., Lu Q. S. Improving the performance of customer participation in new product development: The moderating effect of social media and firm capabilities [J]. Asian Journal of Technology Innovation, 2020: 1-21.

[117] Jin B. H., Li Y. M. Analysis of emerging technology adoption for the digital content market [J]. Information Technology Management, 2012, 13 (3): 149-165.

[118] Jing Zeng, Chin Anh Phan, Yoshiki Matsul. The impact of hard and soft quality management on quality and innovation performance: An empirical study [J]. International Journal of Production Economics, 2015 (162): 216-226.

[119] Johan Perols, Carsten Zimmermann, Sebastian Kortmann. On the relationship between supplier integration and time-to-market [J]. Journal of Operations Man-

agement, 2013: 153-167.

[120] Jouny-Rivier E., Ngobo P. V. Drivers of companies' willingness to co-create B2B services [J]. Recherche et Applications en Marketing (English Edition), 2016, 31 (3): 61-87.

[121] Kanter R. M. Enriching the ecosystem [J]. Harvard Business Review, 2012, 90 (3): 140-147.

[122] Kapoor R. Ecosystems: Broadening the locus of value creation [J]. Journal of Organization Design, 2018, 7 (1): 12.

[123] Karamanis N., Pignatelli M., Carvalho-Silva D., Rowland F., Cham J. A., Dunham, I. Designing an intuitive web application for drug discovery scientists [J]. Drug Discovery Today, 2018, 23 (6): 1169-1174.

[124] Karlsson C., Tavassoli S. Innovation strategies of firms: What strategies and why [J]. The Journal of Technology Transfer, 2016, 41 (6): 1483-1506.

[125] Kee D. M. H., Chee C. K., Ng C., Yao T. Analysis of Challenges faced by Huawei on the launching of 5G Technology and the Strategies to Overcome it [J]. Asia Pasific Journal of Management and Education, 2019, 2 (3): 37-44.

[126] Kenney M., Zysman J. The rise of the platform economy [J]. Issues in Science and Technology, 2016, 32 (3): 61-69.

[127] Kertesz A., Pflanzner T., Gyimothy T. A mobile IoT device simulator for IoT-Fog-Cloud systems [J]. Journal of Grid Computing, 2019 (17): 529-551.

[128] Keshanchi B., Souri A., Navimipour N. J. An improved genetic algorithm for task scheduling in the cloud environments using the priority queues: Formal verification, simulation, and statistical testing [J]. Journal of Systems and Software, 2017 (124): 1-21.

[129] Khan W. Z., Rehman M. H., Zangoti H. M., Afzal M. K., Armi N., Salah K. Industrial internet of things: Recent advances, enabling technologies and open challenges [J]. Computers, Electrical Engineering, 2020 (81): 1-13.

[130] Kim J., Jeon Y., Kim H. The intelligent IoT common service platform architecture and service implementation [J]. The Journal of Supercomputing, 2018 (74): 4242-4260.

[131] Kim Y., Park Y., Choi J. A study on the adoption of IoT smart home service: Using Value-based adoption model [J]. Total Quality Management and Busi-

ness Excellence, 2017, 28 (9-10): 1149-1165.

[132] Krajewski L. J. , L. P. Ritzman, M. K. Malhotra. Operations management processesand value Chains, 8th ed. [M]. New Jersey: Pearson Prentice Hall, 2008.

[133] Krotov V. The Internet of Things and new business opportunities [J]. Business Horizons, 2017 (60): 831-841.

[134] Kumar A. , Dutta S. K. Tacit knowledge transfer in coopetition: An empirical investigation of the role of business group (BG) affiliation [J]. Journal of Strategy and Management, 2017, 10 (4): 453-468.

[135] Kusiak A. Smart manufacturing [J]. International Journal of Production Research, 2018, 56 (1-2): 508-517.

[136] Lee C. , Wang C. , Kim E. , Helal S. Blueprint flow: A declarative service composition framework for cloud applications [J]. IEEE Access, 2017 (5): 17634-17643.

[137] Lee D. , Lee H. M. IoT service classification and clustering for integration of IoT service platforms [J]. The Journal of Supercomputing, 2018 (74): 6859-6875.

[138] Lee J. J. , Jaatinen M. , Salmi A. , Mattelmäki T. , Smeds R. , Holopainen M. Design choices framework for Co-creation projects [J]. International Journal of Design, 2018, 12 (2): 15-31.

[139] Lee J. , Bagheri B. , Kao H. A. A cyber-physical systems architecture for industry 4.0-based manufacturing systems [J]. Manufacturing letters, 2015 (3): 18-23.

[140] Lee J. , Davari H. , Singh J. , Pandhare V. Industrial artificial intelligence for industry 4.0-based manufacturing systems [J]. Manufacturing Letters, 2018 (18): 20-23.

[141] Lei P. , Tian X. , Huang Q. , He D. Firm size, government capacity, and regional environmental regulation: Theoretical analysis and empirical evidence from China [J]. Journal of Cleaner Production, 2017, 164 (15): 524-533.

[142] Leminen S. , Rajahonka M. , Westerlund M. , Wendelin R. The future of the Internet of Things: toward heterarchical ecosystems and service business models [J]. Journal of Business, Industrial Marketing, 2018, 33 (6): 749-767.

[143] Leonardi P. M. , Vaast E. Social media and their affordances for organizing: A review and agenda for research [J]. Academy of Management Annals, 2017,

11 (1): 150-188.

[144] Lew Y. K., Kim J., Khan Z. Technological adaptation to a platform and dependence: Value co-creation through partnerships [J]. Asian Journal of Technology Innovation, 2019, 27 (1): 71-89.

[145] Li M., Jia S., Du W. D. Fans as a source of extended innovation capabilities: A case study of Xiaomi Technology [J]. International Journal of Information Management, 2019 (44): 204-208.

[146] Lin X., Liu B., Han J., Chen X. Industrial upgrading based on global innovation chains: A case study of Huawei technologies Co., Ltd. Shenzhen [J]. International Journal of Innovation Studies, 2018, 2 (3): 81-90.

[147] Lin Y., Luo J., Ieromonachou P., Rong K., Huang L. Strategic orientation of servitization in manufacturing firms and its impacts on firm performance [J]. Industrial Management and Data Systems, 2019, 119 (2): 292-316.

[148] Lusch R. F., Nambisan S. Service innovation: A Service-dominant logic perspective [J]. MIS Quarterly, 2015, 39 (1): 155-175.

[149] Lusch R. F., Vargo S. L. Service-dominant logic: Reactions, reflections and refinements [J]. Marketing Theory, 2006 (6): 281-288.

[150] Maglio P. P., Spohrer J. Fundamentals of service science [J]. Journal of the Academy of Marketing Science, 2008, 36 (1): 18-20.

[151] Maglio P. P., Vargo S. L., Caswell, N., Spohrer, J. The service system is the basic abstraction of service science [J]. Information Systems and e-Business Management, 2009, 7 (4): 395-406.

[152] Mair J., Reischauer G. Capturing the dynamics of the sharing economy: Institutional research on the plural forms and practices of sharing economy organizations [J]. Technological Forecasting and Social Change, 2017 (125): 11-20.

[153] Manral L. The customer - centric logic of multi - product corporations [J]. Journal of Strategy and Management, 2016, 9 (1): 74-92.

[154] Maria P. C., Rossella P., Tommaso R., Icon, Fernanda S., Digital twin-enabled smart industrial systems: A bibliometric review [J]. International Journal of Computer Integrated Manufacturing, 2021: 690-708.

[155] Martin C. J. The sharing economy: A pathway to sustainability or a nightmarish form of neoliberal capitalism [J]. Ecological Economics, 2016 (121):

149-159.

[156] Martin-Rios C., Ciobanu T. Hospitality innovation strategies: An analysis of success factors and challenges [J]. Tourism Management, 2019 (70): 218-229.

[157] Matthyssens P. Reconceptualizing value innovation for industry 4.0 and the industrial internet of things [J]. Journal of Business, Industrial Marketing, 2019, 34 (6): 1203-1209.

[158] Mayr A., Weigelt M., Kühl A., Grimm S., Erll A., Potzel M., Franke J. Lean 4.0-A conceptual conjunction of lean management and Industry 4.0 [J]. Procedia Cirp, 2018 (72), 622-628.

[159] McColl-Kennedy J. R., Cheung L., Ferrier E. Co-creating service experience practices [J]. Journal of Service Management, 2015, 26 (2): 249-275.

[160] Metallo C., Agrifoglio R., Schiavone F., Mueller J. Understanding business model in the Internet of Things industry [J]. Technological Forecasting & Social Change, 2018 (136): 298-306.

[161] Min S., So K. K. F., Jeong M. Consumer adoption of the Uber mobile application: Insights from diffusion of innovation theory and technology acceptance model [J]. Journal of Travel, Tourism Marketing, 2019, 36 (7): 770-783.

[162] Morgan T., Anokhin S. A., Song C., Chistyakova N. The role of customer participation in building new product development speed capabilities in turbulent environments [J]. International Entrepreneurship and Management Journal, 2019 (15): 119-133.

[163] Muk A., Chung C. Applying the technology acceptance model in a two-country study of SMS advertising [J]. Journal of Business Research, 2015, 68 (1): 1-6.

[164] Nahavandi, S. Industry 5.0—A Human-Centric Solution [J]. Sustainability, 2019, 11 (16): 4371.

[165] Nakata C., Rubera G., Im S., Pae J. H., Lee H. J., Onzo N., Park H. New product creativity antecedents and consequences: Evidence from South Korea, Japan, and China [J]. Journal of Product Innovation Management, 2018, 35 (6): 939-959.

[166] Ng I. C. L., Wakenshaw S. Y. L. The internet-of-things: Review and research directions [J]. International Journal of Research in Marketing, 2017, 34 (1):

3-21.

[167] Nguyen B., Simkin L. The internet of things (IoT) and marketing: The state of play, future trends and the implications for marketing [J]. Journal of Marketing Management, 2017 (33): 1-12.

[168] Nord J. H., Koohang A., Paliszkiewicz J. The internet of things: Review and theoretical framework [J]. Expert Systems with Applications, 2019 (133): 97-108.

[169] Ockwell D., Sagar A., De Coninck H. Collaborative research and development (R&D) for climate technology transfer and uptake in developing countries: Towards a needsdriven approach [J]. Climatic Change, 2015, 131 (3): 401-415.

[170] Ortiz J., Ren H., Li K., Zhang A. Construction of open innovation ecology on the internet: A case study of Xiaomi (China) using institutional logic [J]. Sustainability, 2019, 11 (11): 3225.

[171] Othman R., Sheehan N. T. Value creation logics and resource management: A review [J]. Journal of Strategy and Management, 2011, 4 (1): 5-24.

[172] Pamela Danese. Supplier integration and company performance: A configurational view [J]. Omega, 2013: 1029-1041.

[173] Parker G., Van A., Marshall W. Innovation, openness, and platform control [J]. Management Science, 2016, 64 (7): 2973-3468.

[174] Piscicelli L., Cooper T., Fisher T. The roles of values in collaborative consumption: Insights from a product-service system for lending and borrowing in the UK [J]. Journal of Cleaner Production, 2014, 97 (6): 1-4.

[175] Plewnia F., Guenther E. Mapping the sharing economy for sustainability research [J]. Management Decision, 2018, 56 (3): 570-583.

[176] Plouffe C. R., Nagel D., Bonney L., Hochstein B., Salas J. The Austrian view and value co-creation process in solution-oriented firms: A seven stage, "solution prototyping" framework [J]. Journal of Marketing Theory and Practice, 2020, 28 (1): 79-97.

[177] Premkumar G., Roberts M. Adoption of new information technologies in rural small businesses [J]. Omega, 1999, 27 (4): 467-484.

[178] Qu Y. J., Ming X. G., Liu Z. W., Zhang X. Y., Hou Z. T. Smart manufacturing systems: State of the art and future trends [J]. The International Journal of

Advanced Manufacturing Technology, 2019, 103 (9): 3751-3768.

[179] Rabiu A. M. The roles of library and librarian in information resource sharing in the emerging information society [J]. Information and Knowledge Management, 2012, 2 (7): 79-85.

[180] Rădulescu M. A., Leendertse W., Arts J. Conditions for co-creation in infrastructure projects: Experiences from the overdiepse polder project (the netherlands) [J]. Sustainability, 2020, 12 (18): 7736.

[181] Ramaswamy V., Chopra N. Building a culture of co-creation at Mahindra [J]. Strategy, Leadership, 2014, 42 (2): 12-18.

[182] Ramaswamy V., Ozcan K. Strategy and co-creation thinking. Strategy [J]. Leadership, 2013, 41 (6): 5-10.

[183] Ramaswamy V., Ozcan K. What is co-creation? An interactional creation framework and its implications for value creation [J]. Journal of Business Research, 2018 (84): 196-205.

[184] Restuccia F., D'Oro S., Melodia T. Securing the Internet of Things in the age of machine learning and software-defined networking [J]. IEEE Internet of Things Journal, 2018, 1 (1): 1-14.

[185] Rogers E. M. Diffusion of innovations (5th ed.) [M]. New York: Free Press, 2003.

[186] Rohrbeck R., Battistella C., Huizingh E. Corporate foresight: An emerging field with a rich tradition [J]. Technological Forecasting and Social Change, 2015 (101): 1-9.

[187] Roser T., DeFillippi R., Samson A. Managing your co-creation mix: Co-creation ventures in distinctive contexts [J]. European Business Review, 2013, 25 (1): 1-40.

[188] Rossini M., Costa F., Tortorella G. L., Portioli-Staudacher, A. The interrelation between Industry 4.0 and lean production: An empirical study on European manufacturers [J]. The International Journal of Advanced Manufacturing Technology, 2019, 102 (9): 3963-3976.

[189] Rubera G., Ordanini A., Griffith D. A. Incorporating cultural values for understanding the influence of perceived product creativity on intention to buy: An examination in Italy and the US [J]. Journal of International Business Studies, 2011,

42 (4): 459-476.

[190] Ryu Il., Soh S., Koo C. The role of partnership in supply chain performance [J]. Industrial Management & Data Systems, 2009, 109 (4): 496-514.

[191] Saarikko T., Westergren U. H., Blomquist T. The Internet of Things: Are you ready for what's coming? [J]. Business Horizons, 2017, 60 (5): 667-676.

[192] Sayar D., Er O. The antecedents of successful IoT service and system design: Cases from the manufacturing industry [J]. International Journal of Design, 2018, 12 (1): 67-78.

[193] Schor J. B., Fitzmaurice C. J. Collaborating and connecting: The emergence of the sharing economy [J]. Handbook of Research on Sustainable Consumption, 2015: 410-425.

[194] Schreieck M., Wiesche M., Krcmar H. The platform owner's challenge to capture Value-insights from a Business-to-Business IT platform [C]. In ICIS 2017 Proceedings, Seoul, Korea, 2017: 1-19.

[195] Simmhan Y., Ravindra P., Chaturvedi S., Hegde M., Ballamajalu R. Towards a data-driven IoT software architecture for smart city utilities [J]. Software: Practice and Experience, 2018, 48 (7): 1390-1416.

[196] Sjodin D. R., Parida V., Leksell M., Petrovic A. Smart factory implementation and process innovation [J]. Research-Technology Management, 2018, 61 (5): 22-31.

[197] Sjödin D., Parida V., Kohtamäki M. An agile co-creation process for digital servitization: A micro-service innovation approach [J]. Journal of Business Research, 2020 (112): 478-491.

[198] Soliman K. S., Janz B. D. An exploratory study to identify the critical factors affecting the decision to establish Internet-based interorganizational information systems [J]. Information & Management, 2004, 41 (6), 697-706.

[199] Souri A., Asghari P., Rezaei R. Software as a service based CRM providers in the cloud computing: Challenges and technical issues [J]. Journal of Service Science Research, 2017, 9 (2), 219-237.

[200] Sowmya S. K., Deepika P., Naren J. Layers of cloud-iaas, paas, and saas: A survey [J]. International Journal of Computer Science and Information Tech-

nologies, 2014, 5 (3): 4477-4480.

[201] Storey C., Cankurtaran P., Papastathopoulou P. Hultink, E. J. Success factors for service innovation: A meta-analysis [J]. Journal of Product Innovation Management, 2016, 33 (5): 527-548.

[202] Stoshikj M., Kryvinska N., Strauss C. Service systems and service innovation: Two pillars of service science [J]. Procedia Computer Science, 2016 (83): 212-220.

[203] Su W. H., Chen K. Y., Lu L. Y. Y., Huang Y. C. Identification of technology diffusion by citation and main paths analysis: The possibility of measuring open innovation [J]. Journal of Open Innovation: Technology, Market, and Complexity, 2021, 7 (1): 104-126.

[204] Su W. H., Chen K. Y., Lu L. Y. Y., Wang J. J. Knowledge development trajectories of the radio frequency identification domain: An academic study based on citation and main paths analysis [J]. Appl Sci, 2021 (11): 8254-8277.

[205] Sun S. L., Xiao J., Zhang Y., Zhao X. Building business models through simple rules [J]. Multinational Business Review, 2018, 26 (4): 361-378.

[206] Svendsen M. F., Haugland S. A., Gronhaug K., Hammervoll T. Marketing strategy and customer involvement in product development [J]. European Journal of Marketing, 2011, 45 (4): 513-530.

[207] Talavera J. M., Tobón L. E., Gómez J. A., Culman M. A., Aranda J. M., Parra D. T., Quiroz L. A., Hoyos A., Garreta L. E. Review of IoT applications in agro-industrial and environmental fields [J]. Computers and Electronics in Agriculture, 2017, 142 (A): 283-297.

[208] Taylor M., Reilly D., Wren C. Internet of things support for marketing activities [J]. Journal of Strategic Marketing, 2018 (28): 1-12.

[209] Teece D. J. Profiting from innovation in the digital economy: Enabling technologies, standards, and licensing models in the wireless world [J]. Research Policy, 2018, 47 (8): 1367-1387.

[210] Tesch J. F., Brillinger A., Bilgeri D. IoT Business model innovation and the stagegate process: An exploratory analysis [J]. International Journal of Innovation Management (IJIM), 2017, 21 (5): 1-16.

[211] Theurl T., Haucap J., Demary V., Priddat B. P., Paech N. Economics

of sharing-sustainable and innovative [J]. Wirtschaftsdienst, 2015, 95 (2): 87-105.

[212] Tiwana A. Evolutionary competition in platform ecosystems [J]. Information Systems Research, 2015, 26 (2): 266-281.

[213] Tiwana A. Platform ecosystems: Aligning architecture, governance, and strategy [M]. California: Morgan Kaufmann Publishers Inc., 2013.

[214] Tollo G., Tanev S., Davide D. M., Ma Z. Neural networks to model the innovativeness perception of co-creative firms [J]. Expert Systems with Applications, 2012 (39): 12719-12726.

[215] Tone K., Tsutsui M. Network DEA, A Slacks-based measure approach [J]. European Journal of Operational Research, 2009, 197 (1): 243-252.

[216] Tortorella G. L., Fettermann D. Implementation of Industry 4.0 and lean production in Brazilian manufacturing companies [J]. International Journal of Production Research, 2018, 56 (8): 2975-2987.

[217] Tucker C. Network effects and market power: What have we learned in the last decade? [J]. Antitrust, 2018, 32 (2): 72-79.

[218] Tzuo T., Weisert G. Subscribed: Why the subscription model will be your company's future-and what to do about it [M]. Penguin, 2018.

[219] Ustundag A., Cevikcan E. Industry 4.0: Managing the digital transformation [M]. Springer, 2017.

[220] Van Alstyne M. W., Parker G. G., Choudary S. P. Pipelines, platforms, and the new rules of strategy [J]. Harvard Business Review, 2016, 94 (4): 54-62.

[221] Vargo S. L., Lusch R. F. Evolving to a new dominant logic for marketing [J]. Journal of Marketing, 2004, 68 (1): 1-17.

[222] Vargo S. L., Lusch R. F. From repeat patronage to value co-creation in service ecosystems: A transcending conceptualization of relationship [J]. Journal of Business Market Management, 2010, 4 (4): 169-179.

[223] Vargo S. L., Lusch R. F. Institutions and axioms: An extension and update of service-dominant logic [J]. Journal of the Academy of Marketing Science, 2016 (44): 5-23.

[224] Vargo S. L., Lusch R. F. It's all B2B…and beyond: Toward a systems perspective of the market [J]. Industrial Marketing Management, 2011, 40 (2): 181-187.

[225] Vargo S. L., Lusch R. F. Service-dominant logic: Continuing the evolution [J]. Journal of the Academy of Marketing Science, 2008, 36 (1): 1-10.

[226] Vargo S. L., Lusch R. F. Service-dominant logic: Premises, perspectives, possibilities [M]. Cambridge, UK: Cambridge University Press, 2014.

[227] Vargo S. L., Lusch R. F. Service-dominant logic: What it is, what it is not, what it might be. in: Lush, R. F. and Vargo, S. L., Ed., The Service-Dominant Logicof Marketing: Dialog, Debate, and Directions [M]. Routledge, 2014.

[228] Vargo S. L., Lusch, R. F. Service-dominant logic [J]. International Journal of Research in Marketing, 2025, 34 (1): 46-47.

[229] Vargo S. L., Maglio P. P., Akaka M. A. On value. and value co-creation: A service systems and service logic perspective [J]. European Management Journal, 2008, 26 (3): 145-152.

[230] Wang C. C., Chuang H. C. Construct a service production model to pre-analyze the customer perceived value to service process [J]. Actual Problems of Economics, 2012, 137 (11): 278-288.

[231] Wang K. J., Lee T. L., Hsu Y. L. Revolution on digital twin technology—A patent research approach [J]. The International Journal of Advanced Manufacturing Technology, 2020: 4687-4704.

[232] Wang Y., Lin Y., Zhong R. Y., Xu X. IoT-enabled cloud-based additive manufacturing platform to support rapid product development [J]. International Journal of Production Research, 2018, 57 (12): 3975-3991.

[233] Wong C. Y., Boon-Itt S., Wong C. W. The contingency effects of environmental uncertainty on the relationship between supply chain integration and operational performance [J]. Journal of Operations Management, 2011, 29 (6): 604-615.

[234] Yaqoob I., Hashem I. A. T., Ahmed A., Kazmi S. M. A., Hong C. S. Internet of things forensics: Recent advances, taxonomy, requirements, and open challenges [J]. Future Generation Computer Systems, 2019 (92): 265-275.

[235] Yasar M., Gerede E. Identification of factors affecting competitive tension in the domestic air transport market in Turkey [J]. International Journal of Management and Economics, 2020, 56 (2): 118-139.

[236] Yerpude S., Singhal T. K. Internet of things and its impact on business analytics [J]. Indian Journal of Science and Technology, 2017, 10 (5): 1-6.

[237] Yerpude S., Singhal T. K. Internet of things based customer relationship management-a research perspective [J]. International Journal of Engineering, Technology, 2019, 7 (2.7): 444-450.

[238] Yu D., Sheng L. Knowledge diffusion paths of blockchain domain: The main path analysis [J]. Scientometrics, 2020: 471-497.

[239] Zervas G., Proserpio D., Byers J. W. The rise of the sharing economy: Estimating the impact of airbnb on the hotel industry [J]. Journal of Marketing Research, 2017, 54 (5): 687-705.

[240] Zheng H., Feng Y., Gao Y., Tan J. A robust predicted performance analysis approach for data-driven product development in the industrial internet of things [J]. Sensors, 2018, 18 (9): 2871.

[241] Zheng P., Sang Z., Zhong R. Y., Liu Y., Liu C., Mubarok K., Xu X. Smart manufacturing systems for Industry 4.0: Conceptual framework, scenarios, and future perspectives [J]. Frontiers of Mechanical Engineering, 2018, 13 (2): 137-150.

[242] Zhou Q., Meng C., Yuen K. F. The impact of secondary market competition on refurbishing authorization strategies [J]. International Journal of Production Economics, 2020 (228): 107728.

[243] Zhu F., Iansiti M. Entry into platform-based markets [J]. Strategic Management Journal, 2012, 33 (1): 88-106.

[244] Zhu F., Iansiti M. Why some platforms thrive and others don't [J]. Harvard Business Review, 2019: 118-125.

[245] Ziouvelou X., McGroarty F. A business model framework for crowd-driven IoT ecosystems [J]. International Journal of Social Ecology and Sustainable Development, 2018, 9 (3): 14-33.

